ARSÈNE HOUSSAYE

HISTOIRE

DU

41ME FAUTEUIL

DE L'ACADÉMIE FRANÇAISE

SEPTIÈME ÉDITION

PARIS

LIBRAIRIE DE L. HACHETTE ET CIE

BOULEVARD SAINT-GERMAIN, 77

1864

OEUVRES D'ARSÈNE HOUSSAYE

6 VOLUMES IN-8° CAVALIER VÉLIN — CARACTÈRES NEUFS — GRAVURES
SUR ACIER — PRIX : 30 FRANCS.

HISTOIRE DE L'ART FRANÇAIS AU XVIII° SIÈCLE

LE ROI VOLTAIRE

Mlle DE LA VALLIÈRE ET Mme DE MONTESPAN

VOYAGE A MA FENÊTRE

PRINCESSES DE COMÉDIE ET DÉESSES D'OPÉRA

HISTOIRE DU 41° FAUTEUIL DE L'ACADEMIE

ROMANS

LE VIOLON DE FRANJOLE

LUCIANA MARIANI

VOYAGES HUMORISTIQUES

LA PÉCHERESSE

LES FILLES D'ÈVE

LA VERTU DE ROSINE

LES FEMMES COMME ELLES SONT

MADEMOISELLE CLÉOPATRE
(Sous presse.)

HISTOIRE
DU
41ᵐᵉ FAUTEUIL
DE L'ACADÉMIE FRANÇAISE

PARIS. — IMPRIMERIE SIMON RAÇON ET COMP., RUE D'ERFURTH, 1.

ARSENE HOUSSAYE

HISTOIRE
DU
41.ᵐᵉ FAUTEUIL
DE L'ACADÉMIE FRANÇAISE

NOUVELLE ÉDITION

PARIS
LIBRAIRIE DE L. HACHETTE ET Cⁱᵉ
BOULEVARD SAINT-GERMAIN, 77

MDCCCLXIV

Tous droits réservés.

Octobre 1858.

Il y a des livres heureux. L'auteur croyait celui-ci destiné à distraire les curiosités littéraires, mais voilà que le public tout entier le prend et protége. Est-ce pour se railler de l'Académie? On l'imprime, on le réimprime, on l'imprime encore; c'est la quatrième fois en moins de deux ans. Chaque fois que l'Académie élit un immortel plus ou moins inconnu, on veut saluer ces radieuses figures du QUARANTE ET UNIÈME FAUTEUIL, *qui se sont passées d'oraison funèbre. En un mot, chaque fois que l'Académie a tort, l'auteur a raison. J'ai bien peur que le succès de l'*HISTOIRE DU QUARANTE ET UNIÈME FAUTEUIL *ne dure longtemps encore : — ce sera la faute de l'Académie — ou du public.*

Janvier 1864.

Plusieurs éditions sont venues depuis continuer ce vif et rapide succès, qui consacre désormais ce livre et lui donne droit de cité dans les plus sévères bibliothèques, sinon dans celle de l'Académie.

L'ÉDITEUR.

PRÉFACE

LES ACADÉMIES ET L'ACADÉMIE FRANÇAISE
DU BEAU ET DU VRAI
L'IDÉALISME ET LE RÉALISME
DES DESTINÉES DE L'ART MODERNE

I

Il est étrange qu'en ce dix-neuvième siècle où l'on écrit l'histoire de tout le monde, — où tout le monde écrit son histoire, — on ne puisse pas trouver un livre sur l'Académie, la seule royauté qui soit restée debout en France sur tant de ruines royales. L'Académie française a eu quelques historiens, comme Pellisson, d'Olivet, d'Alembert; presque tous ont écrit çà et là une page de son histoire; mais cette histoire est encore à faire.

Ce que j'essaye ici n'en serait guère que le dernier chapitre ou plutôt la postface. Que le lecteur soit bien averti que je ne viens pas secouer devant ses yeux une gerbe d'épigrammes. Il y a déjà longtemps qu'on n'est plus spirituel en ayant de l'esprit contre l'Académie française.

C'est l'histoire du quarante et unième fauteuil, inauguré par Descartes, que je me promets d'écrire aujourd'hui. Ce fauteuil n'est peut-être pas indigne de l'histoire puisqu'il a été illustré par Pascal et Molière, Le Sage et Diderot, Jean-Jacques et Beaumarchais, Balzac et Béranger, des philosophes et des poëtes qui ne pâlissent pas trop devant l'abbé Cassagne, l'abbé Cotin ou l'abbé Trublet, des illustres de la vraie Académie.

Depuis la création du monde, les hommes n'ont bâti l'avenir qu'avec les ruines du passé. Et que de fois, dans un siècle civilisé, on n'a eu qu'un manœuvre savant pour remplacer l'architecte grandiose d'un siècle barbare ! Le monde est semblable à l'homme qui passe l'automne de sa vie à en regretter le printemps. Malheureusement nous sommes à la seconde moitié de la vie du monde. Nous marchons sur des ossements, nous nous appuyons sur des décombres, nous ne bâtissons qu'avec des débris. — Babylone, Athènes, Rome ; — Salomon, Homère, Socrate, Phidias, Apelles, Virgile, Cicéron : grandes cités, grands hommes, qu'avez-vous fait de vos enfants ?

Nous autres, habitants de Paris, nous avons, depuis la Renaissance, cette ère fatale qui nous a arrachés à la forêt primitive, nous avons vécu des Grecs et des Romains. Comme les fossoyeurs, nous n'avons chanté que dans les cimetières. Nous n'avions pas la force de vivre de l'avenir, même en suivant notre divin maître Jésus-Christ; nous avons lâchement vécu du passé. Dieu nous avait, comme à tous les peuples, ouvert la porte d'or des moissons vivantes : nous n'avons fauché que l'herbe des tombeaux.

Quand Paris a tort ou raison, c'est la faute d'Athènes ou de Rome. Ainsi ce n'est pas Richelieu qu'il faut accuser de la création de l'Académie française, c'est Académus.

II

A Athènes, il était une fois — ceci n'est pas un conte — un brave homme qui aimait les philosophes sans les comprendre, comme on aime les femmes. Les philosophes de son temps venaient en sa maison boire son vin à pleine amphore; mais, finissant par ne se pas entendre eux-mêmes, ils parlèrent trop haut. Le brave homme, qui voulait vivre de la vie et non de la pensée, conduisit les philosophes dans un verger peuplé d'orangers et de citronniers couverts de vignes, qu'il possédait aux portes d'Athènes. « C'est là, mes amis, leur dit-il, c'est sur cette herbe étoilée, sous ces pampres savoureux, que désormais vous discuterez en toute liberté. N'oubliez pas la parole du sage : « Un philosophe sans jugement est un cheval « sans bride. »

Cet homme s'appelait Académus. Les philosophes donnèrent son nom à son verger et s'y réunirent tous les jours à l'heure où le soleil descend vers la mer. Quels académiciens! Platon, Aristote, Théophraste! Ils allaient, les beaux parleurs, des jardins d'Académus au cap Sunium*.

Belle et fertile académie que celle qui tenait ses séances sous la voûte du ciel, qui avait les dieux de l'Olympe pour présidents, et pour secrétaire perpétuel l'Oubli! On était assez fécond pour vivre le lendemain sans consulter les annales de la veille. Ce ne sont pas ceux qui ont lu Homère qui ont imité Homère. Le peu de souveraine sagesse que les dieux ont, par raillerie, laissé tomber parmi les hommes, ce ne sont pas les académiciens qui l'ont trouvé; le livre le plus savant n'en dira jamais autant que la

---

* Timon embellit les jardins d'Académus de fontaines, de bosquets et de roses. Rien n'était plus beau, jusqu'au jour où Sylla coupa les arbres pour faire des machines de guerre.

Si la première académie fut l'école de la sagesse, la seconde fut celle du doute. Arcésilas la fonda, ses disciples la continuèrent à Athènes et à Rome. Je n'ai pas les discours d'Euclide, d'Évandre, ni d'Hégésime. Mais Carnéade a parlé plus haut : il a séduit et entraîné à sa rhétorique voluptueuse les jeunes patriciens; aussi le vieux Caton l'a-t-il banni de la république.

Cicéron avait, près de Pouzzoles, une maison de campagne bien-aimée qu'il appelait l'ACADÉMIE, et où il réunissait ses illustres amis pour philosopher et chercher les énigmes de l'art. C'est là qu'il écrivit ses *Academicæ quæstiones* et son *De naturâ Deorum*.

rêverie au bord de la mer, dans la forêt ténébreuse, sous la vigne qui rit et qui chante. L'amour qui tombe du sein de Dieu dans le cœur humain, n'est-ce pas un poëme plus éclatant que ceux du rapsode grec?

Trouverait-on, en remontant le fleuve du passé, la première académie dans l'arche? Bossuet a dit, sur la foi de Moïse, que « Noé, avec le genre humain, y conserva les arts. » N'y conserva-t-il pas la vigne, ce premier titre de noblesse de toute poésie humaine? Avant Noé, les pasteurs étudiaient et chantaient en chœur à l'ombre des forêts, sur le versant des montagnes ou sur le sable du rivage. Sémiramis fonda une académie à Ninive, où l'art s'est épanoui en pompes surhumaines. Orphée, Jason, Hercule, Castor et Pollux ont fondé l'académie de la Toison d'or, qui se fût perpétuée si Hélène, comme Ève, ne s'était laissé tenter par la pomme. La Grèce fut tout académie, avant et après Académus; les jeux et les danses, les ateliers et les écoles. Alcibiade et Aspasie, Phidias et Zeuxis, Socrate et Platon. Quelles profanes et doctes académies! Alexandre a conquis l'Asie pour que dans chaque ville où il passait en conquérant Aristote fondât une académie. Les Ptolémées n'ont régné sur Alexandrie que pour dédier des loisirs aux académiciens du Bruchium. Auguste transporta la Grèce à Rome et donna à Richelieu l'exemple des académies, car il vivait en familiarité avec Horace et avec Virgile.

L'antiquité biblique, comme l'antiquité païenne,

consacre le souvenir de ces réunions de grands esprits et de beaux esprits.

Salomon, qui a bâti le temple avec les mains de la foi et les mains de l'art; Salomon, qui a salué la poésie vivante dans la reine de Saba, a eu une académie profane en son palais sacré. Il fallait illustrer ses jardins et distraire ses femmes. Déjà l'esprit, qui est toujours l'esprit du mal, envahissait la terre.

A l'heure où Salomon fondait l'académie des sept cents femmes, Homère fondait l'académie des dieux. Le roi des rois et le roi des poëtes vivaient au même siècle. Pourquoi la destinée, qui aime les contrastes, ne conduisit-elle pas Homère mendiant aux portes d'or du palais de Salomon?

Si on voulait écrire l'histoire des académies en France, il ne faudrait pas oublier celle de Charlemagne. Cette académie, Charlemagne n'en était pas seulement le protecteur, comme le fut le cardinal de Richelieu de l'Académie française, il en était lui-même un des membres actifs. Il est vrai que cette académie était à la cour et composée de gens de cour, qui, en ce temps-là, étaient toujours des gens d'esprit. La vanité souvent restait à la porte, et la vérité prenait le fauteuil d'honneur. On ne se réunissait pas pour parler de soi, mais pour parler des grands poëtes et des illustres savants qui avaient régné sur le monde. Chaque académicien avait pris un nom célèbre dans l'antiquité et dans le moyen âge. Angilbert, le plus beau seigneur de la cour, se garda bien de s'appeler Alcibiade, il prit le nom d'Homère; Alcuin se contenta du surnom d'Horace ; Riculphe, archevêque de Mayence, prit le nom d'Amyntas ; l'évêque de Corbie, Adelar, prit le nom de saint Augustin. Charlemagne, qui ne voulait prendre ni le nom de César ni celui d'Homère, alla jusque dans la Bible chercher celui du roi David, pour danser devant l'arche qui renfermait les débris du génie humain.

Quel pouvait être le pseudonyme académique du khalife Haroun, président de l'académie de Bagdad ? Et l'académie errante des Trouvères. Et celle des Cent nouvelles nouvelles. Et les fêtes décaméronesques de Marguerite de Navarre. Et le groupe doré de messire de Saint-Gelais, directeur des joutes poétiques sous Henri II.

III

Ce fut tout au milieu du seizième siècle que naquit en France la première académie — académique.

Je n'essayerai point ici de raconter l'histoire de la pléiade. Toute l'histoire de la poésie française au seizième siècle est écrite par un homme qui porte dans la critique la lumière vive de la poésie. J'ai nommé Sainte-Beuve. L'Académie française commence en plein seizième siècle, à ces beaux jours où on vit une troupe de poëtes s'élancer de l'école de Jean Dorat comme du cheval troyen, selon l'expression poétique de Du Verdier. Jean Dorat fut le Conrart du seizième siècle; seulement il réunissait sous sa main pleine de semailles fécondes Ronsard, Baïf et Du Bellay*. Il réveillait du fond de son tombeau, jeune comme en ses jours de fête, la belle antiquité, tandis que Conrart ne rassemblait devant les cendres froides de son foyer que Chapelain, Malleville et Godeau, des modernes sans lendemain. C'étaient les vivants morts qui succédaient aux morts vivants. Pourquoi Conrart, au lieu de s'élever dans son cénacle contre les hardiesses et les extravagances des vaillants devanciers, ne se contentait-il pas de lire à haute voix l'art poétique de Du Bellay, ce chef d'école tout enivré par la fumée de la poudre et le bruit des clairons, qui harangue ses soldats avec le fier style de l'héroïsme?

Antoine Baïf résolut d'ouvrir son académie aux gentilshommes et aux belles dames du temps. O métamorphoses de Paris! c'était dans un hôtel de la Montagne-Sainte-Geneviève. On y étudiait la grammaire et la musique; en dépit de la grammaire, tout poëte de cette académie avait une palette chargée de rayons et de rosée comme Giorgion et l'Arioste. En 1570, Charles IX octroya à ce cercle de beaux esprits des lettres patentes où il déclare que « pour que ladite académie soit suivie et honorée des plus grands, il accepte le surnom de protecteur et auditeur d'icelle. » Soixante-cinq ans après, le cardinal de

---

* Autour d'eux on peut grouper Théodore de Bèze, Jacques Tahureau, Guillaume des Autels, Pontus de Thiard, Nicolas Denisot, Louis de Carond, Olivier de Magny, Jean de la Péruse, Claude Butel, Jean Passerat, Remi Belleau, Étienne Jodelle, Masury et Pasquier.

Richelieu, qui régnait sur le roi Louis XIII, se déclara pareillement le protecteur de l'Académie. Si Charles IX était le vrai roi de Dorat, de Ronsart et de Baïf, le cardinal était bien celui de Conrart, de Godeau et de Chapelain. Charles IX était un poëte, Richelieu corrigeait Corneille.

Le Parlement et l'Université, qui voulaient avoir le privilége exclusif de faire l'opinion, s'opposèrent, le Parlement par toutes ses forces, l'Université par toutes ses malices, à l'enregistrement des lettres patentes. Mais le roi voulait, il fallut vouloir. Ce ne fut pas la seule fois que le Parlement et l'Université se montrèrent rebelles à l'Académie. Aussi l'Académie s'est-elle vengée à toutes les époques en accueillant les beaux parleurs de l'Université et du Parlement.

Cependant Baïf mourut; Dorat venait de mourir; on était déjà las de chanter l'oraison funèbre de Ronsard, mort depuis quatre ans. Il y avait bien encore Desportes et Duperron, dont l'autorité était grande en poésie et en éloquence; mais ils ne purent sauver l'Académie, arche sainte qui portait les enfants de Ronsard, mais qui fit naufrage sur la mer agitée de la Ligue.

Plus tard, Guillaume Colletet*, un des quarante, écrivit l'histoire de la première Académie, la sœur ainée. Il rappela qu'on y prononçait des discours, mais non pas des phrases « utiles et agréables », comme ceux de la sœur cadette. Il vanta surtout « les

* Le père de François Colletet immortalisé par un vers de Boileau, qui est une mauvaise action.

discours philosophiques d'Amadis Jamyn, prononcés en présence de Henri III dans cette académie d'Antoine Baïf. Car je sais, par tradition, qu'Amadis Jamyn était de cette célèbre compagnie, de laquelle étaient aussi Gui de Pibrac, Pierre de Ronsard, Desportes, Duperron, et plusieurs autres excellents esprits du siècle. A propos de quoi je dirai que j'ai vu autrefois quelques feuilles du livre manuscrit de l'institution de cette noble et fameuse académie entre les mains de Guillaume de Baïf, fils d'Antoine de Baïf, qui les avait retirées de la boutique d'un pâtissier, où le fils naturel de Desportes, qui ne suivait pas les glorieuses traces de son père, les avait vendues, avec plusieurs autres manuscrits doctes et curieux, perte irréparable, et qui me fut sensible au dernier point, et d'autant plus que dans le livre de cette institution, qui était un beau livre en vélin, on voyait que le bon roi Henri III, que le duc de Guise et la plupart des dames de la cour allaient à l'académie. Le roi, les princes, les seigneurs et tous les savants qui composaient ce célèbre corps avaient tous signé dans ce livre, qui promettait des choses merveilleuses. »

En cette académie d'Antoine de Baïf on disait des vers, on agitait les questions ardues de la métaphysique, on préludait à l'opéra, enfin on soupait en docte et belle compagnie. Baïf, qui était riche et prodigue, deux inappréciables qualités lorsqu'elles vont ensemble, rima avant La Fontaine la fable *la Cigale et la fourmi* : il était riche comme la fourmi, il vivait comme la cigale.

PRÉFACE

Le pauvre Colletet parle de cet âge d'or des rimes « avec abondance de cœur, dit si bien Sainte-Beuve, comme si l'eau lui en venait à la bouche. » Voyez : « Le roi Charles IX aimait Baïf comme un très-excellent homme de lettres. Le roi Henri III voulut qu'à son exemple toute sa cour l'eût en vénération, et souvent même Sa Majesté ne dédaignait pas de l'honorer de ses visites jusques en sa maison du faubourg Saint-Marcel, où il le trouvait toujours en compagnie des muses. Et comme ce prince libéral et magnifique lui donnait de bons gages, il lui octroya encore de temps en temps quelques offices de nouvelles créations et de *certaines confiscations* qui procuraient à Baïf le moyen d'entretenir aux études quelques gens de lettres, de régaler chez lui tous les savants de son siècle et de tenir bonne table. Dans cette faveur insigne, celui-ci s'avisa de tenir en sa maison une académie des bons poëtes et des meilleurs esprits d'alors, avec lesquels il en dressa les lois, qui furent approuvées du roi jusques au point qu'il en voulut être, et obligea ses principaux favoris d'en augmenter le nombre. J'en ai vu autrefois l'institution écrite sur un beau vélin signé de la main propre du roi Henri III, de Catherine de Médicis sa mère, du duc de Joyeuse et de quelques autres, qui tous s'obligeaient par le même acte de donner une certaine pension annuelle pour l'entretien de cette fameuse académie. »

Une académie comme celle-là, c'était le paradis idéal de la poésie. Avoir pour galerie toute une cour lettrée comme celle de Charles IX et de Henri III !

Souper chez un prodigue comme Antoine Baïf! Aussi la renaissance de l'académie fut le rêve de tous les nouveaux venus amoureux des muses. On en a pour preuves, entre autres, une petite brochure intitulée : *Du dessein d'une académie et de l'introduction d'icelle en la cour.* Mais celui qui écrivait ceci ne fut pas entendu!

Ainsi fut créée la première Académie. Elle ne vécut pas si vieille que l'Académie française, parce qu'elle vivait de philosophie et non de compliments, parce qu'elle ne promettait pas l'immortalité aux hommes, mais l'immortalité aux âmes.

IV

« Heureux le peuple dont l'histoire ennuie! » a dit d'Alembert. Voulait-il parler du peuple de la république des lettres qui a vécu à l'Académie française depuis 1629? En effet, l'Académie n'a guère vécu que par les clameurs du dehors; la paix la plus profonde a souvent régné en sa docte enceinte; il semble qu'elle ait éternisé pour elle seule le siècle d'or. Il est vrai qu'un méchant, — qui n'était pas de l'Académie, — a écrit je ne sais où : « On n'y va pas chercher le baptême du génie, mais l'extrême-onction. »

En 1629, quelques hommes de lettres, ou plutôt quelques hommes lettrés, se réunirent une fois par semaine pour parler, en familiarité intime, de tout ce qui se passait dans le monde des poëtes et des prosateurs. La philosophie était alors absente, la pensée n'avait point encore envahi la tête de la France. Le cœur de la mère patrie battait doucement aux poésies amoureuses, à la langue d'or et de fer de Ronsard, de Saint-Amant, de Théophile et de Régnier. Et pourtant Malherbe était venu donner à tort et à travers des coups de sa cognée impie dans la forêt touffue pleine de ronces et d'épines, mais peuplée de chênes majestueux. Dans sa fureur aveugle, dans son fatal amour de la lumière, au lieu de frapper les pousses maladives, il avait atteint le tronc sacré des arbres les plus robustes, de ceux-là mêmes qui donnent les plus larges feuilles à la couronne des poëtes.

Ces hommes, qui se réunissaient pour se dire la gazette de la semaine, étaient Conrart, Chapelain, Gombault, Habert, Cerisy, Malleville, Giry, Serisay, Godeau. Conrart donna sa maison et son silence.

Imitez de Conrart le silence prudent.

Il habitait, dans la rue Saint-Martin, un logis assez spacieux, mais meublé par les métaphores de ses amis. Les premiers jours de réunion, on s'asseyait l'un après l'autre, comme naguère chez Malherbe; mais Conrart était moins parcimonieux*; l'hiver, on

---

* On se souvient que Malherbe, à qui M. de Saint-Marc voulait conter quelque chose, lui dit en le menant vers la porte : « Ce que vous me diriez ne vaut pas deux sous, et vous me brûleriez pour six blancs de lumière. »

faisait un bon feu et on soupait; l'été, on ouvrait la fenêtre sur les jardins.

Ces huit amis n'étaient pas, comme on voit, huit poëtes illustres; mais, comme ils n'étaient pas jaloux les uns des autres, leur amitié fut inaltérable. C'était pour eux comme un devoir sacré que d'arriver à l'heure les jours de gala intellectuel. Quand l'Académie était dans tout son éclat, cinquante ans après, La Fontaine prenait le plus long. Aujourd'hui, que d'académiciens qui n'arrivent pas à l'heure ou qui même n'arrivent pas du tout!

Ces réunions chez Conrart étaient donc la gazette de la république des lettres; on y discutait sur Ronsard et sur Malherbe, on y lisait des stances et des sonnets. Chapelain y parlait de la *Pucelle;* Godeau, de la *Magdeleine.* On s'exerçait au steeple-chase de la rime. Malheureusement la fatale influence de Malherbe avait atteint ces beaux esprits. Ils admettaient la règle, le jeûne, et même le cilice. Ronsard et Régnier avaient compris que la Muse se devait nourrir aux mamelles fécondes de la mère nature; ils voulaient que, pieds nus et cheveux au vent, elle allât en toute liberté par les vallées luxuriantes, effeuillant toutes les fleurs de ses mains distraites, mordant à tous les fruits de sa dent gourmande, s'enivrant de rayons et de rosée, comme une cavale altière qui va bride abattue à tous les horizons, ou comme une abeille étourdie qui oublie la ruche. Les écoliers de Malherbe avaient apprivoisé la poésie altière et sauvage; ils avaient noué sa chevelure flottante, vierge jusque-là des morsures du peigne; ils avaient chaussé d'un brodequin étroit son pied de Diane chasseresse. Au lieu de lui laisser le ciel et la terre pour patrie, ils l'avaient cloîtrée dans un jardinet clair-semé d'arbres rabougris et d'ifs en quinconce. Ce jardinet, c'était la chambre de Conrart. Et Conrart était si convaincu qu'il fallait « atteler le génie au char de la raison », ce char trop souvent embourbé, qu'il ne prenait la plume qu'après avoir ruminé son enthousiasme et son inspiration durant sept ou huit années[*]. Malherbe n'avait-il pas donné l'exemple, en rimant des stances pour consoler un ami qui avait perdu sa femme, mais si lentement que le mari était remarié avant la troisième stance! Aussi tout le bagage poétique de Conrart se compose-t-il du vers de Boileau, qui revient toujours à l'Académie en manière de refrain:

Imitons de Conrart le silence prudent.

Une fois à l'Académie, les gens de lettres ont presque tous inscrit ce vers sur leur chapeau. Le génie est un chercheur d'aventures, né libre, en pleine nature, illuminé d'un vif rayon, enivré d'air et d'espace, habitant tous les mondes connus et inconnus, la cité bruyante et la forêt vierge, la terre où il a ses pieds, le ciel où il lève son front. Il ne peut vivre en compagnie du goût timide et de la raison craintive,

---

[*] « Le bonhomme Malherbe m'a dit plusieurs fois qu'après avoir fait un poëme de cent vers ou un discours de cent feuilles, il fallait se reposer dix ans tout entiers. » BALZAC.

condamné au dictionnaire perpétuel, comme un grammairien.

Le pauvre Conrart, fondateur, sans le savoir, de l'Académie française, avait la goutte : il lui sera beaucoup pardonné. La goutte de Conrart n'a jamais quitté l'Académie. Quand la gloire pose sa couronne de chêne sur le front du poëte, la goutte le prend souvent par le pied.

Les amis de Conrart n'étaient guère plus prolixes. Habert a écrit un petit poëme sans effroi et sans couleur, le *Temple de la Mort;* Gombault, qui a vécu près de cent ans, a publié un volume de poésies. Selon Conrart, « il fut admiré de tous ceux qui, comme lui, avaient sacrifié aux Muses et aux Grâces! » Cerisy a paraphrasé quelques psaumes et a chanté la *Métamorphose des yeux de Philis changés en astres.* Il faut dire aussi, à sa louange, qu'il fut chargé de *jeter quelques poignées de fleurs,* selon l'expression du cardinal, sur les observations de l'Académie touchant la versification du *Cid.*

Serisay, le premier directeur de l'Académie, n'a rien imprimé. Son œuvre se compose d'une épitaphe, celle du cardinal de Richelieu. Giry n'a pas même composé son épitaphe.

C'étaient là des gens d'esprit qui dépensaient leur verve au coin du feu ou à la fenêtre de Conrart. Que de gens d'esprit, au dix-neuvième siècle, qui regretteront un jour d'avoir écrit cent volumes, d'avoir versé au public une rivière dans une coupe de vin! Les œuvres complètes, avec variantes et annotations, de

PRÉFACE

Conrart, Habert, Gombault, Cerisy, Serisay, Giry, seraient renfermées en un volume. Malleville a produit tout un volume à lui seul, mais son œuvre ne se compose guère que de la *Belle Matineuse*, le fameux sonnet qui a mis en émoi la ville et la cour*.

Ce sonnet, c'est tout Malleville : il avait les ressources d'un esprit qui ne s'est nourri ni de la pensée ni du sentiment, — sa poésie n'a ni force ni saveur, mais elle est vêtue comme une reine, — comme une reine de théâtre.

Qu'importe, s'il a fait un sonnet sans défaut : Boileau pensait au sonnet de Malleville et au poëme de Chapelain en écrivant :

Un sonnet sans défaut vaut seul un long poëme.

La *Pucelle* vaut presque le sonnet de Malleville. On

*   L'étoile de Vénus si brillante et si belle,
    Annonçait à nos yeux la naissance du jour,
    Zéphire embrassait Flore, et, soupirant d'amour,
    Baisait de son beau sein la fraîcheur éternelle.

    L'Aurore allait chassant les ombres devant elle
    Et peignait d'incarnat le céleste séjour,
    Et l'astre souverain, revenant à son tour,
    Jetait un nouveau feu dans sa course nouvelle,

    Quand Philis se levant avecque le soleil,
    Dépouilla l'orient de tout cet appareil,
    Et de clair qu'il était le fit devenir sombre.

    Pardon, sacré flambeau de la terre et des cieux,
    Sitôt qu'elle parut, la clarté fut une ombre,
    Et l'on ne connut plus de soleil que ses yeux.

s'obstine à condamner Chapelain par défaut, sans lire son poëme. Chapelain est peintre éminent, qui ébauche largement et dédaigne le fini. Boileau disait de lui : « Que n'écrit-il en prose? » Mais les vers de Chapelain sont-ils bien inférieurs à ceux du législateur? Il ne faudrait pas citer l'ode sur la prise de Namur après ce fragment tout cornélien du poëte de la *Pucelle* :

> Tel est un fier lion, roi des monts de Cyrène,
> Lorsque, de tout un peuple entouré sur l'arène,
> Contre sa noble vie il voit de toutes parts
> Unis et conjurés les épieux et les dards;
> Reconnaissant pour lui la mort inévitable,
> Il résout à la mort son courage indomptable;
> Il y va sans faiblesse, il y va sans effroi,
> Et, la devant souffrir, la veut souffrir en roi.

V

J'ai dit que Conrart était le fondateur de l'Académie française; je dois dire que Godeau en fut la cause. Les petites causes font les grands événements. Il étudiait en province avec la belle fureur des vers. Il envoyait de temps à autre ses essais à son cousin Conrart, le priant de lui donner son avis. Conrart invita un jour ses amis à venir faire la lecture des poésies de Godeau en son logis de la rue Saint-Martin. Cette première réunion fut si animée qu'on se sépara en promettant de se réunir encore. Godeau vint lui-même se joindre à ses juges. C'était au beau temps de l'hôtel Rambouillet, cette autre académie plus vivante et non moins célèbre. Godeau fut des deux *. Corneille a fait son éloge comme poëte en lui prenant des vers qui ont été admirés dans *Polyeucte.*

Cependant l'Académie se bornait à neuf membres, qui s'étaient promis de garder le secret, afin que les importuns ne vinssent pas à ce banquet intellectuel. Le bonheur se cache. Aussi les premiers académiciens, qui étaient des philosophes, cachaient-ils leur bonheur, revenus qu'ils étaient des vanités amères. Mais les poëtes sont des femmes : Malleville allait au cabaret avec son ami Faret **. S'il en était! pensa Malleville un soir après avoir bu, ce serait le conseil des dix. Il révèle aussitôt le secret à son ami. Faret est introduit dans le cénacle à la faveur d'un livre, — l'*Honnête Homme,* — dont il vient faire hommage. On

---

* Il était tout petit : mademoiselle de Rambouillet lui donna l'office de son nain. Godeau ayant paraphrasé en vers le *Benedicite, omnia opera Domini, Domino,* il dédia son œuvre au cardinal de Richelieu, qui le nomma évêque de Grasse, pour avoir l'occasion de laisser un bon mot à la postérité : « Monsieur l'abbé, vous m'avez donné *Benedicite,* et moi je vous donnerai *Grasse.* » O postérité !

** « Il était homme de bonne mine, grand ami de Molière et de Saint-Amant, qui l'a célébré dans ses vers comme un illustre débauché. Cependant il ne l'était pas à beaucoup près autant qu'on le jugerait par là, bien qu'il ne haït pas la bonne chère et le divertissement; et il dit lui-même en quelque endroit de ses œuvres que la commodité de son nom, qui rimait à cabaret, était en partie cause de ce bruit que Saint-Amant lui avait donné. » PELLISSON.

gronda Malleville, mais on souffrit Faret. Ils étaient dix. Or Faret, fier de connaître si docte compagnie, s'en va tout compter à Boisrobert, le poëte ordinaire de Richelieu. Dès que le cardinal sut l'histoire mystérieuse du cénacle, comme il avait la vanité de mettre le pied partout pour arriver à l'immortalité, il dépêcha Boisrobert vers la rue Saint-Martin, avec la prière d'amener les gens du cénacle dans son palais. Boisrobert s'acquitta avec joie de cette mission; il s'imaginait qu'il allait trouver chez Conrart des gens touchés de la sollicitude du cardinal; mais il s'aperçut qu'il était entré dans un cénacle de libres esprits, plus préoccupés de la vraie éloquence que des dignités de la terre. Il croyait aussi voir de près « un commerce de compliments et de flatteries où chacun donnait des éloges pour en recevoir. » Mais il se trompait de date; il reconnut bientôt, en voyant examiner la *Métamorphose des yeux de Philis en astres*, de l'abbé de Cerisy, qu'on y reprenait « hardiment et franchement toutes les fautes jusques aux moindres; il en fut rempli de joie et d'admiration. » Quand le cardinal sut par son ambassadeur que cette assemblée était digne des soirées du Portique, il voulut que son bras paternel et jaloux, qui s'étendait sur le cœur et la tête de la France, protégeât cette Académie, qui devait être l'immortelle maison des Muses.

VI

Ce que j'aime dans l'Académie française, c'est qu'elle est née sans préméditation, pareille en cela à cette Académie des humoristes de Rome qui tint sa première séance aux noces de Lorenzo Mancini.

On était en carnaval. Les gentilshommes romains, qui alors aimaient du même amour les lettres et les femmes, improvisèrent des sonnets, des canzone et des comédies dans l'entr'acte des festins et des danses. A quelques jours de là, on ne se rappela, des noces de Lorenzo Mancini, que les comédies, les canzone et les sonnets. Tous les beaux diseurs, qui avaient lutté par l'esprit à ce festin tout littéraire, se réunirent, en regrettant qu'un autre Lorenzo Mancini ne les invitât pas à ses noces. En effet, pour égayer un peu les fêtes de l'esprit, il faudrait toujours les encadrer dans les fêtes de l'amour.

L'Académie des humoristes n'en fut pas moins fondée, ayant pour devise une nuée qui tombe en pluie fertile. Elle écrivit sur son fronton ces trois mots du poëte Lucrèce : *Redit agmine dulci*.

L'Académie française ne vint pas au monde si gaiement. Toutefois son origine est toute parfumée d'un poétique souvenir. « Quand ils parlent aujourd'hui de ce temps-là, dit Pellisson plus d'un demi-siècle après, quand ils parlent de ce premier âge de l'Académie, ils en parlent comme d'un âge d'or, durant lequel, avec toute l'innocence et toute la liberté des premiers siècles, sans bruit et sans pompe, et sans autre loi que celle de l'amitié, ils goûtaient ensemble tout ce que la société des esprits a de plus doux et de plus charmant. »

C'est la plus belle page de l'Académie, c'est la plus belle page de Pellisson, son historien.

L'histoire de l'Académie a deux pages qu'il faut citer encore pour l'honneur du cardinal et pour l'honneur de l'Académie.

L'article 5 des statuts portait : *Chacun des académiciens promet de révérer la vertu et la mémoire de monseigneur leur protecteur.* Or Richelieu biffa cet article d'un trait de plume, ce qui était un triomphe de l'orgueil sur la vanité.

Le discours d'ouverture ou plutôt de fondation fut présenté au cardinal, qui y fit quelques corrections. Il fut décidé qu'on suivrait les corrections. « Seulement, dit Pellisson, par une liberté assez louable dans un temps où toute la cour était idolâtre de ce ministre et où c'eût été un crime que d'oser lui contredire, il fut arrêté, sur deux de ces endroits, qu'il serait supplié de dire s'il voulait absolument qu'on les changeât, parce que son apostille était conçue en termes douteux. »

Noble protestation en faveur de cette liberté de l'esprit dont l'Académie se souvient toujours à propos !

Cependant, comme Lorenzo Mancini, Conrart se maria. Conrart n'était pas de ceux qui se donnent tout entiers à la Muse. La Muse, de son côté, ne se donnait guère à Conrart.

Le brave homme, tout enchanté qu'il fût d'avoir peuplé sa maison par toute une académie, vint à songer que le babil d'une femme serait plus doux à son cœur. Il prit donc une femme, non pas une femme savante, mais une femme qui fut bientôt toute son académie et qui ne savait que dire ce vers :

> Je vous aime, Conrart, c'est toute ma science,

Étrange contraste ! L'Académie des humoristes naquit aux noces de Lorenzo Mancini ; l'Académie française faillit trépasser aux noces de Conrart. Sans doute tous ses amis y étaient, mais là il n'y eut ni sonnets, ni canzone, ni comédies. Hormis Conrart et sa femme, tout le monde était triste, car on pressentait que c'était la dernière fois qu'on se réunissait chez Conrart. En effet, qui oserait maintenant aller troubler ce duo harmonieux, ce divin tête-à-tête de l'homme qui sait tout et de la femme qui ne sait rien? C'en était fait des bonnes causeries que parfumait le souper de Conrart, car on soupait bien chez Conrart. Certainement on y disait des vers, on y débitait de la prose, on y confiait ses desseins et ses rêves, on y parlait de l'avenir de la langue française; mais, pourquoi ne pas le dire? le souper devant un bon feu répandait son arome dans l'imagination de tous ces beaux esprits. Une fois Conrart marié, *ci-gît Conrart.* Pour les autres, il y avait encore une académie, mais une académie où l'on ne souperait plus !

Et, en effet, oncques depuis on n'a soupé à l'Académie. On a bien donné à chacun des Immortels un jeton de présence pour qu'ils allassent souper chez eux. Mais qui n'a regretté le souper de Conrart? Conrart qui pouvait dire à ses amis, comme Platon à ses disciples : Buvez et mangez; ce pain, c'est notre pensée; ce vin, c'est notre esprit.

Au temps des soupers de Conrart, Malfilâtre eût trouvé à souper. Et Gilbert n'eût pas écrit ce beau vers :

La faim mit au tombeau Malfilâtre ignoré;

Et Hégésippe Moreau n'eût pas écrit cette belle strophe :

> Sur ce grabat chaud de mon agonie,
> Pour la pitié je trouve encor des pleurs;
> Car un parfum de gloire et de génie
> Est répandu sur ce lit de douleurs :
> C'est là qu'il vint, veuf de ses espérances,
> Chanter encor, puis prier et mourir;
> Et je répète en comptant mes souffrances :
> Pauvre Gilbert, que tu devais souffrir!

Si l'Académie de Conrart se fût perpétuée, les jeunes poëtes auraient toujours trouvé un escabeau au coin du feu et une coupe au bout de la table. Mais l'Académie prit bientôt des airs aristocratiques. Non-seulement elle n'invita pas les nouveaux venus, mais elle ne voulut même plus souper en famille, car il y avait déjà deux familles dans l'Académie : les riches et les pauvres, les gens du monde et les gens de lettres, les grands seigneurs et les grands esprits.

Il serait injuste, toutefois, de ne pas reconnaître qu'au dix-huitième siècle plus d'un académicien du banc des grands seigneurs a donné le gîte et le pain à un homme d'esprit comme Piron, ou à un homme de génie comme Jean-Jacques.

Dès que l'Académie salua pour la dernière fois le seuil hospitalier de Conrart, elle entra dans le labyrinthe des difficultés de toutes sortes. « Si vous vous souvenez, dit Pellisson, d'avoir lu dans quelque poëte la description d'une république naissante, où les uns sont occupés à faire des lois et à créer des magistrats, les autres à partager les terres et à tracer le plan des maisons; ceux-ci à assembler des matériaux, ceux-là à jeter les fondements des temples, imaginez-vous qu'il en fut à peu près de même en cette première institution de l'Académie. »

C'en était fait des joies sereines de l'esprit; c'en était fait de la familiarité expansive du coin du feu. On ne se connaissait plus par une longue intimité. Désormais on ne franchirait plus le seuil de l'Académie sans avoir bien habillé sa personne et son style : tout allait y devenir officiel, sentencieux, magistral. On n'oserait plus s'abandonner à sa verve et dire une de ces hardiesses qui montrent l'aube à ceux qui sont encore dans les ténèbres, — paradoxe aujourd'hui, vérité demain.

VII

Trois femmes célèbres ouvrirent une académie en face de l'Académie française, dont elles faillirent fermer les portes : l'Académie des beaux esprits, à l'hôtel Rambouillet; l'Académie des précieuses, chez mademoiselle de Scudéry; et l'Académie galante, chez Ninon de Lenclos.

L'Académie des beaux esprits a ses historiens et demande trop d'espace pour la peindre et pour la juger ici, car elle n'est pas jugée. Molière n'y voyait que mademoiselle de Scudéry et Ménage. Il aurait dû reconnaître que si l'esprit français, cet écolier perpétuel, avait appris l'honneur à la représentation du *Cid*, la franchise du bien dire à l'école du *Misanthrope*, c'était dans le salon bleu de la belle Catherine de Vivonne, dans ce cercle tout royal, qu'il avait étudié la bienséance. Bayle, qui n'était pas précieux, le reconnaît de bonne grâce. Corneille, Bossuet, Voiture, Benserade, Condé, Sarrazin, La Rochefoucauld, madame de Sévigné, madame de Lafayette, la duchesse de Longueville, toutes les belles, tous les illustres, s'y rencontraient. Fléchier, dans l'oraison funèbre de madame de Montausier, dit que c'était « une cour choisie, savante, sans orgueil, où l'esprit se purifiait, où la vertu était révérée sous le nom de l'incomparable Arthénice » *; Saint-Simon lui-même, dont l'esprit n'a vécu que du mal qu'il a dit, a reconnu que « c'était le rendez-vous de tout ce qui était le plus distingué en condition et en mérite, un tribunal avec qui il fallait compter et dont la décision avait un grand poids sur la conduite et sur la réputation des personnes de la cour **. »

Mademoiselle de Scudéry tenait aussi sa cour plénière. On n'entrait chez elle que sous la figure d'Ibrahim ou d'Artamène, Amilcar ou Herminius, Cléodamas ou Oralyse, Zénocrite ou Célénic, c'est-à-dire toutes les mascarades de ses romans. Malgré les satires de Boileau et les railleries de la cour, mademoiselle de Scudéry sut garder le Parnasse chez elle jusqu'à sa mort. Elle mourut avec le dix-septième siècle, et il se trouva encore un courtisan de sa gloire passée pour écrire sur son tombeau : « Ci-gît la merveille du siècle de Louis le Grand. » Qui le croirait aujourd'hui ? elle a réuni autour d'elle, comme autant de points d'admiration, Fléchier, Pellisson, Conrart, Huet, Mascaron, Segrais, Bouhours, jusqu'à madame de Sévigné! jusqu'à madame de Maintenon!

* On sait trop que c'était l'anagramme du nom de Catherine galamment composé par Malherbe et Racan.

** Mademoiselle de Scudéry a fait la description de l'hôtel de Rambouillet dans son roman de *Cyrus*, sous le nom de *palais Cléonime :* ce détail ne sera pas inutile pour séparer dans l'esprit des lecteurs, les *cabinets* de ce fameux hôtel des *réduits*, des *ruelles* et des *alcôves*, où, plus tard, s'assemblèrent les coteries, bourgeoises pour la plupart, qui singèrent les femmes de distinction. ROEDERER.

Ninon continua Montaigne et prépara Voltaire. Son esprit fut comme un trait d'union entre ces deux hommes, l'un plus Gaulois, l'autre plus Français, mais tous les deux enfants de la nation, pétris de sa matière et illuminés de son génie. Ninon eut trois cercles très-variés : au Marais, où elle fut galante avec le grand Condé et les autres; au faubourg Saint-Germain, qui fut la terre promise de ses débordements; enfin au Marais encore, où elle sauva le passé par la grâce de son esprit, par ses amitiés sérieuses, par son grand art de choisir son monde et de donner le ton à la société polie du dix-septième siècle.

Boileau lui-même était bien plus en pleine académie dans sa maison d'Auteuil qu'à l'Académie française, où il arriva trop tard. La Fontaine, qui prenait le plus long pour aller aux séances de l'Académie, prenait-il le plus long pour voir la Champmeslé*? La belle comédienne avait élu les plus célèbres entre les beaux esprits : Racine, La Fontaine, Fontenelle, tous plus ou moins amoureux, quand M. de Clermont-Tonnerre n'était pas là. Champmeslé était secrétaire perpétuel de cette académie.

J'allais oublier une autre académie qui a duré comme l'Académie française, je veux parler de la Comédie française.

La Comédie française et l'Académie française ont vécu non loin l'une de l'autre, comme deux étrangè-

---

* Il y a un beau mot de Champmeslé à La Fontaine : « Tu fais la cour à ma femme, mais tu ne réussiras pas mieux que moi. »

res, ou plutôt comme Jean qui rit et Jean qui pleure. Elles ne sont guère confondues dans le même amour du bien dire et du beau dire. Et pourtant elles ont toujours vécu porte à porte. L'Académie daignait marquer sa sandale tout imprégnée de poussière antique dans la maison de Molière ; mais la Comédie n'avait pas droit de cité chez sa voisine : çà et là elle se présentait à la porte avec ce franc sourire qui montrait des dents de neige et des lèvres de carmin ; l'Académie, qui ne souriait guère et qui cachait ses dernières dents, rudoyait la Comédie et la renvoyait à ses tréteaux. En vain la Comédie arrivait-elle avec Molière, Dancourt, Regnard, Dufresny, Le Sage, Piron, Diderot, Beaumarchais, Balzac, ses enfants et ses maîtres, l'Académie française lui disait de repasser. La belle fille au rire empourpré ne repassait pas, et elle avait raison, car l'Académie n'était plus à l'Académie, mais dans la maison de Molière.

Rome n'est plus dans Rome, elle est toute où je suis.

Et, en effet, pendant que l'Académie ajustait sa perruque à la Louis XIV, ou plutôt pendant que les Danaïdes de l'Académie versaient avec parcimonie l'éloquence consacrée dans ce tonneau sans fond qui s'appelle le Dictionnaire ; pendant que Pénélope faisait et défaisait chaque jour cette toile qui devait habiller la Vérité robuste, la Comédie française, sans se soucier des grammaires et des poétiques, levait son masque athénien et versait au parterre ébloui le vin pur de la gaieté et de la philosophie. Que faisaient-ils, les Quarante, pendant l'épanouissement de tous ces chefs-d'œuvre que n'a point consacrés l'Académie, mais que la France elle-même a consacrés, ces chefs-d'œuvre qui de Molière à Beaumarchais, les *Femmes savantes* et le *Mariage de Figaro*, le *Joueur* et *Turcaret*, le *Chevalier à la mode* et la *Métromanie*, effacent les comédies grecques et romaines?

VIII

En étudiant les figures illustres des quarante fauteuils en regard de celles du quarante et unième, on voit que l'Académie française a eu dans son sein autant de grands hommes qu'elle en a laissé à sa porte. Je ne parle ici ni d'Amyot, ni de Rabelais, ni de Marot, ni de Ronsart, ni de Montaigne, ni de Régnier, qui eussent été du quarante et unième fauteuil.

LES 40 FAUTEUILS :	LE 41ᵉ FAUTEUIL :
BOSSUET.	DESCARTES.
RACINE.	MALEBRANCHE.
BALZAC.	SAINT-ÉVREMONT.
CORNEILLE.	MOLIÈRE.
MONTESQUIEU.	PASCAL.
BOILEAU.	J. B. ROUSSEAU.
FONTENELLE.	BAYLE.
LE PRÉSIDENT HÉNAULT.	SAINT-SIMON.

MARIVAUX.	REGNARD.
LA BRUYÈRE.	LA ROCHEFOUCAULD.
LA FONTAINE.	LE SAGE.
BERNARDIN DE SAINT-PIERRE.	L'ABBÉ PRÉVOST.
CONDILLAC.	HELVÉTIUS.
GRESSET.	PIRON.
VOLTAIRE.	JEAN-JACQUES.
DELILLE.	GILBERT.
D'ALEMBERT.	DIDEROT.
CONDORCET.	JOSEPH DE MAISTRE.
CHATEAUBRIAND.	MIRABEAU.
MARMONTEL.	BEAUMARCHAIS.
M. J. CHÉNIER.	ANDRÉ CHÉNIER.
CHAMFORT.	RIVAROL.
PARNY.	HÉGÉSIPPE MOREAU.
BONALD.	LAMENNAIS.
NODIER.	STENDHAL.
CASIMIR DELAVIGNE.	BÉRANGER.
ALFRED DE MUSSET.	H. DE BALZAC.

Les curieux littéraires pourront continuer cette balance des forces partagées du génie français à l'Académie et hors de l'Académie.

Par les noms mis en regard on peut juger que la force est égale en prose et en vers. Diderot vaut quatre d'Alembert. Beaumarchais vaut mille Marmontel. Mais la poésie de Racine vivra plus que la philosophie de Malebranche.

Aujourd'hui ceux qui sont à l'Académie valent-ils mieux que ceux qui sont dans les lettres?

LES 40 FAUTEUILS :	LE 41ᵉ FAUTEUIL.
PONSARD.	DUMAS I.
AUGIER.	DUMAS II.
THIERS.	LOUIS BLANC.
SAINT-MARC-GIRARDIN.	PROUDHON.
DUC DE NOAILLES.	DUC DE MORNY.
SANDEAU.	GOZLAN.
GUIZOT.	MICHELET.
PRINCE DE BROGLIE.	VEUILLOT.
SAINTE-BEUVE.	JULES JANIN.
LA PRADE.	THÉOPHILE GAUTIER.
MÉRIMÉE.	ALPHONSE KARR *.

Jamais l'Académie, même sous Louis XIV, n'a contenu comme à cette heure les forces vives du génie

---

* Quelques journaux, en parlant des premières éditions de l'*Histoire du quarante et unième fauteuil de l'Académie française*, ont donné leurs élus pour ce fauteuil désormais consacré. Combien d'esprits en fleur on pourrait indiquer pour ce quarante et unième fauteuil hospitalier! Mais il y a toujours quelque danger à mettre en avant des noms prônés aujourd'hui, qui seront oubliés demain, parce que la mode répudiera ses caprices de la veille. La renommée a des passions et non des caprices; elle soumet ses élus au creuset de l'opinion publique; elle attend au lendemain pour se donner. Aussi combien d'hommes de lettres qui ont la mode et qui n'auront jamais la renommée! Il faut presque toujours deux générations pour juger un prosateur et un poëte, car il les faut voir de loin comme de près; dans leur centre et dans le centre universel. — C'est le principe de l'Académie; mais l'Académie attend trop longtemps. Voltaire était Voltaire à vingt ans : l'Académie ne l'accueillit qu'à cinquante-deux ans. La Fontaine allait bientôt mourir quand il fut élu.

français. Et cependant, aujourd'hui comme toujours, il y a quarante hommes de génie ou de talent qui ne sont pas à l'Académie. Est-ce leur faute? Est-ce la faute de l'Académie?

IX

L'Art aime ceux qui viennent, et non ceux qui s'en vont, — les inconnus plutôt que les immortels. — L'Art a toujours dans la main la puissance de la création : tout ce qui fait la passion et la poésie d'une période humaine, toutes les aspirations vers l'idéal, toutes les ivresses panthéistes, tout ce qui tombe du ciel, tout ce qui s'élève de la terre, — les rayonnements et les ténèbres, — voilà le chaos que pétrit l'art pour y saisir la vie de la pensée, pour y créer le paradis entre le ciel et la terre. L'artiste est un dieu tombé qui se souvient d'un temps où il créait un monde ; ou plutôt c'est un disciple de Dieu qui promène son génie lumineux devant la pensée mystérieuse du grand Maître.

L'Art a ses doctrines comme Dieu a ses Églises.

Ce qui a manqué à l'art et à la littérature du dix-neuvième siècle pour garder ses conquêtes bruyantes et hasardées, ce sont les doctrines. Si l'Académie, au lieu de nier d'abord l'esprit nouveau, l'eût reconnu et consacré, elle aurait pu féconder ces victoires toujours éclatantes, mais souvent stériles.

Je n'entends pas prêcher la discipline dans la république des lettres, qui vit d'air, d'espace et d'imprévu. Écoutons battre notre cœur et rejetons l'odieux cilice, c'est-à-dire la règle d'Aristote, le Traité du sublime de Longin, l'Art poétique de Nicolas Boileau, l'Art de peindre de Nicolas Wattelet. La méthode, c'est le refuge des stériles ; ils la suivent, parce qu'ils ne pourraient l'entraîner comme une esclave à la queue de cette cavale sauvage du génie qu'ils n'osent jamais enfourcher. Ne me parlez pas des méthodiques qui disent que le génie c'est la patience. Ils sont emprisonnés dans leur timidité comme le Mançanarez dans son lit, et ils meurent de soif.

Mais pourtant que deviendrait une armée de héros sans le sentiment de la patrie ? L'Académie devrait être la patrie vivante des gens de lettres.

L'Art, dans sa mission suprême, doit aspirer sans cesse à l'infini en gravissant cette montagne invisible qui descend jusqu'à nos pieds et qui s'élève jusqu'à Dieu. C'est sur cette âpre montagne que fleurit l'Idéal. Mais l'Art a plus d'une route ouverte devant lui ; s'il manque de souffle pour atteindre aux plus hauts sommets, il suivra la Vérité qui sort du puits toute nue et toute ruisselante encore.

L'Idéal et la Vérité : voilà les deux suprêmes caractères de l'Art. Mais, après Dieu, quel est le radieux inspiré, sinon Léonard de Vinci, qui a rassemblé les deux faces radieuses du Beau ?

Avant la main qui exécute, on placera toujours le front qui pense, les yeux de l'âme avant les autres,

La pensée, c'est le génie : c'est surtout là que le grand artiste se révèle; car la pensée, c'est Dieu qui la donne. La pensée n'a point d'entraves; comme l'aigle de Jupiter, elle a tout l'espace devant elle; elle parcourt la terre et s'élève jusqu'aux splendeurs invisibles où elle est souveraine maîtresse du monde. L'exécution, fille de l'étude, est l'Art matériel; elle porte les chaînes de l'imitation; elle est emprisonnée par les règles, les écoles, les modes même. Mais, précisément à cause des périls qui l'entourent, il faut la traiter avec un grand respect : le sculpteur grec, lorsqu'il traduisait Homère en marbre, n'était-il pas grand comme Homère traduisant dans ses vers les passions divines et humaines?

Le génie n'est pas l'œuvre du hasard, mais l'œuvre de la pensée. Timanthe voulait peindre une tempête : il alla sur la rive un jour d'orage; il voyait et ne pensait pas. Il peignit avec tant de calme, que sa tempête n'avait ni mouvement ni frayeur. Il brisa ses pinceaux et jeta sa palette à la mer. Il s'en revint humble et triste comme un héros vaincu. Le mauvais temps l'obligea d'entrer dans une école de rhéteur; on y lisait une page d'Homère, la description d'une tempête. Timanthe sentit son cœur battre, son imagination prit feu, les belles images d'Homère flottèrent toutes vivantes dans sa pensée : il courut à son atelier, il se remit à l'œuvre et peignit une tempête qui l'épouvanta lui-même.

L'Art, d'ailleurs, existe beaucoup par la variété. Il ne faut pas le restreindre à un seul caractère; il faut reconnaître la puissance et l'éclat de toutes les écoles, depuis celle qui idéalise la forme humaine pour rappeler son origine céleste, jusqu'à celle qui saisit la nature dans toute sa brutalité puissante et mystérieuse. Il n'y a point de mauvaises écoles, il y a de mauvais peintres. Rembrandt a raison dans les brumes de la Hollande, comme Raphaël sous le ciel italien*.

La recherche du Beau a préoccupé tous les philosophes; les grands poëtes et les grands artistes sont arrivés au Beau sans toujours le chercher, guidés par le génie qui vient de Dieu, rayon qui éclaire l'âme comme le soleil éclaire la figure. La philosophie qui raisonne sur l'art ressemble souvent à la tortue de la fable: la poésie a les ailes de l'aigle pour parcourir le même espace. Ovide, en parlant des poëtes, dit: « Il y a un Dieu au dedans de nous-mêmes. » C'est lui qui donne la vie à nos œuvres; il est la lumière de notre esprit; il est l'œil de notre sixième sens.

X

L'Art est né en Dieu, donc l'Art est divin. Les païens, nos maîtres éternels, commençaient toujours

---

* Cependant l'école flamande et hollandaise, dans sa séve luxuriante, a trop méconnu les droits de la pensée et du sentiment. Plus inquiète des forces vivantes de la Vérité que des hautes cimes de l'Idéal, elle n'a pu atteindre à cette Beauté dont la Grèce et l'Italie ont laissé de si précieux monuments.

leurs œuvres par un sacrifice aux dieux. Dans les poëmes des Grecs, on entend chanter à chaque page les symphonies de l'Olympe.

Aujourd'hui rien ne chante dans nos œuvres. Nous oublions que la patrie est toujours la barque de Noé qui jette l'ancre dans le ciel. Et pourtant jamais siècle ne s'ouvrit sous de plus glorieux auspices. Chateaubriand, Lamennais, Joseph de Maistre, la tête tournée vers le passé, versaient les rayons ou les éclairs sur les ruines d'une ancienne société qui cherchait à renaître. Benjamin Constant, Béranger, madame de Staël, la face tournée vers l'avenir, prophétisaient les grandeurs d'un monde qui allait sortir des ténèbres. Les regrets et les espérances combattaient dans un ciel encore obscur, plein de mélancolie et de solennité. C'était la lutte des dieux tombés et des dieux nouveaux; les uns tristes de leur blessure et répandant leur sang immortel sur le soleil couchant, les autres graves et éblouis par les premiers rayons d'une aurore qui allait peut-être se couvrir de nuages. Les uns et les autres étaient mécontents du présent (quel poëte fut jamais content de son temps?). Mais les illusions d'un passé douces au souvenir comme celles d'un premier amour, mais surtout les tressaillements de l'inconnu répandaient une sorte de joie majestueuse sur les esprits. On peut dire du siècle enfant, comme du fils d'Hector, qu'il souriait à travers ses larmes.

De 1825 à 1830, sous un premier rayon de liberté, se leva une génération tumultueuse et envahissante.

C'était à qui escaladerait les hauteurs nouvelles, à qui percerait des horizons éblouissants dans la forêt sauvage du cœur humain.

Lamartine retrouvait la poésie aux sources trop longtemps perdues du sentiment et de la nature; Victor Hugo conquérait l'ode; Casimir Delavigne, avec un talent modéré, essayait de marier deux ordres d'idées, deux fleuves de l'esprit humain qui se troublaient au contact l'un de l'autre sans s'élargir; M. Guizot renouvelait la philosophie de l'histoire; M. Villemain éclairait la critique au flambeau, pâli sous ses mains, des littératures étrangères; M. Cousin rappelait de l'Allemagne la philosophie française naturalisée allemande, dont il écartait les brouillards.

C'était un temps d'inquiétude et de lutte féconde: la révolution commencée par Chateaubriand dans la forme littéraire s'étendait aux idées. Le combat durait encore, mais la victoire n'était plus douteuse. Tous les esprits commençaient à se tourner vers la lumière d'une rénovation universelle. Les poëtes eux-mêmes n'avaient-ils point pris les voix de l'avenir pour chanter les grandeurs du passé? Les plus fervents apôtres de la Restauration commençaient à être ébranlés dans leur foi. Chateaubriand et Lamennais avaient prédit un naufrage. Or, ce sont les naufrages qui font découvrir les îles nouvelles.

La Révolution de juillet éclata comme un coup de soleil et un coup de foudre sans étouffer la révolution littéraire. Victor Hugo, George Sand, Balzac, Alfred de Musset, Jules Janin, Eugène Sue, Mérimée,

Sainte-Beuve, Michelet, Stendhal, — j'en passe — et des meilleurs — et des mauvais, — prouvèrent encore que la littérature marche toujours avant la politique.

Quand on songe que la même heure voit toutes les gloires réunies : Chateaubriand, tête blanche, dictant ses Mémoires à la tombe; Lamennais, vieux, mais rajeuni par le souffle de l'esprit nouveau, jetant au monde ses *Paroles d'un croyant;* Béranger disant ses dernières chansons aux échos d'un monde qui venait de finir, aux hommes d'un règne qui commençait; Lamartine se recueillant dans la force de son siècle et dans la sérénité olympique pour verser ses *Harmonies* sur l'écroulement de ses rêves; Victor Hugo secouant au vent d'une révolution ses *Feuilles d'automne* et risquant *Notre-Dame de Paris* entre deux émeutes; George Sand mêlant dans une prose virile les mirages du Berry aux rêves d'or du saint-simonisme naissant et aux indomptables révoltes de l'esprit; Balzac commençant sa comédie de la *Comédie humaine* et burinant les traits d'une société qui se reconstituait sur les naufrages d'une dynastie.

Derrière ceux-là grondait déjà une génération plus jeune, encore plus impatiente, comme les flots derrière les flots. Toutes les barrières étaient renversées, toutes les idoles abattues. Le roman, l'histoire, la critique, subirent tour à tour ou en même temps la loi du vainqueur; tous les genres de poésie furent touchés et transformés; le théâtre, malgré sa résistance, se vit, non sans fracas, envahi par des nouveautés effrayantes qui firent reculer l'ombre d'Athalie! Que de force dépensée, que de jeunesse! Quelle armée de Christophe-Colombs décidés à explorer le monde moral avec ses océans, ses mystères, ses insondables abîmes, ses archipels, ses populations connues et inconnues! Il semblait que l'esprit humain allait escalader les astres.

XI

Nous sommes déjà assez loin des victoires et des défaites pour les juger. La période de 1830 à 1840 a laissé des œuvres qui vivront, des aspirations immenses que l'avenir fécondera, et qui peuvent être comparées aux plus grandes aspirations de notre littérature. D'où vient donc que le silence a succédé au bruit glorieux de la mêlée? D'où vient donc qu'à si courte distance une sorte d'engourdissement et de froideur s'est emparée de l'arène naguère frémissante? Qu'a-t-il donc manqué à ce mouvement littéraire pour entretenir dans le public l'ardeur du feu sacré? On a trop souvent passé près du sphinx sans l'interroger. Devant les splendeurs de la Beauté visible on n'est pas assez remonté à la Beauté invisible. On regardait trop par les yeux pour voir par l'intelligence.

Ce qui a le plus manqué à l'école romantique, c'est un idéal.

Je dis un idéal, et non des idées, car, après tout, chaque grand écrivain est un penseur, et ce ne sont point les grands écrivains qui ont manqué à la première moitié de notre siècle. Ne craignons point d'établir des parallèles. Notre siècle a produit de plus grands poëtes que le dernier siècle; comment se fait-il donc qu'aucun d'eux n'a exercé l'influence durable de Voltaire? C'est que Voltaire avait un idéal : l'affranchissement de la pensée humaine. Ses écrits étaient des actes, ses tragédies des pamphlets religieux et politiques, toute sa vie une déclaration de guerre aux préjugés. Le mouvement romantique, armé pour toutes les nobles causes, eut le tort de s'annoncer comme une simple révolution dans la forme; il eut beau faire depuis, il eut beau agiter l'arbre de la science et en faire tomber des fruits, on ne voulut plus voir en lui que la réalisation du programme qu'il s'était tracé. Il éveilla ainsi plus de curiosité que de profond enthousiasme. Cette curiosité satisfaite et la victoire gagnée, les combattants se disputèrent, et le public retomba dans son indifférence. C'était l'heure du reflux. Les tempêtes ne fécondent pas l'Océan. Mais, comme le Nil qui jette l'or des blés en débordant, le flux romantique avait enrichi le rivage.

En philosophie, notre siècle n'a guère affirmé jusqu'ici que le doute et l'attente. Faut-il s'étonner que les esprits se détournent d'une parole morte et se précipitent dans les intérêts matériels? La locomotive ne nie point, elle affirme la vitesse; l'électricité n'attend point, elle relie les continents par un câble qui tremble au fond des mers. L'industrie saisira les masses toutes les fois que les arts n'auront rien de mieux à leur dire. Je n'attaque point pour cela la petite église des esprits d'élite qui se réfugient dans le culte du beau. Là même est l'arche qui sauvera le monde. Je veux dire seulement que, si elle n'y prend garde, cette arche est destinée à flotter longtemps presque inaperçue dans un déluge sans arc-en-ciel.

XII

Toutes les écoles sont bonnes, hors l'école de l'ennui ; toutes les écoles sont mauvaises pour celui qui n'y étudie pas librement.

La dispute des *idéalistes* et des *réalistes* n'est pas nouvelle. Je ne ferai à ces derniers qu'une objection : « Si vous ne me présentez que ce qui est, sans les rayonnements de l'art et les reflets de l'infini comme Rembrandt, ce grand amoureux de la vérité, et non du réel, pourquoi voulez-vous que je vous lise ? Tout est un spectacle sans doute ; mais j'aime mieux voir ce spectacle sur le théâtre de la vie que dans vos ouvrages. Qui m'assure qu'à votre insu vous n'avez point altéré les traits de vos modèles ? Dans tous les cas, je ne me sens aucune inclination à devenir amoureux sur la foi d'un daguerréotype. Vous avez beau m'affirmer que la lumière et l'ombre ont joué d'elles-mêmes, que votre héroïne s'est fixée comme dans un miroir, je vous croirai et j'admirerai volontiers votre adresse; mais si, par aventure, votre beauté est belle, je vous demanderai à voir la femme. »

En face d'un point de vue si limité, je me demande si je ne préférerais pas l'exagération contraire. Des philosophes allemands ont prétendu que l'homme seul existait et que la nature était un rêve, une illusion qui n'avait de réalité que dans notre cerveau. Sans aller jusque-là, on peut bien soutenir que chacun de nous décompose le monde extérieur avec l'ensemble de ses facultés et de ses sentiments. Pour le chasseur, l'oiseau est une proie; pour le savant, c'est un squelette; pour le laboureur, c'est un ennemi qui mange le grain; pour le poëte, c'est un chanteur ailé; pour l'amoureux, c'est un souvenir harmonieux. Le paysage chante avec le paysagiste. Tous les tableaux visibles sont des semences d'idées qui mûrissent dans la tête ou dans le cœur de l'homme. Décrire pour décrire, à quoi bon? Les images ne sont pas des ressemblances; elles ont passé par la lanterne magique de notre souvenir; elles se sont transformées au contact de nos sentiments les plus intimes. La campagne que je vois seul n'est plus celle que je vois à deux. Le coucher de soleil que je contemple avec un rayon d'espérance dans l'âme ne ressemble point à celui que je considère un jour de désenchantement. Dans le premier cas, ce soleil me dit : *Au revoir!* dans le second, il me dit : *Adieu!* Où trouver en tout cela rien de réel? Ma fantaisie n'est-elle pas à plus juste droit une vérité?

Elle s'enivre de la nature, mais sans l'intention brutale de la calquer. Oui, la nature est bien la source où se régénère la poésie aux époques de doute et de découragement; c'est là que cette sublime malade doit aller prendre les eaux, mais comme la muse de Jean-Jacques et de George Sand. Une scène de l'Auvergne décrite par George Sand me touche, sans que j'aie les moyens de constater à quel point la réalité s'y trouve; c'est que derrière la profondeur des lignes de verdure et l'élévation des montagnes, je sens la profondeur et l'élévation plus solennelles encore d'une grande âme.

Ce que j'ai dit de la nature, je le dirai à plus forte raison de la société. Rendre avec exactitude quelques détails ne sera jamais qu'un accessoire dans le tableau de la vie humaine. Si je m'émeus à la vue de tableaux où l'intérieur d'une famille est saisi sur le vif, c'est que j'y respire en outre l'âme de la maison et le parfum d'un bon sentiment. Les procédés du moulage et du daguerréotype appliqués aux lettres ont donc le tort de rétrécir singulièrement le point de vue. Un bourgeois décalqué avec soin dans ses habitudes domestiques, ses mœurs et ses occupations familières, est un homme, ce n'est pas l'homme.

XIII

Combien d'écoles qui ont pris le drapeau et ne l'ont pas su garder!

L'école de la forme a rallié, dès son début, des disciples fervents et opiniâtres ; elle compte encore à sa tête de grands poëtes et de grands artistes. Sévère sur tout ce qui touche au matériel de l'art, elle s'est appliquée à réparer la langue, à rajeunir le dessin et la couleur ; elle a produit dans ce sentiment plastique quelques œuvres vivantes. Elle a attaqué les morts, elle a défendu les vivants. Il fallait donner des raisons pour justifier les essais des artistes révolutionnaires : on en trouva. Il fut convenu que le style constituait la première beauté des œuvres d'art. On s'appuya dans l'antiquité sur les poëtes dont le vers était parvenu à immortaliser ce que l'amour a de plus éphémère ; on alla même chercher ses autorités plus haut : on remonta jusqu'à Dieu, dont la pensée éternelle s'était revêtue de la création et avait répandu la forme sur toute la nature pour s'y réjouir, selon le langage de la Bible, *et vidit quod esset bona.*

Tout cela était vrai ; le tort de cette école fut de s'arrêter à la limite qui sépare le visible de l'invisible. Dans son amour et sa préoccupation de la forme, elle négligea l'idée ; elle sculpta magnifiquement le vase, mais elle oublia de l'emplir. La poésie et la peinture abaissèrent leur vol dans le cercle des beautés du monde inférieur.

Au milieu de cette recherche inquiète de la ligne et de la couleur, la pensée disparut sous l'ornement, et le sentiment sous la matière. A force de sculpter toutes les images, on fit de l'amour un sixième sens, du ciel un plafond d'azur, du cœur de l'homme un rouage aveugle et fatal. Au lieu de considérer ce monde comme une figure qui passe et qui porte avec elle la pensée de l'infini, on voulut y voir un profil immuable, éternel, absolu. Toutefois cette école a fait une œuvre utile ; son travail de mots a enrichi, sinon épuré la langue ; sa passion pour la couleur a rendu à la peinture son caractère ; son ardente préoccupation des lignes, de la tournure et de la force, a fait remonter la statuaire aux sources antiques. Sa mission était d'arrêter nos yeux sur la nature sensible, sur cet océan de formes, sur ces ombres et ces rayonnements infinis dont la main du Créateur distribue l'ordonnance, en un mot sur le style du monde. Mais il lui manquait ce souffle spirituel qui est l'âme de l'art ; l'idée, la passion, le sentiment, languirent entre ses doigts sensuels et profanes qui voulaient des fleurs, mais de ces fleurs grossières qu'on touche et qu'on cueille à pleines mains. La délicatesse de l'analyse morale lui fut inconnue : les plus chastes mystères du cœur furent violés, et non possédés ; art des sens, littérature des sens ; elle ne sortit pas de la sphère où elle s'était elle-même précipitée avec une sorte d'enthousiasme sauvage. Quoique vouée par instinct et par système à la reproduction des objets animés qui forment les ornements de la scène du monde, elle n'en embrassa jamais que les contours. Pour voir, il faut les yeux ; pour regarder, il faut l'intelligence. L'école de la forme voyait et ne regardait pas. Rarement elle remonta par un sens intérieur du phénomène à la cause, de la beauté visible à la beauté invisible, du monde à Dieu. Elle passa devant le sphinx sans l'interroger.

Une autre école donna, par esprit de démenti et de réaction, dans les excès contraires à ceux qui avaient établi la fortune et qui avaient amené la décadence de sa rivale. Pleine d'un dédain impuissant pour les richesses du style et pour les ressources matérielles d'un art dont elle n'avait pas le secret, elle proclama l'indépendance de la pensée, écrivit ou peignit sans frein, et rêva partout un idéal au delà du ciel. Les services que rendit cette école ne doivent pourtant pas être méconnus ; elle contribua à réveiller le sentiment moral, affaibli par la constante recherche de la forme extérieure et immobile ; elle maintint l'aspiration aux visions de l'âme et du cœur ; elle conserva l'élément spirituel de l'humanité, sans lequel le monde ne serait qu'un morne ou pompeux désert.

Ce fut surtout dans la peinture et dans la statuaire que la méprise de cette école se dévoila. A la rigueur, on peut encore peindre sans pensée, mais on ne saurait, dans un groupe ou dans un tableau, se passer de la ligne et de la couleur. Les arts d'imitation sont soumis avant tout à des exigences de forme qui ne constituent pas assurément toute leur beauté, mais hors desquelles on ne peut même les concevoir. La passion du mythe, l'intérêt systématique pour le type immatériel de l'être, étaient autant d'obstacles aux progrès sérieux du dessin. On se perdit dans des abstractions vagues. Tandis que les poëtes et les artistes de la forme voyaient et adoraient seulement dans la création le voile, la figure, le masque, l'école contraire voulut se passer de tout cela; elle poursuivit le beau hors de la nature, dans des régions impossibles où elle croyait rencontrer la vie et où elle ne trouva que le néant.

XIV

Il n'y a pas seulement deux écoles : il y en a vingt, sans compter celles des grammairiens, éplucheurs d'ivraie qui commencent, les aveugles qu'ils sont, par arracher le bon grain. Aussi vous verrez quelle gerbe ils recueilleront! Reconnaissons que l'art a sa grammaire comme il a sa poésie; mais, à force de grammaire, on devient — praticien. L'art ne sera jamais dogmatique: l'inspiration le couronne de roses et de pampres, de feuilles de chêne et d'épis d'or; la grammaire le couronne de cheveux blancs.

Il y a les fantaisistes, heureux esprits, sublimes rêveurs, dédaignant les biens de ce monde, qui ne demandent à cueillir, en passant le long des blés mûrs, que le bluet dont les jeunes filles se font des couronnes. La fantaisie, muse toujours jeune, folle du logis, reine de l'imprévu, femme et chimère. La Fantaisie est la dixième muse; elle a pour patrie l'imagination des artistes; elle voyage dans le bleu et respire l'air des montagnes, l'églantine des forêts ou la neige des aubépines. Elle aime mieux vivre en toute liberté des miettes de la table de la nature que de s'enfermer dans le palais du roi; si elle y entre, c'est pour entraîner la reine dans ses voyages vagabonds. On l'appelle aussi la folle du logis, parce qu'elle s'arrête çà et là sous le toit béni du rêveur, du poëte et de l'amoureux. On la rencontre sur les plus fiers sommets, devisant entre Shakspeare et Gœthe. Si elle traverse la vallée, elle prend d'une main le fruit doré qui courbe la branche et se déchire l'autre main à la fleur sauvage. C'est l'écolière qui s'attarde aux framboisiers, qui se détourne pour marier le coquelicot au bluet, qui revient sur ses pas pour boire à la source vive. Arrivera-t-elle? qu'importe! Qui est-ce qui arrive? la mort! Mais l'abeille arrive aussi: après avoir bu dans le sainfoin, elle arrive à la ruche. La Fantaisie butine la poésie tout le long du vert sentier; mais, à l'heure de rentrer à la ruche, elle déploie ses ailes pour le pays des étoiles. Fantaisie! Fantaisie! muse des jeunes et des insouciants, qui d'entre nous ne t'a suivie et adorée? Mais *Nous n'irons plus au bois, les lauriers sont coupés!* Avec Alfred de Musset, la Fantaisie a montré son pied tout parfumé d'herbe sur le seuil de l'Académie française.

Il y a aussi les graves, qui font trembler l'Olympe au mouvement de leur sourcil: ceux-là veulent être, selon la parole d'Homère, les pasteurs des peuples; ils ne veulent pas que la poésie soit un vain amusement, une musique qui se perd dans les nues, un parfum de violette que secoue en passant le pied nu de la paysanne; ils ont tout appris, hormis cette maxime *Savoir, c'est perdre.* Saluons les graves, car ils chantent pour le peuple; et le peuple chasse les poëtes de sa république, sans même les avoir couronnés de roses, comme le voulait Platon.

Il y a les philosophes, esprits ambitieux qui ne font la lumière que pour éclairer les ténèbres : philosophie! science de la vie quand on veut mourir, science de la mort quand on veut vivre! Livre dont on n'a ni le commencement ni la fin, dont la préface est dans le chaos et la postface dans le sein de Dieu.

Il y a aussi les réalistes, ceux-là qui violent la Vérité toute ruisselante encore sur la margelle de son puits; enfants de l'école hollandaise, qui oublient que Rembrandt le panthéiste, tout en demeurant avec religion attaché sur la terre, baignait son front dans les vagues lueurs du sentiment biblique et de la pensée divine. C'est la lumière qui fait voir les ténèbres. C'est l'idéal qui éclaire la vérité.

Il y a les archéologues, qui préfèrent l'odeur du tombeau et le bruit des ossements au parfum savoureux de la forêt et aux battements du cœur.

Il y a aussi les éclectiques, qui ne sont ni de leur temps ni de leur pays, parce qu'ils veulent être de tous les temps et de tous les pays.

Le génie ne reconnaît pas de grammaire, il porte sa doctrine dans son œuvre. Saluons les libres esprits qui vont cherchant l'inspiration dans les poëmes d'Homère, dans la sculpture de Cléomène, dans les pages mystérieuses et solennelles de la Bible, dans les pâles

visions des Byzantins, dans les épanouissements de la
Renaissance et dans le livre radieux qui s'appelle LA
NATURE. Ne les accusez pas de panthéisme, parce qu'ils
reconnaissent que c'est par la nature qu'ils pénètrent
Dieu. Ceux-là ne subissent aucune école, ils n'ont de
culte que pour l'idée, ils n'ont de passion que pour la
forme; ils veulent que la poésie s'inspire de Moïse, de
Platon et de Jésus-Christ; qu'elle écrive ses vers dorés
dans l'épopée de ces muses qui se souviennent de
l'avenir parce qu'elles ont déjà hanté le lendemain;
qu'elle entraîne les peuples vers les rives entrevues
des mondes meilleurs; qu'elle ouvre aux générations
présentes cette vie féconde et universelle rêvée pour
les générations futures. Ils saluent le soleil couchant,
mais c'est vers l'aube matinale qu'ils se tournent,
plus inquiets de ceux qui feront la lumière que de
ceux qui sont déjà tournés vers le tombeau. Ils veulent
que la poésie, la peinture et la statuaire, le pied sur
la terre et le front dans le ciel, le cœur fécondé aux
passions contemporaines mais l'âme illuminée aux
lumières divines, se passionnent pour la nature tout
en la voyant par Dieu.

XV

C'est l'idéal souverain. Un des torts de l'école romantique fut de ne pas voir la nature par l'œil
simple. Elle ne la vit par l'œil de l'âme qu'à travers

un prisme. Ce fut aussi de n'être pas de son temps. On se tournait trop souvent vers les images du passé. Le fantôme du moyen âge ou de la renaissance, évoqué à grand éclat de beaux vers ou de prose étincelante, a pu d'abord éblouir et remuer l'enthousiasme; mais les apparitions, même celles de l'histoire et de la poésie, ne font que passer. Pour émouvoir fortement son siècle, c'est sur son siècle qu'il faut agir. En vain dira-t-on que les passions d'une époque sont celles d'un autre âge, que les hommes se ressemblent sous tous les costumes, que les idées peuvent se glisser sous tous les grands masques de l'histoire. Il y a des passions, des inquiétudes, des aspirations nées de notre temps, que les temps antérieurs n'ont point connues; les leur prêter serait altérer la vérité des créations poétiques.

La société telle qu'elle est au dix-neuvième siècle, telle qu'elle est sortie de la révolution française, avec ses grandeurs, ses misères, ses progrès, ses inapaisements, ses doutes, ses indomptables aspirations vers une foi nouvelle, ses craintes, ses illusions plus fortes encore que ses terreurs, voilà le champ où mûrit la moisson nouvelle. A l'œuvre donc, ô moissonneurs! Aux uns les fleurs, aux autres les épis, à tous le sourire de la nature qui nous dit : Courage. Le front penché sur le sillon qu'ont ouvert nos pères, cherchons tous le trésor enfoui. Être de son temps, c'est le devoir du penseur. Il faut aimer son siècle, mais comme on aime les femmes, en dégageant de la réalité qui nous désenchante l'idéal du beau, du vrai, du juste qui nous console. N'oublions pas que le chemin de la poésie est celui qui conduit du Paradis perdu à la Terre promise. Réveillons, en les touchant du rayon de la fantaisie, les intelligences qui dorment; dévoilons l'avenir à ceux qui désespèrent; chantons à ceux qui regrettent le soleil couché la chanson du soleil levant; soutenons toutes ces ambitions nobles qui aspirent à toucher les astres. Aux multitudes qui souffrent montrons du doigt les collines saintes que commence à blanchir la lumière. Le travail est la loi de l'humanité, la loi du poëte; j'allais dire la loi de Dieu. N'est-ce pas lui, en effet, qui travaille éternellement dans la nature? N'est-ce pas lui qui nous crie à chaque printemps, par la voix des roses et des oiseaux: « Est-ce que je m'ennuie, moi? » Tant qu'il y aura une espérance à faire luire sur le chemin de l'humanité, une étincelle du cœur à rallumer parmi les cendres, un mot à dire pour ceux qui croient encore au lendemain, le devoir du penseur sera de parler, — et de parler haut! —

Qui peut le nier? Le désenchantement et la désespérance ont refroidi l'ardeur des tentatives héroïques de la littérature; faut-il pour cela ressembler à ces peuples anciens qui s'endormaient durant une éclipse de soleil? L'homme de lettres doit marcher contre le vent, recueillir ses forces dans le crépuscule pour mieux chanter la lumière. Et il écrira sur son cœur: *Post tenebras spero lucem.* Il n'y a pas d'ailleurs de voix qui crie dans le vide tout en criant dans le désert; il se rencontre toujours un écho dans quelque âme sœur pour lui répondre. Dieu, dit la Bible, s'est reposé le septième jour; ne nous reposons point, car nous n'avons point encore fait le monde nouveau. Sommes-nous donc infinis pour nous complaire en nous-mêmes? Le repos de l'homme est l'ennui, l'ennui qui est une impiété, l'ennui qui rouille l'intelligence, ce pur métal sorti des mains du Créateur.

Les perspectives sont belles; les horizons s'étendent et se colorent. Le vieux monde s'est fait homme : homme aussi se fera le poëte. Il cherchera ses maîtres dans son cœur, disant comme Alfred de Musset : « J'ai mon cœur humain, moi! » Depuis Descartes, la souveraineté du moi est le dogme de la poésie, aussi bien que celui de la philosophie et de la science. Tout homme est une révélation; c'est même par là que l'art est impérissable.

XVI

En revenant sur la jeunesse de notre siècle, c'est sur notre jeunesse à tous que nous revenons. On connaît cette page sublime où Tacite nous peint les légions romaines traversant, muettes et consternées, le champ de bataille témoin de la défaite de Varus. Nous éprouvons un sentiment analogue en repassant sur le champ de bataille de nos anciennes espérances; comme dans l'antique forêt de la Germanie, nous n'apercevons autour de nous que des dépouilles et des images de mort; nos illusions pendent tristement aux rameaux agités, nos armes brisées jonchent le sol, les ossements et les squelettes de nos œuvres oubliées embarrassent nos pas égarés. Toute l'histoire de nos luttes, hier presque glorieuses, pourrait aujourd'hui s'écrire en quelques épitaphes. Pourtant rassurons-nous : l'art est une forêt majestueuse et impassible qui renouvelle éternellement sa séve et son feuillage; toujours vivante et toujours jeune, car c'est en Dieu qu'elle puise sa jeunesse sans cesse renaissante.

La critique a le droit de chercher dans les œuvres des poëtes, des peintres, des statuaires, ce qu'elle rencontre perpétuellement dans la création : la pensée et le style, l'esprit et la figure. La nature a donné à l'homme un double amour, pour qu'il pût se mettre en communication avec le monde par les yeux de l'âme comme par les yeux du corps. Pour moraliser l'Art et la société qui va à son école, ne divisons rien, consacrons hautement l'alliance indissoluble de ces deux forces : la Beauté sans laquelle il n'y a point d'Art, et le Sentiment sans lequel il n'y a pas de Beauté.

Non, la poésie n'est pas seulement le parfum des fleurs de la terre ni la flamme allumée au ciel. De même que le parfum habite un calice dessiné et peint par Dieu lui-même, il faut que la flamme du sentiment brûle dans un vase d'or sculpté et ciselé par Benvenuto Cellini.

Le Beau visible doit parler du Beau invisible comme le monde parle de Dieu. Dieu a créé l'homme avec un peu d'argile en laissant tomber sur sa créature les rayonnements de sa pensée, alliant ainsi par une œuvre sublime la terre au ciel. L'artiste et le poëte ne doivent pas séparer l'argile du rayonnement, la terre du ciel, le fini de l'infini.

Que l'Art soit enfin pour tous cette majestueuse unité dont Léonard de Vinci a donné l'exemple suprême, lui qui a eu le crayon et la palette, la ligne divine et la couleur humaine, lui qui a révélé l'âme en peignant le corps. Saluons ce grand maître et nourrissons-nous de son esprit, comme les apôtres de sa sublime Cène se nourrissent du pain et du vin de Jésus-Christ.

XVII

Mes souvenirs ont passé à vol d'oiseau sur les hommes et les œuvres du demi-siècle pour trouver l'œuvre de l'Académie. La mère des immortels s'est toujours réfugiée dans son Olympe de demi-dieux fainéants avec l'effroi des batailles, donnant des prix de poésie comme des prix de vertu, craignant l'esprit nouveau, adoptant la pensée timide, et ne déployant ses forces que pour ressusciter les passions politiques, comme si Machiavel devait détrôner Homère sous la coupole de l'Institut.

Cette devise de l'Académie : *A l'immortalité !* a trop appris aux élus qu'ils avaient déjà un pied dans le monde futur, dans le monde des esprits. Dès leur entrée à l'Académie, ils semblent ne plus tenir qu'à moitié aux passions de la terre. C'est le pays des morts vivants, mais c'est aussi le pays des vivants morts. L'Académie aurait dû prendre une devise plus humaine, pour indiquer à ses membres que dès qu'ils mettent un pied sur la dalle consacrée de son palais, ils mettent un pied dans le silence. Cette perspective les eût fait se retourner vers les vivants. Je parle ici des esprits timides qui se sont abrités sous le toit protecteur de Richelieu contre les orages littéraires et contre les écueils de la renommée ; car il y a toujours eu à l'Académie des esprits aventureux et vaillants qui ont vécu dans sa gloire, mais hors de son sein, hors de son principe, hors de son autorité. Ceux-là ne sont pas les vrais académiciens, les sages du Portique, les penseurs du Sunium. Mais dira-t-on que ceux-là ont apporté le moins d'éclat à l'Académie ? Aujourd'hui, comme il y a cent ans, comme il y a deux cents ans, les indisciplinés de l'Académie, ceux qui ne sont pas soumis à la loi du sublime, sont-ils les moins glorieux ?

Il y a à l'Académie un dieu suranné qui s'appelle le dieu du goût, un dieu presque stérile qui n'a jamais mis au monde un poëte, qui se contente de réformer les enfants des autres, qui dit bien ce qu'il ne faut pas faire, mais qui ne prescrit jamais ce qu'il faut qu'on fasse. Comme le jardinier du palais de Versailles, il se promène en droite ligne, à pas mesurés, ébranchant, taillant, émondant. Il salue tous les jours la nature, qu'il habille à sa mode, croyant saluer son œuvre : mais les aubépines en murailles, les arbres en quinconces et les ifs en éventails ne le reconnaissent pas pour leur maitre : ils savent bien qu'il y a une séve divine qui court en eux, qui s'épanouit en verte ramure et en bouquets embaumés. On peut dire du goût ce que Bacon disait des règles : « Ce sont autant de limites ou d'entraves qu'on donne à l'esprit. Vos pas sont plus mesurés sans doute, mais irez-vous bien loin? » Au lieu de faire un piédestal au dieu du goût, l'Académie aurait dû appeler en son temple le dieu de l'imprévu.

Quand les voyageurs redoutent les grands chemins, ils se réunissent en caravane; c'est ce principe, selon Chamfort, qui a fait vivre l'Académie. L'Académie, en effet, doit être la maison des gens de lettres; elle doit étendre une main protectrice sur tous les fronts qu'a frappés le vertige du génie. Seulement l'Académie est quelque peu misanthrope; elle vit retirée du monde; ce n'est point assez d'un prix de poésie et d'un prix de vertu pour dominer l'idée de son siècle et féconder l'imagination des hommes de son temps. L'Académie est souvent trop vieille d'une génération. Réfugiée dans son sanctuaire, elle ne connaît que ses dieux, souvent même elle ignore les noms que tout le monde sait par cœur*. Elle ne croit guère aux enfantements nouveaux : la jeunesse lui semble toujours un enfant prodigue qui soupe avec les courtisanes.

Pourquoi l'Académie pense-t-elle que le silence,

---

* Fontenelle rappelait à ses confrères de l'Académie le mot de Jésus-Christ à ses apôtres : « Vous êtes dans le monde, mais vous n'êtes pas du monde. » Et il ajoutait avec son sourire normand et athénien : « Soyons un peu plus mortels, mes frères. »

c'est la dignité? pourquoi ne descend-elle pas des hauteurs de son Olympe pour nous convier au banquet de son intelligence? A peine si elle secoue sur nous une fois l'an les miettes de sa table. Pourquoi l'Académie ne publie-t-elle pas le journal de sa maison? La création d'un journal de l'Académie donnerait une grande autorité à ce corps illustre. Tant de victoires individuelles, qui sont perdues parce que le chef suprême manque à l'armée, seraient des conquêtes pour l'esprit français et pour l'Académie. Nul ne s'endormirait dans sa gloire ; les académiciens tour à tour reparaîtraient sur la brèche; on n'entrerait plus à l'Académie en mettant l'épée au fourreau; on consacrerait l'art nouveau en le reconnaissant; l'Académie ferait des hommes et des œuvres; elle ne fait que des académiciens.

HISTOIRE
DU
41ᵐᵉ FAUTEUIL
DE L'ACADÉMIE FRANÇAISE

I

DESCARTES

1596—1650

L'amitié et le hasard avaient pour ainsi dire nommé les quarante membres de l'Académie française. On déclara solennellement, sur l'ordre du cardinal de Richelieu, que le nombre ne dépasserait jamais ce chiffre, Richelieu se présentât-il en personne. Cependant, quand les quarante académiciens se furent aperçus qu'ils avaient oublié un penseur déjà célèbre parmi les penseurs, un téméraire esprit qui, dans les solitudes, en face de Dieu lui-même, osait écrire l'histoire de l'âme — quand d'autres n'en savaient raconter que le roman, — ils prièrent le cardinal de leur accorder un quarante et unième fauteuil pour cet homme de génie, nommé René Descartes. Richelieu, quoiqu'il aimât mieux les insouciants rimeurs vivant de temps perdu que les âpres penseurs qui n'inclinent leur front devant aucune des royautés périssables, n'osa refuser une place au philosophe.

Richelieu, d'ailleurs, craignit que Descartes, n'ayant pas été appelé au festin des quarante, ne vînt, pareil aux fées oubliées, jeter d'une main vengeresse un mauvais sort sur le berceau de l'Académie.

Descartes aimait la solitude jusqu'à l'exil. Toutefois il consentit à venir prendre place parmi tous ces beaux esprits qui avaient en main le gouvernail sur la mer tumultueuse de l'opinion. Il espérait les convertir à sa foi en lui, même ceux qui ne parlaient que de la foi en Dieu. « Ce sont des esprits enchaînés, j'en ferai des esprits libres. » Et en effet, comme l'a dit M. de Rémusat en entrant lui-même à l'Académie : « En France, il faut dater de Descartes la vraie liberté de l'esprit. Son image est à l'Académie, parce qu'il fut le maître des maîtres. Or, que leur enseigna-t-il? La loi de la raison. » On sait que le grand travail philosophique de Descartes consiste à chercher dans la raison humaine les étais de la certitude. « Je pense, donc je suis. » Par la pensée, Descartes entendait aussi le sentiment ; il croyait que l'homme ne pouvait s'assurer de son existence, comme de toutes les vérités morales, que par le témoignage qu'il rendait à sa raison. Le cartésianisme est la négation du principe d'autorité en philosophie : « Vous deviez vous souvenir, dit-il dans ses *Méditations*, que vous parlez à un esprit tellement détaché des choses corporelles, qu'il ne sait pas même si jamais il y a eu aucun homme avant lui, et qui, partant, ne s'émeut pas beaucoup de leur autorité. » Ses vues étaient d'une grande hardiesse, en ce qu'elles menaçaient indirectement l'infaillibilité de l'Église, qui repose sur le principe opposé. Mais les représentants de la foi et de la tradition ruinèrent les idées du philosophe sur l'espace et sur la matière : Descartes supposait que Dieu avait donné à la matière un premier mouvement, et qu'elle s'était ensuite arrangée d'elle-même. Ce qui est contraire à la Genèse, où Moïse fait continuellement intervenir l'action divine sur l'œuvre de la création.

Descartes trouva la méditation dans la vie tumultueuse des camps. A la bataille de Prague, tout en allant au feu bon jeu bon argent, il créait sa théorie de l'arc-en-ciel.

Sa jeunesse fut très-aventureuse. Faut-il rappeler, entre autres pages singulières, cette histoire des matelots allemands qui, le conduisant en Hollande, tinrent conseil pour savoir s'ils le jetteraient à la mer pour s'emparer de ses dépouilles? Il était si absorbé dans ses rêveries, qu'il leur semblait de bonne prise et de mauvaise défense. Et déjà ils s'avançaient vers lui, décidés à tout, quand le philosophe, se réveillant tout à coup (car ce beau dessein des matelots ne l'avait pas empêché de continuer son rêve, quoiqu'il comprit la férocité de leur langage), tira sa vaillante épée, courut à eux et les terrifia par son air déterminé. « Tremblez, leur dit-il dans leur idiome, nous sommes trois contre vous : Dieu, moi et mon épée. »

Descartes courut le monde, l'étudiant comme un livre universel toujours ouvert et toujours éloquent. Il n'eut qu'un tort dans ces voyages, ce fut de ne pas voir Galilée. C'était d'ailleurs le tort de Descartes de ne croire ni aux hommes du passé ni aux hommes du présent; il ne croyait qu'à lui-même ; mais ce qui fut son tort fut sa raison, puisque ce fut sa force.

La première fois que Descartes alla à l'Académie, il prit la parole pour parler de Mathurin Régnier, grand poëte mort trop jeune, qui eût été digne comme lui, René Descartes, d'inaugurer le fauteuil que la célèbre compagnie venait de lui offrir [*]. On ne saurait trop admirer ce pieux souvenir du philosophe pour le poëte : Homère était vengé de Platon.

Descartes continua ainsi : « L'imagination des an-
« ciens et des modernes a peuplé le monde de forêts
« vierges où la raison, quelle que soit sa force, s'égare
« sous chaque ramée et s'enchaîne dans les brancha
« ges. Dès que j'ai entrevu la lumière à l'horizon,
« armé d'une hache bien trempée, j'ai donné des coups
« vigoureux à toutes ces plantes parasites qui mas-

---

[*] Pourquoi ne parla-t-il pas de Ronsard? car il a été le Ronsard de la philosophie, moins les inspirations de l'antiquité.

« quaient notre chemin et répandaient sur nous les té-
« nèbres. Il y avait alors mille et mille sentiers perdus
« pour traverser cette sombre forêt de l'esprit humain;
« nos philosophes, devenus trop savants, passaient
« leurs plus beaux jours à reconnaître ces fils du laby-
« rinthe; moi, j'ai pris le grand chemin en supprimant
« tous les sentiers. Car, lorsque j'arrivai à ma ving-
« tième année et que j'eus étudié tous ces penseurs
« qui, avant moi, avaient cherché la lumière, j'en vins
« à cette conclusion, que plus je m'aventurais dans le
« passé, et plus je m'éloignais du soleil pour vivre à la
« clarté douteuse de la lampe des morts.

« Je le dis tout haut à cette docte assemblée qui est
« instituée pour habiller la raison de toutes les royales
« parures du beau langage et de la poésie, moi j'arra-
« che à la vérité jusqu'à son dernier voile. En vain me
« dira-t-on : Cette robe tout étoilée a été brodée par
« Socrate, par Platon et par Aristote. Ce que j'aime en
« la vérité, c'est la vérité toute nue. Je la prends au
« sortir du puits, et je pars avec elle, pour aller du
« monde connu au monde inconnu; pareillement j'aime
« le soleil à son levant, quand il se répand en toute
« lumière, et je n'attends pas pour le saluer qu'il ait
« revêtu son manteau de pourpre et sa couronne de
« nuages.

« C'est en m'éloignant du passé couvert de ruines
« que je me suis ouvert les routes radieuses de l'ave-
« nir. Tout vrai philosophe porte **sa conscience en soi**;
« il doit se dépouiller de ses biens et des souvenirs de
« ses études. Ce n'est pas l'armure, c'est l'âme qui

« fait le héros. J'ai donc, sans autre arme que ma rai-
« son, marqué l'empreinte de mon génie dans le livre
« de la sagesse humaine.

« Ce n'est peut-être qu'un peu de cuivre et de verre
« que je vante pour de l'or et des diamants. Je sais
« combien nous sommes sujets à nous méprendre en
« ce qui nous touche. Mais je serai bien aise de faire
« voir en ce discours quels sont les chemins que j'ai
« suivis, et d'y représenter ma vie comme un tableau,
« afin que chacun en puisse juger.

« J'ai été nourri aux lettres dès mon enfance. Mais,
« sitôt que j'eus achevé tout ce cours d'études, je
« changeai d'opinion; car je me trouvais embarrassé
« de tant de doutes et d'erreurs, qu'il me semblait
« n'avoir fait autre profit, en tâchant de m'instruire,
« sinon que j'avais découvert de plus en plus mon
« ignorance.

« Je ne laissais pas toutefois d'estimer que les lan-
« gues sont nécessaires pour l'intelligence des livres
« anciens; que la gentillesse des fables réveille l'es-
« prit; que les actions mémorables des histoires le re-
« lèvent; que la lecture de tous les bons livres est
« comme une conservation avec les plus honnêtes gens
« des siècles passés; que l'éloquence a des forces et
« des beautés incomparables; que la poésie a des dé-
« licatesses et des douceurs ravissantes; que les ma-
« thématiques ont des inventions très-subtiles; que
« les écrits qui traitent des mœurs contiennent plu-
« sieurs enseignements et plusieurs exhortations à la
« vertu qui sont fort utiles; que la théologie enseigne

« à gagner le ciel ; que la philosophie donne moyen
« de répandre la lumière sur toutes choses.

« Mais je croyais avoir déjà donné assez de temps
« aux langues, et même aussi à la lecture des livres
« anciens, et à leurs histoires, et à leurs fables; car
« c'est quasi le même de converser avec ceux des au-
« tres siècles que de voyager. Il est bon de savoir quel-
« que chose des mœurs des divers peuples, afin de
« juger des nôtres plus sainement. Mais, lorsqu'on
« emploie trop de temps à voyager, on devient enfin
« étranger en son pays; et lorsqu'on est trop curieux
« des choses qui se pratiquaient aux siècles passés, on
« demeure fort ignorant de celles qui se pratiquent en
« celui-ci. Outre que les fables font imaginer plusieurs
« événements comme possibles qui ne le sont point,
« et que même les histoires plus fidèles, si elles ne
« changent ni n'augmentent la valeur des choses pour
« les rendre plus dignes d'être lues, au moins en omet-
« tent-elles presque toujours les plus basses et les moins
« illustres circonstances, d'où vient que le reste ne
« paraît pas tel qu'il est, et que ceux qui règlent leurs
« mœurs par les exemples qu'ils en tirent sont sujets
« à tomber dans les extravagances des paladins de nos
« romans.

« J'estimais fort l'éloquence et j'étais amoureux de
« la poésie ; mais je pensais que l'une et l'autre étaient
« des dons de l'esprit plutôt que des fruits de l'étude.
« Ceux qui ont le raisonnement le plus fort, et qui
« digèrent le mieux leurs pensées avant de les rendre
« claires et intelligibles, peuvent toujours le mieux

« persuader ce qu'ils proposent, encore qu'ils ne par-
« lassent que bas-breton et qu'ils n'eussent jamais
« appris de rhétorique; et ceux qui ont les inventions
« les plus agréables, et qui les savent exprimer avec
« le plus d'ornement et de douceur, ne laisseraient
« pas d'être les meilleurs poëtes, encore que l'art poé-
« tique leur fût inconnu*.

« Je révérais notre théologie et prétendais autant
« qu'aucun autre à gagner le ciel; mais j'ai appris,
« comme chose très-assurée, que le chemin n'en est
« pas moins ouvert aux plus ignorants qu'aux plus
« doctes, et que les vérités révélées qui y conduisent
« sont au-dessus de notre intelligence.

« Je ne dirai rien de la philosophie, sinon que,
« voyant qu'elle a été cultivée par les plus excellents
« esprits qui aient vécu depuis plusieurs siècles, et
« que néanmoins il ne s'y trouve encore aucune chose
« dont on ne dispute, et par conséquent qui ne soit
« douteuse, je n'avais point assez de présomption pour
« espérer d'y rencontrer mieux que les autres; et que,
« considérant combien il peut y avoir de diverses opi-
« nions touchant une même matière qui soient soute-
« nues par des gens doctes, sans qu'il y en puisse avoir
« jamais plus d'une seule qui soit vraie, je réputais
« presque pour faux tout ce qui n'était que vraisem-
« blable.

« C'est pourquoi, sitôt que l'âge me permit de sortir

---

* L'Académie protesta contre cette apologie de l'éloquence naturelle.

« de la sujétion de mes précepteurs, je quittai entiè-
« rement l'étude des lettres, et, me résolvant de ne
« chercher plus d'autre science que celle qui se pour-
« rait trouver en moi-même ou bien dans le grand
« livre du monde, j'employai le reste de ma jeunesse
« à voyager, à voir des cours et des armées, à recueil-
« lir diverses expériences, à m'éprouver moi-même,
« dans les rencontres que la fortune me proposait, et
« partout à faire telle réflexion sur les choses qui se
« présentaient, que j'en pusse tirer quelque profit.

« Mais, après que j'eus employé quelques années à
« étudier ainsi dans le livre du monde, je pris un jour
« résolution d'étudier ainsi en soi-même, ce qui me
« réussit beaucoup mieux, ce me semble, que si je ne
« me fusse jamais éloigné ni de mon pays ni de mes
« livres. J'étais alors en Allemagne, je demeurais tout
« le jour enfermé seul, j'avais tout le loisir de m'en-
« tretenir de mes pensées. Entre lesquelles l'une des
« premières fut que je m'avisai de considérer que sou-
« vent il n'y a pas tant de perfection dans les ouvrages
« composés de plusieurs pièces, et faits de la main de
« divers maîtres, qu'en ceux auxquels un seul a tra-
« vaillé. Ainsi voit-on que les bâtiments qu'un seul
« architecte a entrepris et achevés ont coutume d'être
« plus beaux et mieux ordonnés que ceux que plu-
« sieurs ont tâché de raccommoder, en faisant servir
« de vieilles murailles qui avaient été bâties à d'au-
« tres fins. Ainsi ces anciennes cités qui, n'ayant été
« au commencement que des bourgades, sont deve-
« nues par succession de temps de grandes villes, sont

« ordinairement si mal compassées, au prix de ces
« places régulières qu'un ingénieur trace à sa fantai-
« sie dans une plaine, qu'encore que, considérant leurs
« édifices chacun à part, on y trouve souvent autant
« ou plus d'art qu'en ceux des autres ; toutefois, à voir
« comme ils sont arrangés, ici un grand, là un petit,
« et comme ils rendent les rues courbées et inégales,
« on dirait que c'est plutôt la fortune que la volonté
« de quelques hommes usant de raison qui les a ainsi
« disposés. Les peuples qui, ayant été autrefois demi-
« sauvages, et ne s'étant civilisés que peu à peu, n'ont
« fait leurs lois qu'à mesure que l'incommodité des
« crimes et des querelles les y a contraints, ne sau-
« raient être si bien policés que ceux qui, dès le com-
« mencement qu'ils se sont assemblés, ont observé
« les constitutions de quelque prudent législateur.
« Comme il est bien certain que l'état de la vraie re-
« ligion, dont Dieu seul a fait les ordonnances, doit
« être incomparablement mieux réglé que tous les
« autres. Et, pour parler des choses humaines, je crois
« que si Sparte a été autrefois très-florissante, ce n'a
« pas été à cause de la bonté de chacune de ses lois en
« particulier, vu que plusieurs étaient fort étranges et
« même contraires aux bonnes mœurs, mais à cause
« que, n'ayant été inventées que par un seul, elles
« tendaient toutes à même fin. Et ainsi je pensai que
« les sciences des livres, au moins celles dont les rai-
« sons ne sont que probables et qui n'ont aucune dé-
« monstration, s'étant composées et grossies peu à peu
« des opinions de diverses personnes, ne sont point

« si approchantes de la vérité que les simples raison-
« nements que peut faire naturellement un homme de
« bon sens touchant les choses qui se présentent. Et
« ainsi encore je pensai que, pour ce que nous avons
« tous été enfants avant que d'être hommes, et qu'il
« nous a fallu longtemps être gouvernés par nos appé-
« tits et nos précepteurs, qui étaient souvent contraires
« les uns aux autres, et qui, ni les uns ni les autres,
« ne nous conseillaient peut-être pas toujours le meil-
« leur, il est presque impossible que nos jugements
« soient si purs ni si solides qu'ils auraient été si nous
« avions eu l'usage entier de notre raison dès le point
« de notre naissance.

« Je ne dirai plus qu'un mot, car il faut bien cou-
« ronner l'œuvre, quelle que soit l'œuvre. Mon voyage
« dans la vie est fait, messieurs. Je suis parti et je suis
« arrivé. A mon point de départ, j'ai dit : *Je pense,*
« *donc je suis.* Voilà l'homme. A mi-chemin j'ai dit :
« *Nous existons dans la nature, donc la nature existe.*
« A mon point d'arrivée, j'ai dit : *Dieu vit en nous,*
« *donc Dieu est.* Voilà Dieu. »

Devant une telle parole l'Académie s'inclina et reconnut que celui qui avait été oublié était plus digne à
lui seul que les quarante premiers immortels de fonder une Académie.

Descartes, dans son orgueil, n'a pas voulu méditer
dans les palais toujours en ruines de la philosophie
entre l'Olympe et le Paradis, entre le Portique et
l'Église, entre le Temple et la Mosquée; il a, d'une
main hardie, élevé son château fort avec une pierre

indestructible et un marbre vierge ; il ne voulait pas bâtir avec les décombres du passé. Le monument apparut grandiose ; mais à peine Descartes eut-il inscrit son nom sur le fronton, que Dieu se railla de l'architecte, et le monument tomba en ruines; mais quelles ruines majestueuses !

A ses derniers jours, Descartes a pu s'humilier dans son orgueil et reconnaître que, depuis le commencement du monde, il n'y a d'éternel dans la raison humaine que la raison de Dieu.

Toutefois la raison de Descartes a illuminé de grands esprits : Bossuet, Fénelon, Malebranche, Pascal lui-même ont reconnu Descartes pour leur maître, et sa philosophie ne répandit pas seulement en France ses rayonnements et ses ténèbres; de Spinosa à Hegel, toute l'école allemande y puisa la sève et la fleur du panthéisme et de l'idéalisme.

Après son monument, Descartes eut aussi son abîme; après son rayon de lumière, il eut aussi ses éblouissements. Rien n'est plus fatal à la raison que la recherche de la raison. Non-seulement Descartes se trouva en lutte avec tous les philosophes de son temps, mais encore il se trouva en lutte avec lui-même. Il vint une heure, cette heure mauvaise du soleil couchant de la jeunesse, où il s'imagina avoir perdu son temps. Les ennemis couvraient son ciel de nuées obscures; on l'accusait de libertinage et de plagiat*. Il

* Ce fut alors que La Fontaine, en son nom et au nom de la poésie, qui avait étudié la Sagesse chez Descartes, écrivit :

Descartes, ce mortel dont on eût fait un dieu !

était seul pour se défendre, il était seul pour se consoler. Point de femme, point de patrie. La mère n'était plus là pour le rattacher au passé, l'enfant n'était pas venu pour lui faire aimer le lendemain. Il eut peur de sa célébrité. Il regretta de n'avoir pas caché son nom, et de n'avoir pas, selon les paroles de la Bible, écrit ses idées sur les vagues de la mer. Ce fut alors qu'il prit pour devise : *Qui bene latuit, bene vixit.*

Descartes allait mourir de chagrin ; son grand esprit déployait déjà ses ailes vers l'infini, quand la reine de Suède, cette philosophie couronnée, appela le philosophe à sa cour. Mais à la cour de Christine Descartes se retrouva seul. Malheur à l'homme seul ! C'est surtout aux philosophes qu'il faut redire ces mots de l'Evangile.

II

ROTROU

1609—1650

Qu'on vienne encore me parler de l'Apollon du Belvédère comme de la dernière expression du beau illuminé par le génie! Pour moi, le type du poëte, c'est le marbre de Rotrou au foyer de le Comédie française. Que dis-je, le marbre? c'est la vie elle-même, c'est la poésie qui rêve, c'est la passion qui se souvient, c'est l'homme à l'image de Dieu, c'est le symbole de toutes les muses, c'est l'Apollon des modernes. Il n'y a que la figure de Molière, cette âme humaine et divine, qui garde toute sa beauté, toute sa passion, toute sa poésie, en face du buste de Rotrou.

Rotrou a été l'aurore du soleil Corneille.

Corneille appelait Rotrou son père, quoiqu'il fût né avant lui, parce que Rotrou l'avait précédé au théâtre et lui avait pour ainsi dire indiqué les aspirations du sentiment héroïque et chevaleresque.

C'était un grand cœur et un grand esprit; il a fait quarante pièces de théâtre et autant de bonnes actions. Il mourut comme un chrétien du temps de saint Genest. Il était à Paris, pour la mise en scène de *Don Lope de Cardone*, lorsqu'il apprend qu'une fièvre pourprée a envahi Dreux, sa ville natale, où l'appelle son titre de lieutenant criminel; il abandonne sa tragédie et court à Dreux malgré son frère, qui l'arrache de son carrosse et veut l'emprisonner chez lui. Arrivé à Dreux, il écrit à son frère : « Quel spectacle! et que faisais-je « là-bas! les cloches sonnent pour la vingt-deuxième « personne aujourd'hui; ce sera pour moi demain peut-« être ; mais ma conscience a marqué mon devoir, que « la volonté de Dieu s'accomplisse! » Et la plume lui tombe des mains. Et il meurt dans son dévouement. Pour apprendre à vivre, il faut apprendre à mourir. La belle vie et la belle mort! Son œuvre en respire je ne sais quel souvenir fécondant. Aussi la muse tragique a répandu sur sa tombe les mêmes larmes que sur la tombe de Corneille et de Racine.

Quel beau métier c'était alors que celui d'auteur dramatique! Rotrou vendit aux comédiens *Wenceslas*, son chef-d'œuvre, moyennant vingt pistoles qu'il perdit au jeu le soir même, car il ne faudrait pas s'imaginer qu'il vécût comme un saint. Il avait traversé *la jeunesse orageuse* comme Mathurin Régnier, vivant hors de sa famille en enfant prodigue qui s'assied sans vergogne au festin des courtisanes.

Avant d'être un des cinq auteurs en prose et en vers à la solde du cardinal de Richelieu pour composer des chefs-d'œuvre sous ses ordres, il était à la solde des comédiens. Corneille disait plus tard : « Monsieur Rotrou et moi nous ferions à nous deux subsister les saltimbanques. » A vingt ans, Rotrou faisait vivre à lui tout seul une troupe d'acteurs tragi-comiques. « C'est dommage, disait alors Chapelain, qu'un garçon d'un si beau naturel ait pris une pareille servitude. » Comme Hardy, Rotrou avait « donné son âme aux comédiens, » c'est-à-dire que le jour et la nuit il leur appartenait, non-seulement pour écrire des pièces, mais pour les mettre en scène.

Dès que la mort de Descartes fut connue, Rotrou et Cyrano de Bergerac se présentèrent pour le remplacer au quarante et unième fauteuil. A la même époque, Baro, qui venait de mourir, laissait une vacance au treizième fauteuil : personne ne se présentait pour celui-là. L'inconnu appelle l'inconnu : Daujat fut nommé pour succéder à Baro. Pour le quarante et unième fauteuil, il y eut une lutte assez vive. Cyrano eut onze voix, celles, entre autres, de Scudéry, Tristan l'Hermite, Montreuil, Colletet, Saint-Amant, Boisrobert et Chapelain.

Cyrano de Bergerac était un humoriste de l'école de Ronsard et de Théophile, un aventurier qui recommençait toujours son voyage dans la lune, un extravagant curieux en ses folies poétiques. Il protestait encore contre la discipline de Malherbe, et disait avec mademoiselle de Gournay : « Ils ressemblent le renard,

« qui, voyant qu'on lui avait coupé la queue, conseil-
« lait à tous ses compagnons qu'ils s'en fissent faire
« autant. Ces éplucheurs, ces schismatiques des Muses,
« ont une poésie précaire ; ils parlent à pointe de four-
« chette; ils vivent d'abstinence avec une grammaire,
« non une grammaire de culture, d'accroissement et
« d'édification, mais de rebut et de destruction. »
Cyrano de Bergerac voulait enfin, comme tant d'autres
déjà l'avaient tenté, arracher du tombeau de Ronsard
la mauvaise herbe — *mala herba* — qui envahissait
son laurier. Mais l'école de Malherbe avait eu la majorité. On aurait dû admettre Cyrano pour ces mots de
Molière qui le pillait comme en pays conquis, et qui
disait sans façon : « Je prends mon bien où je le
trouve. » Mais Cyrano n'avait-il pas d'abord mis la
main sur le bien de Molière?

Rotrou l'emporta sur Cyrano parce qu'il avait
pour lui son illustre disciple et maître, Pierre Corneille.

Son compliment, ou discours de réception, est celui
d'un poëte. Descartes avait fait l'éloge de la philosophie, Rotrou fit l'éloge de la poésie :

« Alexandre voyant la statue d'Achille, s'écria :
« O Achille ! que je te trouve heureux d'avoir eu un
« ami fidèle pendant ta vie, et un poëte comme Homère
« après ta mort ! Pour moi, humble parfileur de vers
« déjà oubliés, je m'estime trop heureux d'avoir eu
« votre glorieuse amitié et de mourir en pensant que
« notre Homère français, Pierre Corneille, mon fils et
« mon maître, celui-là dont le souffle a ranimé les

« hommes héroïques du passé, vivra comme Homère
« lui-même.

> « Ces poëmes sans prix où son illustre main
> « D'un pinceau sans pareil a peint l'esprit romain,
> « Ont fait de leurs beautés votre oreille idolâtre,
> « Et sont à jamais l'âme et l'amour du théâtre. »

Rotrou passa à l'éloge de Descartes :

« Le poëte ne peut-il pas parler du philosophe?
« N'habite-t-il pas le même monde des idées, des sons
« et des images? Le poëte n'étudie pas comme le phi-
« losophe; mais, s'il n'a pas la science, il a la pres-
« cience. Le cygne était consacré à Apollon. Les an-
« ciens, nos maîtres éternels, lui donnent la vertu de
« sentir, de comprendre et de prévoir l'avenir. Les
« poëtes sont des cygnes. Platon ne dit-il pas qu'il a
« reconnu l'âme d'Orphée dans le corps d'un cygne; et
« Pythagore enseigne que les âmes des cygnes vont
« quelquefois animer les poëtes. Ainsi la science di-
« vine est en nous; notre âme est le luth sublime où
« résonnent les doigts des dieux. Les philosophes
« sondent les abîmes, tandis que nous nous élevons
« sur les sommets; ils parcourent le monde, nous
« parcourons le ciel; ils ont le compas, nous avons les
« ailes. Mais, messieurs, ne nous enorgueillissons pas
« de notre génie. Vous connaissez l'épigramme de
« Lucien : *J'étais autrefois le champ d'Achéménides,*
« *aujourd'hui le champ de Ménippe, et ainsi je pas-*
« *serai de l'un à l'autre; car je ne suis ni à l'un ni à*

« *l'autre, mais au destin.* Le génie, c'est le champ
« d'Achéménides.

« Strabon a dit : Les poëtes n'ont que la fable avec
« eux, les philosophes ont la vérité; mais la fable n'est-
« elle pas la vérité elle-même, habillée des splen-
« deurs symboliques? Héraclite voulait qu'on chassât
« Homère des colléges; mais Héraclite, bientôt puni
« de cette profanation par la vengeance des dieux,
« mourut enseveli dans un fumier. Cependant lui-
« même était un poëte, quand il disait : « *Les dieux*
« *sont des hommes immortels, et les hommes des dieux*
« *mortels.* »

Si les hommes sont des dieux mortels, certes Rotrou
en était un. Jeunesse tumultueuse, cœur tourmenté,
esprit fervent, s'il a passé la moitié de son temps dans
les tripots, il a veillé de longues nuits dans le recueillement du poëte :

Ce que j'ôte à mes nuits, je l'ajoute à mes jours.

Il a créé avant Corneille le drame à la fois héroïque
et romanesque de Victor Hugo; et quand il a eu assez
longtemps voyagé dans le monde de ses œuvres, il est
mort, comme le plus pur de ses héros, attiré déjà vers
Dieu par la phalange couronnée des jeunes martyrs :

Ces fruits à peine éclos déjà mûrs pour les cieux.

III

SCARRON

1610—1660

Gassendi, qui n'avait pas voulu se présenter au quarante et unième fauteuil à la mort de Descartes, parce qu'il avait condamné la philosophie de cet illustre penseur, s'y présenta à la prière de son cher élève Cyrano, qui lui disait de passer avant lui et qui mourut avant l'élection. Gassendi eut pour concurrent Scarron, l'empereur du burlesque.

Gassendi ne craignait pas de chanter la poésie d'Épicure sous le ciel où sont les anges. Il eût versé sur les lèvres sévères de l'Académie le vin pur de l'amour. Tout en faisant l'éloge de Rotrou, il eût parlé de Cyrano et de Molière, ses disciples : « Cyrano est tombé en « pleine sève, comme la vigne en fleur; mais Molière « nous consolera avec sa coupe toujours pleine. »

Gassendi n'a jamais eu foi entière à la science humaine : « Les philosophes qui parlent de l'âme sont « comme ces voyageurs qui racontent ce qui se passe « dans le sérail, parce qu'ils ont passé à Constanti-« nople. »

Il a été le Lucrèce en prose du dix-septième siècle français. Comme le poëte de la *Nature des choses*, il marchait, contemplant devant lui, noyés dans une lumière un peu froide, ces temples de marbre qu'a bâtis le travail des sages :

> Edita doctrinâ sapientum templa serena.

Mais il ne mourut pas comme le Romain, empoisonné par un philtre d'amour ! Il tomba dans son travail, consolé de la mort par les souvenirs de sa vie toujours pure ! Car lui, le prêtre qui a osé continuer Lucrèce, il aurait pu donner des leçons de morale au cardinal de Polignac, qui a écrit l'*Anti-Lucrèce*.

Si Scarron est arrivé au quarante et unième fauteuil, quand se présentait Gassendi, ç'a été en s'appuyant sur Françoise d'Aubigné. Savoir bien choisir sa femme ou sa maîtresse, c'est déjà faire un pas vers la renommée.

Scarron[*], c'est encore Rabelais brodant des rimes à ses folles imaginations, c'est déjà le sourire lumi-

---

[*] Scarron était d'une famille très-ardente aux disputes littéraires. Le père de Scarron était pour Ronsard contre Malherbe; mais les deux frères étaient pour Malherbe contre Ronsard, au risque, dit Scarron, d'être déshérités.

neux et malin de Voltaire; sans compter qu'il y a bien des petits vers de Scarron dans les petits vers de Voltaire.

Scarron fut d'abord l'abbé Scarron, mais son séminaire fut chez Marion Delorme ou chez Ninon de Lenclos. Il était né avec un esprit bouffon qui survécut à toutes ses douleurs et qui colora toujours gaiement pour lui les images les plus sombres. Rien ne put combattre cette bouffonnerie innée qui lui donna les airs d'un chef d'école en poésie. En vain sa belle-mère le dépouilla des trois quarts de ses biens; en vain il vécut plusieurs saisons à Rome, ce grand horizon; en vain la mort passa si près de lui qu'elle ne le laissa plus debout : il continua à rire et à faire rire autour de lui.

Singulière destinée! Ce fut pour ainsi dire parce qu'il perdit ses jambes qu'il fit son chemin, puisque ce fut grâce à ses maux qu'il alla à la cour et qu'il épousa celle qui fut plus tard la femme de Louis XIV.

Quand mourut Louis XIII, il se fit porter chez la reine, et lui demanda la permission d'être son malade en titre d'office. Mais Scarron ne resta pas tellement à la cour, qu'il ne fût toujours le Cupidon-Vulcain de cette île de Cythère qui s'appelait la place Royale. Scarron a vécu dans le meilleur monde, y compris Marion Delorme et Ninon de Lenclos. Il était le bouffon familier de la comtesse de Lude et de la comtesse de la Suze. Il était aimé partout, même à l'Académie, qu'il raillait; il était aimé de tous, même du cardinal Mazarin, qu'il chansonnait. Il ne lui manqua guère que l'amour de sa femme. Et encore Françoise d'Aubigné l'aima, — avec l'amour en moins. — Était-ce sa faute à elle? Si j'étais l'abbé de Voisenon, je dirais « qu'il ne la desservait pas plus que son canonicat. » Si j'étais l'abbé Scarron, je raconterais qu'il eut l'idée une fois, après boire, de commander pour ses vieux jours un enfant à son laquais. D'ailleurs, la jeune Indienne n'était pas une de ces femmes qui cherchent le *mari au triple talent*, réalisé par Henri IV. Elle était née maîtresse de roi et surtout maîtresse de pension. Et encore lui fallait-il un roi vieilli par Montespan, une école attristée par la lourdeur sépulcrale de l'architecture et par les grâces ennuyées d'écolières condamnées au célibat et à la tragédie!

Et pourtant, avant son mariage, on se racontait sa vie romanesque; on la surnommait la jeune Indienne; on se demandait vers quel avenir sombre ou rayonnant s'en irait cette orpheline, si belle quand on la regardait, et si belle encore quand on l'écoutait, car elle parlait comme un livre charmant. Elle avait peur du couvent comme du tombeau; elle aimait Dieu, mais dans le rayonnement de la vie; elle ne voulait pas non plus rester vieille fille. Elle comprenait qu'une femme sans dot ne pouvait épouser qu'un bel esprit retiré du monde ou un soldat né pour courir le monde. Elle avait déjà bien assez couru comme cela. Quand Scarron, qui l'aimait comme sa fille, comme sa sœur, — comme une maîtresse idéale, — lui offrit son toit comme pis aller, elle ne s'offensa pas, et se dit sans doute qu'entre elle et Scarron il n'y aurait qu'un mariage d'esprit. Le mariage se fit en saison printanière de 1652. « Quand on dressa le contrat, Scarron déclara qu'il reconnaissait à l'accordée quatre louis de rente, deux grands yeux fort mutins, un très-beau courage, une belle paire de mains et beaucoup d'esprit. » Le notaire lui demanda quel douaire il lui accordait : « L'immortalité ! répondit-il ; les noms des femmes des rois meurent avec elles, celui de la *femme de Scarron* vivra éternellement. »

Mademoiselle de Pons prêta des habits à la mariée pour le jour des noces. La mariée fut grave et digne. Pendant la nuit, n'ayant rien à faire, elle se promit de transformer le caractère de la maison de son mari. « Je ne lui ferai pas beaucoup de sottises, mais je lui en apprendrai beaucoup, » avait dit Scarron; il s'était trompé. A ce foyer hanté par tout un monde, elle amena la vertu, la vertu qui a dix-sept ans et qui sourit dans sa grâce. Elle était de toutes les conversations et de tous les soupers de la maison ; mais, comme dit son historien, « elle imposait le respect sans gêner le plaisir ; » et, selon madame de Caylus, « elle passait ses carêmes à manger un hareng au bout de la table, parce qu'elle avait compris qu'une conduite moins exacte et moins austère, à l'âge où elle était, ferait que la licence de cette jeunesse n'aurait plus de frein. »

Dès le lendemain des noces, elle commença le métier de femme savante ; ce fut avec une grâce et une réserve dignes de louanges. Elle était tout à la fois l'écolière, le critique et le secrétaire de Scarron; mais quand il souffrait, elle était là comme quand il débitait de l'esprit. Elle apprenait l'espagnol, l'italien et même le latin; mais elle apprenait aussi la vie. Peu à peu, dans la maison, la royauté de Scarron s'effaça devant l'éclat de la sienne. On ne vint plus pour lui, on vint pour elle. Elle avait, dit M. de Noailles, qui connaît bien cette gloire de famille, acquis un charme infini de conversation; et tout le monde sait le mot du domestique qui, un jour, à table, vint lui dire à l'oreille : « Madame, encore une histoire, le rôti nous manque aujourd'hui. »

Scarron n'était pas plus riche depuis son mariage. Le rôti manquait souvent. Il n'en voulait pas moins vivre en grand seigneur. Il se donnait même, comme Scudéri, des airs de protéger les arts. Une lettre de Poussin nous apprend que, dans la tempête de la Fronde, ce grand artiste peignit deux tableaux commandés par Scarron : sa *Fête de Bacchus* et sa *Fête de l'Amour*. Mignard était un ami de la maison. Scarron lui commandait aussi des tableaux. Il fit le premier et le dernier portrait de madame de Maintenon, en 1659 et en 1694. De ces deux portraits, c'est malheureusement le dernier que nous connaissons. « Robe feuille morte et coiffe dévote. » Mignard l'a peinte en sainte Françoise, noble et digne, mais sombre et chagrine, sans que le rayon de sa jeunesse éclairât cette face rembrunie. C'est comme le Voltaire des peintres et des sculpteurs, qui est *le vieillard cacochyme, chargé de quatre-vingts hivers.* Ceux que la gloire a touchés au front ne nous apparaissent que couronnés de lauriers et de cyprès. Il n'y a que les figures idéales, —

ou celles que la mort a moissonnées dans la fleur, — qui nous apparaissent couronnées de roses et de violettes *.

Madame Scarron vivait chez elle, comme écrivait Scarron à M. de Villette, « elle est bien malheureuse de n'avoir pas assez de bien ni d'équipage pour aller où elle voudrait. » Mais Scarron lui-même la retenait à son lit. Elle s'affermissait de plus en plus dans sa vertu, comprenant que ç'avait été son seul bien et que ce serait son seul refuge.

Villarceaux l'aima-t-il sans qu'elle s'inquiétât de son culte? On a voulu mettre en doute cette vertu presque singulière dans son entourage, mais elle a pour elle cette méchante langue de Tallemant qui dit : « Madame Scarron est bien reçue partout, mais jusqu'ici on ne croit pas qu'elle a fait le saut. » Y a-t-il eu entre Scarron et Louis XIV quelque trait d'union? Villarceaux par exemple? Ninon, interrogée sur cette vertu sauvage, répondit : « Je ne sais rien, je n'ai rien vu, mais je leur ai souvent prêté ma chambre jaune, à elle et à Villarceaux. » Or Villarceaux était dangereux à voir de si près, lui qui était parvenu à enchaîner, dans un château perdu, Ninon trois ans durant,—trois ans durant!

* Il y a encore un portrait de madame Scarron par mademoiselle de Scudéry, qui, sous le nom de Lyriane, la met en scène dans *Clélie*: « On ne pouvait rien lui comparer sans lui faire tort. Elle était grande et de belle taille, mais de cette grandeur qui n'épouvante point. Elle ne faisait pas la belle, quoiqu'elle le fût infiniment. Son esprit était fait tout exprès pour sa beauté. »

Circonstance aggravante! Madame Scarron voyait beaucoup Ninon. Je sais bien qu'elle fréquentait plus l'esprit que la personne, — comme avec son mari, — mais l'esprit a aussi ses jours de curiosité coupable ; l'esprit aime à juger le cœur, et il aime à juger sur l'expérience. Madame Scarron, voyant Ninon aimée et recherchée dans le beau monde, après plus de trente ans de folies amoureuses, avait devant les yeux un exemple d'autant plus fatal, que Ninon, livre charmant toujours ouvert, n'avait pas consacré une seule page au repentir.

Mais, que nous importe, puisque Scarron était content. Admettons, comme elle l'a dit plus tard à son frère, qu'elle n'a jamais été *mariée.* Croyons-la donc quand elle écrit : « Mon cœur est libre, veut toujours l'être, et le sera toujours. » J'aimerais mieux que sainte Françoise d'Aubigné se fût attardée un soir d'été, ne fût-ce que pendant une demi-heure, dans la forêt des passions touffues et mystérieuses, comme saint Augustin et sainte Thérèse ; on n'est pas savante, on n'est pas femme si on n'a jamais été *mariée.* Sainte Thérèse disait du diable : « Le malheureux, il ne sait pas aimer ! » Je suis tout prêt à plaindre ainsi madame de Maintenon, si elle n'a pas aimé.

C'est elle qui a dit : « Il faut contribuer à la joie du prochain sans y participer. » Cette maxime est toute pleine de ténèbres féminines. Madame Scarron a-t-elle contribué à la joie de Villarceaux avant de participer à la couronne de Louis XIV? Pour parler en gaulois comme Tallemant des Réaux, a-t-elle sauté le pas avant de sauter les marches du trône?

Si vous voulez savoir mon opinion sur la vertu de madame de Maintenon, je vous répondrai que je n'en sais rien et que je ne soulèverais pas un feuillet pour le savoir; si vous êtes trop curieux, venez chez moi le demander à madame de Maintenon elle-même; j'ai un portrait d'elle qui la révèle à son insu.

Cette expression de dignité tempérée par une gorge orgueilleuse, ces yeux fauves et ces lèvres charnues qui ont toutes les aspirations des voluptés royales, sa robe qui « se recourbe en replis tortueux » sur ses hanches abondantes, son simple bonnet du matin qu'elle jettera la nuit par-dessus les moulins du roi; tout dans cette figure exprime que là où les autres ne trouvent qu'une ambitieuse, Villarceaux et Louis XIV ont trouvé une femme.

Scarron mourut en stoïcien après quelques succès bruyants; on l'enterra sous l'épitaphe qu'il s'était faite, et il ne fut plus question de lui*. « Il se fit sur cette tombe, dit éloquemment le duc de Noailles, un long silence. Personne n'osa rappeler son nom devant les destinées qui élevèrent madame de Maintenon. » L'heure solennelle du règne de Louis XIV venait de sonner, toutes les grandeurs de la France montaient déjà sur le trône.

Il était impossible à l'Académie de méconnaître

---

* Voici cette épitaphe touchante, digne de l'antiquité :

> Passants, ne faites pas de bruit,
> De crainte que je ne m'éveille,
> Car voilà la première nuit
> Que le pauvre Scarron sommeille.

Scarron, qui était applaudi au théâtre, comme la parade de la comédie de Molière, — Jodelet avant Scapin, — et qui a inventé le roman des comédiens avant Le Sage et avant Gœthe. Les plus rares esprits, La Fontaine et Molière, Voltaire et Beaumarchais, se sont abreuvés au sein de cette muse forte en gueule qui a aussi ses gestes de grandesse espagnole : que dis-je? elle a même ses poésies et ses tendresses. Le Destin et mademoiselle l'Étoile, dans cette cohue de baladins en goguette, n'est-ce pas Roméo et Juliette qui ont tous deux sauté par-dessus le balcon*? N'est-ce pas Didier et Marion Delorme cachant leurs duels et leurs passions derrière le Gracieux et le Taillebras? Ainsi, dans les tableaux de Jordaëns, ces débauches du crayon et de la palette, parmi les figures enluminées comme celles de la Rancune et de madame Bouvillon, on voit apparaître un couple amoureux qui ne s'est pas barbouillé dans les vendanges de la kermesse.

Le beau discours que fit Scarron par-devant l'Académie! Le duc de Coislin le trouve un peu sérieux,

---

* « La prose du *Roman comique*, dit Théophile Gautier, est une excellente prose, pleine de franchise et d'allure, d'une gaieté irrésistible, mais ne manquant pas d'une certaine grâce amoureuse et d'une certaine poésie romanesque. »

Cette railleuse figure du cul-de-jatte éclate de rire à travers les rieurs de l'Olympe comme à travers l'olympe de Louis XIV. On dirait, quand on feuillette l'*Énéide travestie* et le *Typhon*, le Méphistophélès du second Faust narguant les Chimères et déshabillant Hélène. Ce n'est pas Daumier qui le premier a fait la caricature du Parnasse et de l'Élysée : c'est Scarron.

Pellisson un peu galant : « Ce n'est pas sa faute, dit Bautru; ce discours a été fait par sa femme et Villarceaux, dans la chambre jaune de Ninon. » Bautru avait peut-être raison. Que pouvaient faire en effet madame Scarron et Villarceaux dans la chambre jaune de Ninon?

IV

PASCAL

1623—1662

Tous les honneurs étaient réservés à Scarron : à l'Académie le bouffon eut pour successeur Pascal, et la veuve du cul-de-jatte épousa Louis XIV.

Deux académiciens moururent en même temps, Scarron, du quarante et unième fauteuil, et Tristan l'Hermite, qui occupait le onzième *. M. de La Mesnardière se présenta pour recueillir l'héritage de Tristan; Pascal se présenta pour succéder à Scarron. Les deux élections eurent lieu le même jour. M. de La Mesnardière fut nommé à l'unanimité, Pascal fut élu à la sim-

---

* Ce Tristan, qui disait descendre du *compère de Louis XI*, était un gentilhomme assez encanaillé, qui eut — le croirait-on aujourd'hui? — la gloire d'être nommé le rival de Corneille à propos de trois ou quatre tragédies.

ple majorité. M. de La Mesnardière avait sur Pascal un immense avantage : il n'était pas connu.

Pascal, « cet effrayant génie qui, à douze ans, avec des ronds et des barres, avait deviné les mathématiques, » a presque toujours passé à côté de la vie, comme ont fait d'ailleurs tant de philosophes. — Mais Marie n'a-t-elle pas raison contre Marthe? et vivre de ce qui est éternel, n'est-ce pas plus vivre encore que de vivre de la mort de chaque jour? — Que lui importait son carrosse à six chevaux, à lui qui déjà ne sentait pas la terre sous ses pieds? Que lui importait la femme, à lui qui avait mis sur son cœur l'amulette de l'adoration perpétuelle? Quel sermon plus éloquent contre l'enfer du désir humain, que sa rencontre avec cette belle mendiante qui lui demandait du pain, et à qui il donna Dieu, la conduisant à son bras dans les ténèbres du couvent, afin que le soleil, ce complice de toutes les damnations, n'éclairât plus pour les regards mortels ce chef-d'œuvre de beauté, qui eût bientôt mendié son pain à la porte de l'amour! Tout ce qui croit Jésus a pu accompagner au couvent cette Madeleine avant le péché, sans rire de Pascal et sans songer à Joseph; mais quelle mère, eût-elle appris le devoir maternel à l'école de Marie et de Monique, ne condamnera pas le janséniste impitoyable qui frappait d'anathème les baisers de sa sœur Gilberte, une vraie mère chrétienne, quand elle embrassait ses enfants?

Si Pascal s'est trompé pour les autres, il ne s'est pas trompé pour lui-même. On devrait toujours imprimer au frontispice de ses œuvres ce blason qu'il s'était donné, lui gentilhomme du Christ, un ciel dans une couronne d'épines, avec cet exergue : *Scio cui credidi!* Je sais en qui j'ai foi !

D'ailleurs, comme le disait Napoléon à Sainte-Hélène, pour tous les héros, la question c'est de bien finir. Pascal avait sacrifié toutes les joies naturelles de la vie ; il en avait subi, avec la pâle volupté du martyre, toutes les angoisses et tous les crucifiements ; mais il commença dès ce monde à jouir de son éternité, d'une main appuyant les pointes ensanglantées du cilice dans les chairs de ce cœur qui n'avait battu que pour Dieu, et de l'autre tenant déjà la palme verte. Socrate avait bu la ciguë avec la résignation du fatalisme antique ; Pascal vida la coupe avec la confiance du chrétien rassuré sur les divines promesses.

Pascal mourut, laissant sa maison à un pauvre, et regrettant chez sa sœur de ne pouvoir mourir dans la maison des pauvres. Ce jour-là l'humanité poussa un grand cri d'espérance en ce dernier cri de Pascal, soldat tombé dans sa victoire : « Joie ! joie en Dieu ! pleurs de joie ! réconciliation universelle et douce ! »

Montaigne avait dit : « Que sais-je ? » Descartes : « Je suis. » Pascal s'écria : « Que suis-je ? » Il a fini comme Platon : « Je sais que je ne suis qu'en Dieu. » Il avait marché, avec le génie qui crée et la science qui se souvient, à la conquête de la vérité : la lumière n'avait lui sur son front que pour éclairer sa faiblesse armée et sa défaite victorieuse.

Bossuet tout entier est sorti de Pascal. C'est le dernier éloge à faire de Pascal, c'est le premier à faire de

Bossuet. C'est en effet la même passion pour les cimes élevées de l'intelligence ; mais n'est-ce pas aussi la même pensée voyageant vers les mêmes horizons?

L'abîme qui effrayait Pascal, c'était l'infini; il voulait se jeter tout en Dieu; mais, pour arriver au ciel dans le rayonnement de la lumière éternelle, il voyait l'ombre tomber autour de lui, la nuit du sépulcre, les ténèbres du doute. Le précipice toujours ouvert, c'était la tombe; il allait y descendre avec l'esprit de Dieu, espérant retrouver le ciel à l'autre point de ce lugubre voyage. Mais, si le ciel ne se trouvait pas! La raison lui poussait un pied, la folie le retenait de l'autre. Pascal n'avait pas osé vivre de la vie que Dieu a faite ici-bas à ses enfants; il n'avait rien voulu comprendre à la poésie des moissons et des vendanges; il n'avait pas adoré le Créateur dans la gerbe d'or ni dans la grappe de pourpre : il ne s'était nourri que du pain et du vin spirituels. Aussi ne lui restait-il plus de corps pour son âme. Le château était en ruine, la lumière y vacillait. Pascal n'était pas l'habitant du monde où nous vivons : il vivait en lui et en Dieu, ne respirant pas la sève qui nourrit les hommes, étranger à tout ce qui constitue le drame humain : « Mon humeur, disait-il, ne dépend guère du temps; j'ai mon brouillard et mon soleil au dedans de moi *. »

---

* Cependant « son esprit, uni à la matière par un lien douloureux, connut des transes et des alarmes qui déchirèrent sa vie : agité dans le repos même de la foi par de sombres images, Pascal, durant les dernières années de sa vie, sentait jour et nuit passer sur son front incliné la sueur froide du jugement de Dieu. L'idée,

Ce qui a fait la force et la faiblesse de Pascal, c'est que son esprit est né avant son cœur, c'est qu'il a parlé de Dieu avant d'aimer Dieu. La foi ne l'aveuglait pas d'abord à ce point qu'il dût renoncer à toute autre lumière. Il alluma d'une main hardie le flambeau du raisonnement pour aller, lui aussi, à la recherche de la vérité; et tandis que Malebranche s'égarait sur la route avec son imagination, lui, Pascal, il allait droit devant lui jusqu'au jour où il trouva l'abîme sous ses pas. Mais que de chemin parcouru! Archimède et Galilée l'avaient salué sur la route; Démosthènes avait dit : « Voilà l'éloquence qui passe; » Bossuet avait écouté le vent qui venait d'effleurer le front de Pascal; enfin Molière, qui ne recherchait pas les sublimités du style, mais qui avait une forte religion pour la raison humaine qui raille, ramassait avec ferveur les feuillets épars des *Provinciales* *.

Avant Pascal, la prose française n'avait pas encore sacrifié les oripeaux italiens et espagnols; on succédait au règne impérieux de la peinture, on chargeait sa

se dégageant ainsi des profondeurs mornes d'un organisme altéré devait s'empreindre dans le style de couleurs vives et sévères. La tristesse, cette ombre de la maladie, qui le suivait dans ses recherches philosophiques, n'a pu manquer de teindre souvent en noir la vérité. » ALPHONSE ESQUIROS.

* Un homme qui a creusé plus profond le lit fécond du style, mais en détournant les sources vives, M. Villemain, a dit de Pascal **que c'était le créateur du style français** et qu'il l'était devenu tout d'un coup : « Dans ces pages éloquentes, vous n'apercevez ni les commencements ni les degrés du génie : le terme est d'abord atteint, la trace des pas est effacée. »

palette avec passion. Pascal, on peut le dire, rejeta souvent le pinceau du coloriste pour le ciseau du statuaire. Son style est du beau siècle de Phidias ; à peine s'il étend sur sa pensée un noble jet de draperie.

Dans ses raisonnements il a presque toujours raison, mais sa raison ne convainc pas toujours, parce qu'elle a un air de despotisme qui irrite l'esprit de recherche.

Pascal ne fit pas un long discours de réception, mais ce discours est digne d'être inscrit au livre d'or de la sagesse :

« Je viens ici, dit-il à ses confrères, bien plus par
« humilité que par orgueil. J'aurais craint, en refusant
« de m'asseoir parmi vous, de montrer une pensée
« hautaine ; ici, on se confond et on s'efface. Je vous
« apporte ma foi, rien que ma foi, car il y a longtemps
« que j'ai déposé mon esprit aux pieds de Dieu, comme
« j'ai déposé mes biens aux pieds des pauvres. Bien-
« heureux les pauvres, quels qu'ils soient, les pauvres
« d'esprit comme les autres! Il faut n'avoir plus rien
« ici-bas, ni esprit ni biens, pour commencer à mar-
« quer ses conquêtes dans le royaume des cieux. J'aime
« la pauvreté, parce que Jésus-Christ l'a aimée. N'ou-
« blions jamais que, quelque pauvres que nous soyons,
« nous aurions pu placer quelque chose de plus dans
« le ciel.

« D'autres vanteront les poëtes et les philosophes. Je
« ne dirai plus : Un bon poëte n'est guère plus utile
« à l'État qu'un brodeur ou qu'un joueur de quilles.
« Mais les madrigaux et les sonnets sont toujours des

« reines de village qui ont perdu leur grâce naïve sous
« les ornements étrangers*.

« On ne s'imagine d'ordinaire Platon et Aristote
« qu'avec de grandes robes, et comme des personnages
« toujours graves et sérieux. C'étaient d'honnêtes gens,
« qui riaient comme les autres avec leurs amis. Et,
« quand ils ont fait leurs lois et leurs traités de poli-
« tique, ç'a été en se jouant et pour se divertir. C'était
« la partie la moins philosophe et la moins sérieuse de
« leur vie. La plus philosophe était de vivre simple-
« ment et tranquillement.

« Vous dirai-je, si je parle du style, quelles sont les
« idées qui ont lui sur mon chemin?

« Il faut qu'il y ait dans l'éloquence de l'agréable et
« du réel; mais il faut que cet agréable soit réel. Quand
« on voit le style naturel, on est tout étonné et ravi;
« car on s'attendait de voir un auteur et on trouve un
« homme. Au lieu que ceux qui ont le goût bon et qui,
« en voyant un livre, croient trouver un homme, sont
« tout surpris de trouver un auteur : *Plus poetice quam*

---

* Pascal voyait toujours les poëtes à travers le père Le Moyne, qui a voulu prouver en vers que *toutes les belles choses sont rouges et sujettes à rougir* comme les roses, les grenades, la joue et les lèvres, et qui a dit des anges :

> Ces illustres faces volantes
> Sont toujours rouges et brûlantes,
> Soit du feu de Dieu, soit du leur,
> Et, dans leurs flammes mutuelles,
> Font du mouvement de leurs ailes
> Un éventail à leur chaleur.

« *humane locutus est*. Ceux-là honorent bien la nature
« qui lui apprennent qu'elle peut parler de tout et
« même de théologie.

« La dernière chose qu'on trouve en faisant un
« ouvrage est de savoir celle qu'il faut mettre la pre-
« mière.

« Ceux qui font des antithèses en forçant les mots
« font comme ceux qui font de fausses fenêtres pour la
« symétrie. Leur règle n'est pas de parler juste, mais
« de faire des figures justes.

« Il y a un modèle d'agrément et de beauté qui con-
« siste en un certain rapport entre notre nature faible
« ou forte, telle qu'elle est, et la chose qui nous plaît.
« Tout ce qui est formé sur ce modèle nous agrée :
« maison, chanson, discours, vers, prose, femmes,
« oiseaux, rivières, arbres, chambres, habits. Tout ce
« qui n'est point sur ce modèle déplaît à ceux qui ont
« le goût bon.

« Mais qu'est-ce que le style si on n'a pas été à
« l'école de l'esprit de Dieu et du cœur de l'homme?
« Salomon et Job ont le mieux connu la misère de
« l'homme et en ont le mieux parlé : l'un, le plus heu-
« reux des hommes, et l'autre, le plus malheureux;
« l'un, connaissant la vanité des plaisirs par expé-
« rience, l'autre, la réalité des maux.

« En entrant à l'Académie, soyons déjà ce que nous
« serons à la porte du ciel : n'ayons plus d'ennemis.
« Le temps amortit les querelles comme les afflictions,
« parce qu'on change et qu'on devient comme une
« autre personne. Ni l'offensant ni l'offensé ne sont

« plus les mêmes. C'est comme un peuple qu'on a ir-
« rité, et qu'on reverrait après deux générations. Ce
« sont encore les Français, mais non les mêmes.

« Ne l'oublions pas, l'homme n'est qu'un roseau, le
« plus faible de la nature; mais c'est un roseau pen-
« sant! Il ne faut pas que l'univers entier s'arme pour
« l'écraser. Une vapeur, une goutte d'eau suffit pour
« le tuer. Mais, quand l'univers l'écraserait, l'homme
« serait encore plus noble que ce qui le tue, parce
« qu'il meurt; et l'avantage que l'univers a sur lui,
« l'univers n'en sait rien. Ainsi toute notre dignité
« consiste dans la pensée. C'est de là qu'il faut nous
« relever, non de l'espace et de la durée. Travaillons
« donc à bien penser. »

Pascal ne voulut pas imprimer ce chef-d'œuvre de sublime simplicité; c'était inutile, car le lendemain tout le monde le savait par cœur.

V

MOLIÈRE

1620—1673

Molière fut, sans y songer, le philosophe de la raison, comme Pascal fut celui de la foi. Le théâtre s'ouvrit à côté de l'église, mais c'était toujours l'esprit français qui succédait à l'esprit français. Celui qui a écrit les *Provinciales* pouvait comprendre celui qui traînait sur les planches Vadius et Trissotin. Tous les deux immolaient à la gaieté des curieux leurs personnages ridicules. Voltaire n'a-t-il pas dit que les meilleures pièces de Molière n'ont pas plus de sel que les premières lettres Provinciales? Mais Voltaire plaidait pour *Nanine*.

Molière est peint et sculpté à la Comédie française. Qui ne s'est arrêté tout ému devant cette fière et mélancolique figure de marbre qui porte toutes les poésies amères du *Misanthrope?* Quelle distance de Molière à Voltaire ! Devant Molière le cœur bat; devant Voltaire le cœur rit.

Molière peint est plus vrai que Molière sculpté, — non pour les artistes qui voient la vérité dans l'idéal mais pour ceux qui ne reconnaissent Molière que dans le bonhomme Molière, — auteur de la farce du *Malade imaginaire*, — ce drame sublime, dirait Shakspeare.

Il est le premier mot, — le dernier mot de la comédie en France; on peut inscrire sur son œuvre cette parole de Michelet : « Le passé tue l'avenir. »

Les œuvres de Gassendi s'appellent Molière, le prince de Conti, Chapelle, Cyrano de Bergerac; en un mot, c'était un philosophe qui faisait des hommes au lieu de faire des livres. Et pourtant il pourrait revendiquer plus d'une belle page dans les livres de Locke et de Newton.

Gassendi n'avait pas l'orgueil de Descartes. Il n'a point bâti un monument; il habitait les maisons toutes bâties, disant que d'Épicure à Bacon, ces deux maîtres souverains, le voyageur pouvait trouver plus d'une bonne hôtellerie pour reposer et nourrir son esprit. Gassendi ne niait rien : ni la sagesse antique, ni la sagesse chrétienne, ni la sagesse de son temps; il ne niait que lui-même, à l'inverse de Descartes, qui niait tout, excepté lui-même. Aussi est-il aujourd'hui et sera-t-il toujours un doux et charmant compagnon de voyage dans les routes ténébreuses de la philosophie. Si Bacon était là, il dirait : C'est mon fils; Galilée dirait : C'est mon frère, et Newton, le grand Newton : C'est mon précurseur. Il eut pour amis tous les savants, tous les penseurs tous les philosophes d'un demi-siècle : Campanella, Hobbes, Condé, la reine Christine, le roi de Danemark, le cardinal de Retz, La Mothe Le Vayer, la grande Mademoiselle, des papes et des princes, enfin Molière, qu'il appelait son fils, Molière, un autre philosophe qui mit la vérité au théâtre *.

On reconnaît en lui le maître de Molière. Un méchant philosophe lui expliquait la métempsycose : « Je savais bien, dit Gassendi las d'écouter, que, sui« vant Pythagore, les âmes des hommes, après leur « mort, entraient dans le corps des bêtes, mais je ne « croyais pas que l'âme d'une bête entrât dans le corps « d'un homme. »

Molière eut donc pour maître un philosophe. Aussi on peut dire que la philosophie protége toute son œuvre; sa comédie rit, mais elle pense. Les *Femmes savantes* et le *Misanthrope* sont l'œuvre du poëte, mais surtout l'œuvre du philosophe. Henriette et Alceste sont bien moins des personnages humains que la vérité elle-même descendue sur le théâtre du haut des nuages de la métaphysique; Molière pouvait dire à tout ce dix-septième siècle qui courbait le front sous la recherche de la raison : « Je commence l'œuvre, je montre

---

* Gassendi avait commencé encore enfant par écrire des comédies. Aussi il pensait que Molière était un autre Gassendi qui continuait son œuvre.

l'homme tel qu'il est. Étudier les passions de la terre, voilà le point de départ pour remonter à Dieu. »

Dans le monde, il écoutait et ne parlait pas, ce qui faisait dire que son ami Chapelle, le causeur à verve abondante, était l'auteur des comédies de Molière. Il voyait la comédie partout, à Paris et à Pezenas *, partout, hormis sur le théâtre. Il mourut sans être assisté de Tartufe ni de Purgon, mais en face de deux sœurs de charité. Ce jour-là la France avait perdu sans émotion un homme qui valait à lui seul tous les Molières d'Athènes et de Rome.

Que Boileau ne comprenait guère Molière! « Il y a, disait Molière, un point d'honneur pour moi à ne pas quitter le théâtre. — Bel honneur, s'écriait Boileau, que de se noircir les moustaches et de recevoir des coups de bâton sur les planches! » Molière était bien inspiré : il est mort comme un héros sur le champ de bataille. Qui donc, le jour de ses funérailles, s'ameuta devant sa maison pour insulter à la dépouille de l'excommunié? Madame Molière ne triompha de ce mauvais sentiment qu'en jetant de l'argent par la fenêtre. Ce parterre oublieux qui était venu pour siffler à la dernière pièce du grand Molière, la comédie de sa mort, s'en alla en applaudissant. Comme plus tard à Voltaire l'antechrist, on refusa un tombeau à Molière

---

* Molière, né à Paris, fut un enfant de Paris. Il semble qu'il n'ait voulu être qu'un Français de Paris, comme Villon, Regnard, Voltaire et Béranger. La province n'apparaît dans sa comédie que pour être bâtonnée sous le nom de M. de Pourceaugnac et bafouée sous la figure de la comtesse d'Escarbagnas.

le comédien. « On lui refuse un tombeau ! s'écriait sa veuve consolée, mais indignée. On lui refuse un tombeau : dans l'antiquité, on lui eût élevé des autels! »

Quand Molière eut écrit tous ses chefs-d'œuvre, il fut sollicité par Corneille de se présenter à l'Académie. Le fauteuil de Gilles Boileau était vacant. Il n'y avait que M. de Montigny qui se présentât. Racine, élu deux ans après, ne voulait pas passer avant Molière. Mais tout le monde fit comprendre à l'auteur du *Misanthrope* qu'il fallait sacrifier le comédien pour que Molière pût passer le front haut par les portes de l'Académie. Molière était l'âme et la vie de sa troupe, le pain et le vin de la Comédie française. Il voulait entrer à l'Académie Molière tout entier pour l'honneur de la comédie, ce qui eût été l'honneur de l'Académie. M. de Montigny fut élu. « Que m'importe? dit Molière, il me reste le fauteuil des libres esprits; je me présenterai pour succéder à Pascal, j'y serai protégé par l'ombre de mon cher maître Gassendi. »

Il fut élu au quarante et unième fauteuil. Il ne se présentait pas seul : maître Adam Billaut, menuisier de Nevers, le vieux La Calprenède et Saint-Évremond eurent le malheur de lui prendre quelques voix.

Voici un fragment de son discours aux quarante, conservé précieusement aux archives de la Comédie française :

« Si le livre est la pensée intérieure, le théâtre est
« la pensée extérieure. C'est le tableau visible des bat-
« tements du cœur et des conquêtes de la raison. C'est
« l'humanité tout entière qui apparaît dans ses méta-

« morphoses. C'est l'homme tel qu'il est, se cherchant
« ou se fuyant, l'homme deux fois homme, parce qu'il
« est la pensée du poëte, traduite par le comédien.

« Le grand comédien ne parle pas, il pense tout
« haut. Il est le symbole le plus éloquent de tous les
« arts : il peint et sculpte pour les yeux, pendant qu'il
« emporte l'âme dans le monde du sentiment avec la
« musique et la poésie.

« Le théâtre est le foyer consacré de l'esprit français.
« C'est là que s'allume le flambeau de toutes les géné-
« rations; c'est là que l'homme du monde et l'homme
« du peuple, qui vivent des mêmes idées et des mêmes
« passions, viennent lire la traduction éloquente de
« leur sentiment héroïque et de leur roman intime;
« c'est, pour ainsi dire, le labyrinthe illuminé où ils
« retrouvent le chemin de leur cœur. »

Molière avait raison. On pourra un jour noter page à page, dans le répertoire du Théâtre-Français, le mouvement de l'esprit humain, la révolution permanente des idées et des choses; car le monde marche incessamment, ici vers l'ombre, là vers la lumière. Il sent qu'il marche, il ne sait pas son chemin, mais il va toujours, poussé par l'invisible main des Destinées. Cette révolution universelle, ces métamorphoses radieuses ou voilées, ces transformations infinies, le théâtre les fixe au passage, comme un miroir où s'éterniseraient les tableaux fugitifs qui paraissent et s'évanouissent à sa surface.

Que si l'on voulait avoir une impression profonde, une idée précise, une vision sérieuse du siècle de

Louis XIV, il ne faudrait pas secouer la poussière des bibliothèques, exhumer les perruques ondoyantes et les habits brodés; il faudrait fermer tous les livres et s'en aller à Versailles étudier les physionomies du dix-septième siècle dans les portraits de Le Brun, de Champagne, de Le Sueur, de Mignard, de Rigaud et des autres, sans oublier les bustes de Girardon et de Coysevox; après quoi on s'en reviendrait à Paris voir jouer une comédie de Molière : c'est là l'esprit du temps, c'est là le vrai rire et le vrai pleur. Les *Femmes savantes* et le *Misanthrope*, ce sont les mœurs de la ville et de la cour; tous les détails, toutes les habitudes, toutes les expressions, tous les accents; c'est encore le siècle de Louis XIV en chair et en os. Pendant que tout tombait en ruine, pendant que les tombes s'ouvraient et que cent mille oraisons funèbres, même celles de la royauté, constataient que ceux qui avaient été n'étaient plus; pendant que le monde nouveau écrivait à tout jamais *Ci-gît* sur le vieux monde, le Théâtre-Français, qui portait l'âme immortelle de la nation, se transmettait de main en main le précieux héritage, soit avec la robe à fleurs de M. Argant, soit avec les rubans de Valère, soit avec l'éventail de Célimène, soit avec l'éclat de rire de Toinette.

Les deux grandes influences du règne de Louis XIV nous apparaissent radieuses au sommet du théâtre. C'est Pierre Corneille qui disait à la politique de Richelieu et de Louis XIV dans *Cinna*, dans *Horace*, dans le *Cid*, dans *Don Sanche* : Voilà quels furent les Romains, voilà quels furent les Espagnols! Voilà quelle fut leur grandeur, voilà quel fut leur héroïsme! C'est Molière, l'enfant rieur du pilier des halles, qui dégageait le trône et l'autel de tout ce qui devait entraîner le trône et l'autel; Molière, ce révolutionnaire sans le savoir, qui était tout à la fois le Voltaire et le Diderot, le Jean-Jacques et le Beaumarchais d'une époque où l'on n'avait le droit de rien dire, mais où il prenait le droit de tout dire, parce que le génie est un fleuve emporté qui renverse les digues, même quand la digue s'appelle Louis XIV.

Qui oserait nier aujourd'hui que le roi-soleil n'ait subi ces deux influences? Louis XIV était jeune : la mâle fierté, le chevaleresque héroïsme, la raison éloquente de Pierre Corneille n'ont pas vainement traversé cette âme qui a rayonné sur tout un siècle. Les leçons de Molière ont été plus directes encore, car le valet de chambre était le conseiller privé, le philosophe familier, l'ancien fou du roi, qui prend la couronne à son tour et la met sur sa tête pour débiter ces bouffonneries sérieuses, énigmes transparentes de la vérité et de la raison.

Le théâtre est l'école du beau et non l'école des mœurs. Le *Qu'il mourût* de Pierre Corneille indique largement à quel sentiment élevé l'art dramatique doit aspirer. L'art ne peut pas descendre à des leçons de civilité puérile et honnête. Il flagelle les vices, il bafoue les ridicules, il s'indigne des lâchetés; mais il laisse aux moralistes enfantins les sentences des sept sages de la Grèce. Son enseignement est plus élevé : il s'appuie d'un côté sur la poésie, qui est fille de Dieu ; de l'autre, sur la philosophie, qui est fille des hommes ; et par le culte du beau, par le développement étudié de la passion, il arrive à une moralisation plus haute et plus noble. Le théâtre de Berquin est l'école des mœurs, le théâtre de Corneille est l'école du beau, le théâtre de Molière est l'école de la raison.

Molière a commencé par bâtir son palais avec le génie capricieux et galant des Italiens et des Espagnols,— un autre Chambord, un autre Fontainebleau. —Mais il vit de bonne heure entrer madame de La Vallière aux Carmélites ; et, comprenant que les orages du cœur n'étaient plus du règne de Louis XIV, il bâtit pour sa muse un autre Versailles et garda pour lui le poëme de ses larmes. Réaliste comme Plaute, tendre souvent comme Térence, fantasque comme Aristophane dans ses intermèdes, Shakspeare peut-être dans sa maison, au théâtre c'était Montaigne déguisé çà et là sous le masque de Tabarin. Éraste et Lucile n'ont jamais chanté la chanson du rossignol de Vérone*; Tartufe n'est pas démasqué par la main vengeresse qui a découronné Richard III. Mais Alceste n'a-t-il pas connu les déchirements de la passion comme Othello ?

Saluons Molière, ce rire étincelant des dieux de l'Olympe, cette gaieté souvent scarronesque, mais toujours humaine ; cette passion profonde qui se nourrit de roses et d'absinthe. Saluons, saluons Molière, parce

---

* Mais n'ont-ils pas la poésie intime de l'amour ? Ils s'aiment trop bravement pour faire des phrases. Pourquoi chanteraient-ils des sonnets à la lune ?

que, en traversant tous les jours le roman comique, en jouant tous les personnages, depuis le directeur de la troupe de Molière jusqu'au valet de chambre de Louis XIV, il trouvait le temps de pénétrer tous les livres et de connaître tous les cœurs, — même celui de madame Molière. — S'il raillait si gaiement les avocats et les médecins, c'est qu'il aurait pu plaider et signer ordonnance. S'il ne pardonnait pas aux chansons de Mascarille ou au sonnet de Trissotin, c'est qu'il savait Horace par cœur, ou qu'il y avait dans son cœur un autre Horace.

Il aimait tout, comme La Fontaine. Il aimait la musique de Lulli et la peinture de Mignard. Il croyait trop facilement que Mignard continuait Michel-Ange. Mais comme Michel-Ange eût été fier si Molière, à Rome, eût chanté la gloire de la chapelle Sixtine comme il chanta à Paris la *Gloire du Val-de-Grâce!*

Il aimait tout, mais combien d'ennemis sur sa route, depuis Tartufe qu'il a haï jusqu'à sa femme qu'il a aimée * !

---

* Il n'a corrigé ni Tartufe ni madame Molière. Il savait bien qu'on ne refait pas la nature humaine avec le génie humain. Chamfort, qui imitait mal Molière, mais qui le jugeait bien, a dit spirituellement : « Jamais il ne montre ses personnages corrigés par la leçon qu'ils ont reçue. Il envoie le Misanthrope dans un désert; le Tartufe au cachot; ses jaloux n'imaginent qu'un moyen de ne plus l'être, c'est de renoncer aux femmes; le superstitieux Orgon, trompé par un hypocrite, ne croira plus aux honnêtes gens : il veut abjurer son caractère, et l'auteur le lui conserve par un trait de génie. Son pinceau a si bien réuni la force et la fidélité, que s'il existait un être isolé, qui ne connût ni l'homme de la nature, ni l'homme de la

Pendant que l'Académie commençait son Dictionnaire, pendant que Boileau écrivait l'*Art poétique*, Molière trouvait, sans les chercher, la grammaire et la poétique des grands esprits. Son théâtre n'est pas seulement l'école de la raison : c'est l'école du biendire. Le dimanche, en manière de récréation, les collégiens vont rire avec leur ami Molière. Et il se trouve qu'ils en ont plus appris le dimanche que pendant les six jours de classe. Quel professeur les initierait ainsi soudainement à cette langue nourricière et lumineuse, forte comme Dorine, belle comme Célimène?

Au milieu de toutes les transformations nationales, la comédie de Molière, préservée par son masque qui rit de tout, a, comme la Vérité, bravé tous les cataclysmes. La lave ardente des révolutions a tout englouti, a tout dévoré, a tout châtié ; la comédie de Molière a survécu dans sa philosophie, dans sa gaieté, dans son génie, comme ces figures d'Herculanum et de Pompéia, qui, après deux mille ans, sont éblouissantes de fraîcheur et de jeunesse, les unes riant encore du beau rire athénien, les autres penchant toujours la tête au souvenir des passions qui ont agité leur cœur.

société, la lecture réfléchie de ce poëte pourrait lui tenir lieu de tous les livres de morale. »

VI

LA ROCHEFOUCAULD

1613—1680

Huet, dans ses *Mémoires*, dit que La Rochefoucauld refusait de se présenter à l'Académie, parce qu'il craignait de parler en public. Cela semble étrange à ceux qui se le figurent si vaillant dans les guerres de la Fronde et aux pieds de la duchesse de Longueville.

« Beaucoup d'esprit et peu de savoir, » disait madame de Maintenon. En effet, La Rochefoucauld ne lisait pas et n'avait pas voulu écouter ses précepteurs. « Les livres, disait-il, je ne connais que ceux-là; » et il montrait les hommes et les femmes qui passaient devant lui.

Sa manière de lire inquiéta le cardinal de Richelieu, qui l'éloigna de la cour. On le voit reparaître dans les petites guerres de la Fronde entre Turenne et Condé.

La duchesse de Longueville était l'âme de la Fronde, il voulait être l'âme de la duchesse de Longueville. Aussi écrivit-il sur sa bannière ces vers si connus qu'ils le sont trop, — des airs d'orgue de Barbarie :

> Pour mériter son cœur, pour plaire à ses beaux yeux,
> J'ai fait la guerre aux rois, je l'aurais faite aux dieux.

Deux amants sont deux charmantes bêtes féroces qui cachent leurs griffes sous leurs caresses. Aussi La Rochefoucauld ne fut-il pas longtemps sans parodier lui-même son amour :

> Pour mériter ce cœur qu'enfin je connais mieux,
> J'ai fait la guerre aux rois, j'en ai perdu les yeux.

On sait en effet qu'il avait reçu, au combat de la porte Saint-Antoine, un coup de mousquet qui, pendant quelque temps, le priva de la vue.

Ce fut surtout en *connaissant mieux* madame de Longueville qu'il apprit à mal parler des femmes. En vain madame de La Fayette, qui succéda à madame de Longueville, comme l'amitié succède à l'amour, essaya-t-elle de calmer ce cœur irrité. En vain madame de Sévigné, qui n'était l'amie de personne, excepté d'elle-même, tenta-t-elle de caresser cet esprit impitoyable. La Rochefoucauld n'en voulut pas démordre et ne lâcha pas sa proie pour un compliment.

A l'Académie, La Rochefoucauld succéda à Molière, — deux philosophes, deux railleurs, deux peintres de la vie. — La Rochefoucauld fut surtout un peintre.

Dans tous ses tableaux, Diogène chercherait un homme. Et pourtant La Rochefoucauld a peint fidèlement les hommes comme il les a vus. Mais où les voyait-il? A la cour, — cour galante, hypocrite et vaniteuse, où il y avait un roi, peut-être un dieu, beaucoup de gentilshommes, quelques duchesses et quelques damoiseaux, mais pas un homme, — excepté Molière, — le valet de chambre!

Tant pis pour ceux qui savent *par cœur*, sans les avoir apprises, les *Maximes* de La Rochefoucauld; mais, comme a dit Montesquieu, ce sont les proverbes des gens d'esprit.

Plus d'une fois l'Académie se mordit les lèvres en l'écoutant, comme ces vieilles coquettes qui, entendant mal parler des femmes, se souviennent qu'elles ont été femmes dans les temps passés.

La Rochefoucauld avait désappris la grâce à l'école de Saint-Cyran; il avait traversé la cour de ces deux jansénistes, madame de Longueville et madame de Sablé, sans s'y attendrir; confesseur de l'homme déchu, il oubliait presque la rédemption: Marie ne lui faisait pas pardonner à Ève.

Les *Maximes* viennent après les *Provinciales* comme un réquisitoire contre la race maudite. Pas plus que Pascal, La Rochefoucauld ne veut prendre, pour aller à Dieu, le *Chemin de velours* chanté par La Fontaine! il arrache et foule aux pieds le manteau de pourpre du mensonge et jette l'homme, tout nu dans sa misère et dans sa damnation, aux pieds du Dieu qui ensanglanta le Calvaire. Les *Maximes* ne sont que la Bible du royaume de Satan ; mais La Rochefoucauld (sa préface le dit) montrait l'enfer pour faire adorer le paradis.

La Rochefoucauld fit ce discours de grand seigneur où il ne parla que de lui, — par humilité :

« Je ne vous parlerai pas de vous-mêmes, messieurs.
« On n'aime point à louer, et on ne loue jamais per-
« sonne sans intérêt. La louange est une flatterie habile,
« cachée et délicate, qui satisfait différemment celui
« qui la donne et celui qui la reçoit : l'un la prend
« comme une récompense de son mérite ; l'autre la
« donne pour faire remarquer son équité et son discer-
« nement. On ne loue d'ordinaire que pour être loué.
« Et puis, il y a des reproches qui louent, et des
« louanges qui médisent.

« Je parlerai de moi, parce que je ne connais que
« moi. Je ne suivrai pas en ceci cette maxime qui est
« de moi : « On aime mieux dire du mal de soi-même
« que de n'en point parler, » car je dirai du bien de
« moi. Sera-ce du bien toutefois ? Chacun dit du bien
« de son cœur, et personne n'en ose dire de son esprit.
« Moi, je dirai du bien de mon esprit, c'est un travail
« plus facile : ceux qui connaissent leur esprit ne con-
« naissent pas leur cœur, et, en fin de compte, l'esprit
« est toujours la dupe du cœur.

« J'ai de l'esprit, et je ne fais point difficulté de le
« dire : car à quoi bon façonner là-dessus ? Je suis con-
« tent qu'on ne me croie ni plus beau que je me fais,
« ni de meilleure humeur que je me dépeins, ni plus
« spirituel et plus raisonnable que je le suis. J'ai donc

« de l'esprit, encore une fois, mais un esprit que la
« mélancolie gâte; car, encore que je possède assez
« bien ma langue, que j'aie la mémoire heureuse, et
« que je ne pense pas les choses fort confusément,
« j'ai pourtant une si forte application à mon chagrin,
« que souvent j'exprime assez mal ce que je veux dire.

« La conversation des honnêtes gens est un des
« plaisirs qui me touchent le plus. J'aime qu'elle soit
« sérieuse, et que la morale en fasse la plus grande
« partie. Cependant je sais la goûter aussi lorsqu'elle
« est enjouée; et si je ne dis pas beaucoup de petites
« choses pour rire, ce n'est pas du moins que je ne
« connaisse pas ce que valent les bagatelles bien dites.

« J'écris bien en prose, j'écris bien en vers; mais je
« suis insensible à la gloire qui vient de ce côté-là.

« Je juge assez bien des ouvrages de vers et de prose
« que l'on me montre; mais j'en dis peut-être mon sen-
« timent avec un peu trop de liberté. Ce qu'il y a
« encore de mal en moi, c'est que j'ai quelquefois une
« délicatesse trop scrupuleuse et une critique trop
« sévère. Je ne hais pas entendre disputer, et souvent
« aussi je me mêle assez volontiers dans la dispute :
« mais je soutiens d'ordinaire mon opinion avec trop
« de chaleur; et lorsqu'on défend un parti injuste
« contre moi, quelquefois, à force de me passionner
« pour la raison, je deviens moi-même fort peu rai-
« sonnable.

« J'ai les sentiments vertueux, les inclinations belles,
« et une si forte envie d'être tout à fait honnête homme,
« que mes amis ne me sauraient faire un plus grand

« plaisir que de m'avertir sincèrement de mes défauts.

« J'ai toutes les passions assez douces et assez ré-
« glées : on ne m'a presque jamais vu en colère, et je
« n'ai jamais eu de haine pour personne. Je ne suis
« pas pourtant incapable de me venger, si l'on m'avait
« offensé, et qu'il y allât de mon honneur à me res-
« sentir de l'injure qu'on m'aurait faite. Au contraire,
« je suis assuré que le devoir ferait si bien en moi l'of-
« fice de la haine, que je poursuivrais ma vengeance
« avec encore plus de vigueur qu'un autre.

« L'ambition ne me travaille point. Si je suis venu à
« l'Académie, c'est par distraction. Je ne crains guère
« de choses, ni la vie ni la mort. Moi seul parmi tant
« d'autres, je la regarde fixement. Mais n'est-ce pas
« depuis que je suis aveugle que je regarde un peu
« le soleil?

« J'aime mes amis; et je les aime d'une façon que
« je ne balancerais pas un moment à sacrifier mes
« intérêts aux leurs. Seulement je ne leur fais pas
« beaucoup de caresses, et je n'ai pas non plus de
« grandes inquiétudes en leur absence.

« J'ai naturellement fort peu de curiosité pour la
« plus grande partie de tout ce qui en donne aux autres
« gens. J'ai une civilité fort exacte parmi les femmes,
« et je ne crois pas avoir jamais rien dit devant elles
« qui leur ait pu faire de la peine. Quand elles ont l'es-
« prit bien fait, j'aime mieux leur conversation que
« celle des hommes : on y trouve une certaine douceur
« qui ne se rencontre point parmi nous; et il me sem-
« ble, outre cela, qu'elles s'expliquent avec plus de

« netteté, et qu'elles donnent un tour plus agréable aux
« choses qu'elles disent. Pour galant, je l'ai été un peu
« autrefois ; présentement je ne le suis plus, quelque
« jeune que je sois. J'ai renoncé aux fleurettes ; et je
« m'étonne seulement de ce qu'il y a encore tant
« d'honnêtes gens qui s'occupent à en débiter.

« J'approuve extrêmement les belles passions : elles
« marquent la grandeur de l'âme ; et quoique dans les
« inquiétudes qu'elles donnent il y ait quelque chose
« de contraire à la sévère sagesse, elles s'accommodent
« si bien d'ailleurs avec la plus austère vertu, que je
« crois qu'on ne saurait les condamner avec justice.
« Moi qui connais tout ce qu'il y a de délicat et de fort
« dans les grands sentiments de l'amour, si jamais je
« viens à aimer, ce sera assurément de cette sorte ;
« mais, de la façon dont je suis, je ne crois pas que
« cette connaissance que j'ai me passe jamais de l'esprit
« au cœur. Et pourtant si je n'ai plus la science du
« cœur, comment vivre? L'esprit, messieurs de l'Aca-
« démie, ne saurait jouer longtemps le personnage du
« cœur. »

VII

LE GRAND ARNAULD[*]

1612—1694

A la mort du président de Mesmes, un historien, un philosophe, un poëte et un grammairien se présen-

[*] Arnauld et Ménage se disputèrent le quarante et unième fauteuil à la mort de La Rochefoucauld.

Ménage, qui était un homme de lettres dans la vieille acception de ce mot, avait écrit contre l'Académie. L'Académie l'avait jusque-là dédaigné. « Au lieu de l'exclure, avait dit un académicien spirituel, — il y en a toujours eu, — il faut l'admettre, comme on condamne un homme qui a déshonoré une fille à l'épouser. » On sollicita Ménage à se présenter. « Ce ne sera, dit-il, qu'un mariage *in extremis*, qui ne fera honneur ni à l'un ni à l'autre. » Cependant il se présenta, comme pour obéir au vœu de vieille date de la reine Christine, qui s'était tant étonnée de ne pas trouver son cher Ménage à l'Académie.

Ménage avait été redouté par son empire littéraire; comme Balzac et Boileau, ses jugements passaient dans l'opinion. Il avait vécu

tèrent à l'Académie. Ce fut l'abbé Testu qui fut nommé. Il y vint prendre séance le lundi huitième de mars 1688 et fit ce curieux remercîment :

« Voici le jour heureux où il m'est permis d'entrer
« dans le temple de Minerve, de participer aux mys-
« tères des Muses et de me voir dans le sanctuaire de
« l'éloquence. Voici la première fois que je puis sans
« profanation envisager en vos personnes ses plus
« fidèles ministres, vous dire la vérité sans flatterie,
« me régler selon vos lois et écouter vos oracles. Jour
« plein de gloire entre tous les jours de ma vie, jour
« qui remplit mes désirs et qui couronne mes espé-
« rances.

« De quel droit oserais-je prétendre d'être admis
« parmi tant de célèbres personnages, dont les doctes
« veilles et les rares écrits transmettent l'art de bien
« penser, de bien parler et de bien écrire, à une longue
« postérité; qui conservent dans sa pureté une langue
« que notre grand roi parle mieux qu'aucun homme de
« son royaume, qu'il a rendue par ses étonnantes con-
« quêtes la langue générale de l'Europe, qui sert si
« utilement à écrire les faits incroyables que sa sagesse
« lui a fait entreprendre et que son courage lui a fait
« exécuter?

en poétique familiarité avec Balzac, Scudéri, Benserade, Pellisson et Chapelain. Il avait eu pour protecteur le cardinal Mazarin, pour admirateur la reine Christine, pour écolières madame de Sévigné et madame de La Fayette. C'était un savant plein de trait, mais trop amoureux du bel esprit : il avait un peu fréquenté les Italiens. Boileau lui prit sa place au soleil, Molière l'immola sous le nom de Vadius.

« Certes, quand je me vois placé entre tant d'excel-
« lents écrivains, tant de fameux orateurs, tant de
« poëtes illustres, qui disposent si sagement de l'im-
« mortalité, je m'écrie, en admirant cette surprenante
« égalité : Qui suis-je, pour me voir entre tous ces
« grands hommes ?

« Comme tous les astres qui sont attachés à un
« même ciel n'ont pas une égale vertu ni une même
« splendeur, je ne présumerai jamais que mon peu
« d'érudition puisse approcher de vos sublimes gé-
« nies. »

Après avoir loué Racine et Boileau, Versailles et Paris, tout le monde en un mot, sans s'oublier lui-même, l'abbé Testu revint à la merveille des merveilles, au roi Louis XIV :

« La postérité ne croira jamais qu'un seul roi en ait
« pu tant accomplir. Et comme la Fable attribue les
« travaux d'Hercule à un seul héros, quoique ce soient
« les actions de plusieurs qui avaient le même nom,
« aussi ceux qui liront l'histoire de nos jours ne pour-
« ront croire qu'un seul de nos rois ait fait ce nombre
« prodigieux de merveilles que nous avons vues, et
« attribueront, en renversant l'ordre des temps, à treize
« de nos monarques qui ont porté le nom de Louis, ce
« qui n'appartient qu'au règne et à la personne de
« Louis le Grand. »

Toute la cour était à cette séance. Madame de Thianges s'écria à ce dernier mot : « *Testu, tais-toi !* » Le mot lui resta comme un second baptême.

Or, pendant que ces belles choses illustraient le

vingt-septième fauteuil, le grand Arnauld succédait à La Rochefoucauld.

On demandait à Arnauld, assis dans le quarante et unième fauteuil, ce qu'il fallait faire pour se former au bon style. « Lire Cicéron, répondit-il. — C'est bien ; mais il ne s'agit pas d'écrire en latin. Comment peut-on se former un bon style pour écrire en français ? — Ah ! si c'est pour écrire en français, reprit Arnauld, il faut lire Cicéron. »

Malheureusement Arnauld lut Cicéron, mais ne le lut pas bien, ce qui explique aujourd'hui pourquoi on a à peine dans sa bibliothèque un seul volume de celui-là qui fut appelé le grand Arnauld et qui écrivit cent cinquante volumes.

Arnauld a dépensé toute sa force dans les guerres civiles de la religion. Nicole, son compagnon d'études ou plutôt son compagnon de guerre, lui dit un jour qu'il était temps de se reposer. « Vous reposer ? N'aurez-vous pas pour vous reposer l'éternité tout entière ? »

Qui croirait que l'auteur de la *Perpétuité de la foi* fut, comme Nicole, obligé d'aller cacher son nom et ses œuvres ? On peut dire qu'il fut l'âme de la controverse au dix-septième siècle. Il eut pour lui Dieu toujours et le pape quelquefois. Quand l'Église de Paris se réjouissait de la mort de cet hérésiarque, Rome tout entière le pleura comme le plus grand écrivain des temps anciens et modernes. La raison humaine est comme le soleil, qui est resplendissant ici et couvert de nuages là-bas.

Racine, le doux Racine, osa seul suivre le convoi du grand Arnauld ; Boileau, je le dis à la gloire de son esprit, osa consacrer ces vers à la mémoire de son ami de Port-Royal :

> Au pied de cet autel de structure grossière,
> Gît sans pompe, enfermé dans une vile bière,
> Le plus savant mortel qui jamais ait écrit ;
> Arnauld, qui sur la grâce instruit par Jésus-Christ,
> Combattant pour l'Église, a, dans l'Église même,
> Souffert plus d'un outrage et plus d'un anathème.
> Plein d'un feu qu'en son cœur souffla l'Esprit divin,
> Il terrassa Pélage, il foudroya Calvin ;
> De tous ces faux docteurs confondit la morale :
> Mais, pour fruit de son zèle, on l'a vu rebuté,
> En cent lieux opprimé par la noire cabale,
> Errant, pauvre, banni, proscrit, persécuté ;
> Et même par sa mort leur fureur mal éteinte
> N'en eût jamais laissé les cendres en repos,
> Si Dieu lui-même, ici, de son ouaille sainte
> A ces loups dévorants n'avait caché les os.

Voltaire ne veut pas qu'on plaigne les malheurs de tous ces apôtres de la vérité théologique ou philosophique. Dans leurs disputes, dans les calomnies, dans l'exil même, ils trouvent une gloire qui les fortifie et des amis qui les consolent, une gloire et des amis qu'ils n'eussent point trouvés en vivant dans la quiétude de l'esprit.

Arnauld aimait tant à disputer, que, se trouvant un jour dans le coche d'Orléans avec des jansénistes très-enthousiastes de son génie, il s'amusa à les réfuter de point en point. « Arnauld, le grand Arnauld, dites-vous, si vous le connaissiez comme moi, vous rabattriez beaucoup de votre admiration pour lui. » Et les enthousiastes de s'indigner, et Arnauld d'aller plus loin dans sa guerre contre lui-même. « Croyez-moi, j'ai pris la peine de l'étudier à fond, et dans tout ce fatras je n'ai trouvé que le néant de l'orgueil humain. » Le grand controversiste avait exaspéré à un tel point ses admirateurs, que ceux-ci tinrent conseil pour savoir s'ils ne lui feraient pas un mauvais parti; mais son frère, l'étant venu chercher en carrosse, interrompit la dispute et apprit à tout le monde, à Arnauld lui-même, car il l'avait oublié, que c'était là le grand Arnauld de Port-Royal.

Si cependant un de ses adversaires l'eût pris au mot et lui eût dit alors qu'il avait raison de croire au néant de son esprit et de son orgueil, il lui aurait dit la vérité.

Quel silence aujourd'hui sur son tombeau! J'écoute, et je n'entends rien que le bruit du vent dans les herbes. Et pourtant il a rempli de son nom et de ses idées tout le dix-septième siècle. Quand il publiait un livre, Rome était émue et l'enfer frémissait, selon les paroles du temps.

Ce grand esprit vécut pauvre pour vivre libre. Lui qui avait un neveu ministre d'État, lui qui pouvait revêtir la pourpre du sacré collège, mourut sans laisser de quoi se faire enterrer; mais il avait donné la veille sa dernière obole à un pauvre sans doute moins pauvre que lui.

Quelle famille ! La mère mit au monde vingt-deux enfants *; le père fut aussi surnommé le grand Arnauld. Tous les fils furent de grands esprits, toutes les filles furent de grands cœurs. Henri Arnauld, évêque d'Angers, vécut presque centenaire. Arnauld d'Andilly, le poëte de Port-Royal quand la Muse de Racine était absente, montait à cheval et cultivait ses espaliers à quatre-vingt-cinq ans. On ne fait plus en France tant d'enfants, on ne fait plus de pareils enfants. Arnauld, quand on lui parlait de l'Académie, disait : « N'avons-nous pas une Académie à Port-Royal ? D'ailleurs, c'est mon frère Arnauld d'Andilly qui devrait se présenter à l'Académie française; n'a-t-il pas traduit saint Augustin comme si l'âme de saint Augustin était l'âme d'Arnauld d'Andilly ? »

Arnauld ne croyait pas à l'Académie; il ne croyait qu'à Port-Royal, où Dieu présidait.

* La vraie reine de France, sous Louis XIII, ce n'est pas Anne d'Autriche, c'est cette éloquente et passionnée Angélique Arnauld, cette abbesse qui domine toute une tribu de grands esprits, cette mère institutrice qui lègue au siècle roi toute une génération de grands cœurs !

VIII

SAINT-ÉVREMONT

1613-1703

Saint-Évremont voyait Dieu dans l'homme, tant il avait peur des nuages. Il était parti de l'antique et de l'attique sans vouloir traverser le christianisme. Il riait un peu de tout parce qu'il ne croyait à rien, pas même en son esprit. Et il avait raison. Il s'amusa du spectacle en disant, vrai Parisien du parterre, que ce n'était pas la peine de parader sur le théâtre.

Homme de cour avec les gens de lettres, homme d'épée avec les courtisans, homme de lettres avec Charles II et la duchesse de Mazarin, Saint-Évremont a marqué son nom partout, hormis sur une œuvre. « J'écris aux gens de guerre comme un bel esprit et « un savant, et aux savants, comme un homme qui a « vu la guerre et le monde. » Il ne voulait pas du titre d'homme de lettres. Un libraire lui offrit deux mille écus d'une comédie qui ne valait rien. Il refusa avec hauteur : « Ce faquin me prend-il pour un « homme de plume? » Ce qui ne l'empêcha pas d'écrire six volumes sur tout et sur rien, *Réflexions*, *Considérations*, *Conversations*. Il daigna même composer une mauvaise comédie et rimer des vers détestables.

O postérité! tout ce qu'il marquait à son esprit était dévoré avec fureur. Les libraires disaient à leurs écrivains : « Faites-nous du Saint-Évremont. » Peut-être l'ont-ils dit à Racine et à La Fontaine. Ils l'ont dit, à coup sûr, à Fontenelle, qui longtemps n'a fait que du Saint-Évremont, et qui, après avoir pris modèle sur son style, a pris modèle sur sa manière de vivre, — de vivre longtemps.

Saint-Évremont s'arrangeait de tout, même de l'exil. Il étudia chez les jésuites, il fut le soldat du prince de Condé, il fut l'amant de Marion Delorme et de Ninon de Lenclos. Sous la Fronde, il combattit les mécontents à coups d'épée et à coups de sarcasmes. « Et moi aussi je suis frondeur. » Mazarin le nomma maréchal de camp pour un coup d'épée et le mit à la Bastille pour un sarcasme. Rien ne manqua donc à sa jeunesse. Trois mois après, Mazarin se souvint d'une plaisanterie de Saint-Évremont, se mit à rire et lui fit grâce. Colbert ne riait pas. Saint-Évremont n'osa pas être en face de Colbert l'ami de Fouquet ; il s'enfuit en Hollande, quand déjà l'ordre était donné de le réintégrer à la Bastille. Il trouva la Hollande un peu

sérieuse pour lui et passa en Angleterre. Il aimait
« le doux soleil de la cour. » Charles II, Jacques II,
Guillaume III lui furent royalement hospitaliers. Il fut
à la cour d'Angleterre comme un ambassadeur de
l'esprit français. Il écrivait : « J'aime tous les gouvernements et tous les honneurs. » Il mariait la France
avec l'Angleterre en jetant mademoiselle de Keroualle
dans les bras de Charles II. Appelait-il cela un honneur pour lui? Et quand il voulait détrôner la duchesse de Portsmouth en faveur de la duchesse de
Mazarin? Il se disait le compère de Ninon, mais Ninon
était plus honnête homme que lui. On connaît ses
stances à Ninon :

> L'indulgente et sage nature
> A formé l'esprit de Ninon
> De la volupté d'Épicure
> Et de la vertu de Caton.

Pour lui, il eut les vertus de l'amitié. « La mort
« passera sans m'empêcher de les aimer. » En France,
d'Olonne et Bois-Dauphin ; en Angleterre, Buckingham
et d'Aubigny ; en Hollande, Vossius et les philosophes
furent des frères de toutes les heures. Il donnait le
ton partout, même aux philosophes. En Angleterre,
il apprit la familiarité aux hommes de cour en procla-
mant la majesté de l'esprit. Il était laid et jouait à
l'Alcibiade. Il vint un matin chez le roi avec ses douze
chiens. En France, il fonda l'académie des Coteaux,
où l'on n'était pas élu si on buvait d'autres vins que

ceux des coteaux d'Aï, de Savenay, de Haut-Villiers. Et quand il fallut mourir à ce monde qui l'avait toujours gâté, il se tourna de l'autre côté sans ouvrir les yeux. « Voulez-vous vous réconcilier? — De tout mon « cœur; je voudrais me réconcilier avec l'appétit. » Il avait quatre-vingt-dix ans; il dit que ce n'était pas la peine de s'inquiéter du lendemain.

Il succéda au grand Arnauld, l'emportant d'une voix sur Nicole *.

Savait-il bien ce qu'il disait quand il fit son dis-

---

* Nicole, ce Racine en prose, comme Racine a été quelquefois un Nicole en vers, — plus le péché, — fut le confesseur attendri de toutes les belles repenties qui allaient oublier à Port-Royal les Condé et les La Rochefoucauld. C'étaient des prières et non des femmes qui venaient dans le sanctuaire de Nicole, car Nicole, ce cœur délicat et assujetti, n'a jamais battu aux tentations du démon du midi, le démon familier des cloîtres.

Nicole a fait ses *Provinciales*. Ses lettres contre Desmarets gardent leur atticisme et leur ironie même quand on vient de lire les petites lettres contre Escobar et Sanchez. Et, en même temps qu'il retrouvait l'art de Pascal, il traduisait l'œuvre de Pascal. Nicole signa du pseudonyme de Wendroke sa traduction latine des *Provinciales*, comme Pascal avait écrit les *Provinciales* elles-mêmes sous le masque de Louis de Montalte. Wendroke savait le latin comme Quintilien: Louis de Montalte avait bien su le français comme Cicéron! Supercherie des supercheries! Le travestissement est à tout le monde, à Port-Royal comme à Ferney, à Pascal ou à Nicole, qui écrivent pour leur Dieu, comme à Voltaire qui écrit « pour son couvent. » Le monde de l'esprit, quelque sérieux que soient les personnages, est un carnaval, même le mercredi des Cendres. Mais heureux ceux qui, le matin, sous le soleil du bon Dieu, dénouent leur masque sans rougir!

cours aux quarante sur la vraie et la fausse beauté des œuvres de l'esprit?

« C'est pour former les esprits que l'on emploie la
« rhétorique, la poétique et l'art d'écrire l'histoire.
« Mais plus on a donné de règles, moins il y paraît,
« et c'est une merveille que les plus habiles maîtres
« du monde, Aristote, Cicéron, Horace, Quintilien,
« aient eu si peu de parfaits disciples.

« Il y a très-peu de vrais modèles. Voiture même ne
« l'est pas, et beaucoup moins Balzac. Les gentillesses
« de Voiture et les hauteurs de Balzac ont une affec-
« tation qui déplaît naturellement. L'un veut être
« agréable et faire rire, de quelque humeur que l'on
« soit; l'autre veut être admirable et se faire estimer
« par le nombre de ses paroles et l'excès de sa rhé-
« torique.

« On sait que Sénèque n'écrivait autrefois qu'en
« semant tous ses ouvrages de pointes, d'antithèses
« et de paradoxes. Il surprit son siècle par le faste de
« ses décisions, et il y en a encore qui le prennent
« pour un modèle d'éloquence. Mais on écrirait fort
« mal si on écrivait comme lui.

« Ce n'est point avec ces figures extraordinaires que
« la nature s'explique. Tout ce qui demande une at-
« tention continuelle déplaît, parce que la plupart
« des hommes n'en sont pas capables. Il y a de la
« force et de la faiblesse dans quelque esprit que ce
« soit. Ce tempérament bizarre nous fait trouver na-
« turellement désagréables les ouvrages où il faut une
« intelligence trop appliquée pour les concevoir;

« Au lieu de se demander à soi-même : Virgile écri-
« vait-il de cette manière ? ou bien : Malherbe chan-
« tait-il ses belles odes sur ce ton ? ou, si vous le vou-
« lez : Est-ce ainsi que Corneille ou Molière attiraient
« à leur théâtre toute la cour et tout le royaume ? de-
« mandez-vous : Y a-t-il une disposition plus confuse
« que celle de cet ouvrage ? Y a-t-il un dessein moins
« ingénieux ? Les expressions en peuvent-elles être
« plus imparfaites ?

« Il arrive souvent que l'on devient un fort mauvais
« copiste d'un très-bon original. Il faut bien se don-
« ner de garde de tomber dans le dessin burlesque de
« ce peintre qui fit un portrait extravagant d'une Hé-
« lène qu'il voulait représenter parfaitement belle, et
« qui s'avisa de lui donner ce qu'il avait ouï louer
« dans les plus belles personnes. En effet, en chan-
« geant ses lèvres en corail, ses joues en roses et ses
« yeux en soleils, et assemblant mal toutes ces choses,
« il fit une figure semblable à celle que décrit Horace
« dans son épître aux Pisons.

« La vérité n'a rien de changeant. Le mensonge
« imite la vérité pour toutes sortes de moyens. On le
« trouve toujours quand on va à elle, et l'on en est
« pris si l'on n'est pas assez attentif à le reconnaître.
« Le faux ne peut plaire qu'autant de temps que l'on
« est ébloui de l'apparence du vrai sous laquelle il se
« montre. »

En écoutant ce discours, le vieux Boileau murmura, en hochant la tête comme un bourgeois d'Auteuil : « J'avais dit avant lui :

« Rien n'est beau que le vrai, le vrai seul est aimable. »

Fontenelle, qui n'était pas plus poëte que Boileau, mais qui avait plus d'esprit que Saint-Évremont, dit à son tour : « Vous vous êtes trompés tous les deux en « vers et en prose. Le faux est le cadre du vrai. La « comédie, qui est la vraie rhétoricienne, porte un « masque. Si la vérité descend au fond du puits, c'est « qu'elle a quelque chose à cacher, et si vous mon- « trez la vérité toute nue, c'est que vous n'avez pas « de quoi la bien habiller. »

IX

BAYLE

1647—1706

Bayle se comparait au Jupiter assemble-nuages d'Homère, disant que sa pensée était de former des doutes. On peut dire qu'il a fondé la philosophie du scepticisme qui nie et qui affirme, mais qui ne croit pas à ses affirmations et qui nie pour qu'on lui donne une preuve de plus. Bayle avait appris à lire dans Amyot et à penser dans Montaigne. Il est parti de là pour fonder, comme il l'a dit, la République des lettres. Avant Bayle, on avait vu quelques pléiades de poëtes, quelques sectes de philosophes, quelques tribus de théologiens. Il réunit la tribu à la secte, la secte à la pléiade; il en fit tout un peuple aux quatre coins de l'Europe; il fut le premier journaliste, parce qu'il étendit l'horizon et répandit sur tout ce qu'il

touchait les vives lumières de l'esprit. Or il touchait
à tout. Ses *Nouvelles de la République des lettres*
avaient pour abonnés tous les penseurs de France et
de l'étranger; leur action s'étendait jusqu'aux Grandes-Indes : aussi le nom de Bayle était-il mêlé à toutes
les controverses littéraires, politiques et religieuses.
On l'attendait comme le verbe de la vérité, mais il
arrivait toujours avec le doute; son ciel était couvert
de nuages, mais nul ne niait l'action du soleil.

On a beaucoup vanté le labeur inouï de Bayle, qui
travaillait quatorze heures par jour, penché sur les
in-folio et sur lui-même *. Je me permettrai de dire
que ç'a été le tort irréparable de ce grand esprit; je
crois fermement que s'il eût passé sept heures à travailler et sept heures à vivre, son esprit, comme son
corps, se fût fortifié sous l'action plus immédiate de
Dieu et de la nature. « Je ne perds pas une heure, »
disait-il. O philosophie aveugle, qui ne connaît pas
les joies contemplatives du temps perdu! On apprend
la vie en vivant; apprendre à mourir, c'est encore
apprendre à vivre. Je comprends le philosophe chrétien, celui-là qui s'élance dans l'infini sans souci de

---

* « Voyez-vous là-bas dans son coin cette figure souffrante et
pensive? Un sourire triste et malin passe, à peine perceptible,
dans ses yeux fatigués; les lignes du front, précises et un peu
roides, accusent une fine, nette et active intelligence; le nez est
long et forme un angle aigu. Les lèvres pincées, surmontées d'une
moustache brune tout ébouriffée, ont une légère expression d'amertume. Tous les soucis de l'érudition envahissent cette face anguleuse et parcheminée. » Pierre Malitourne.

ses guenilles corporelles ; il commence à vivre ici-bas de la vie future ; il a entrevu les radieux espaces où Dieu attend son âme immortelle ; il frappe avant l'heure aux portes d'or des paradis rêvés. Mais le philosophe qui cherche et qui doute, celui-là qui ne voyage pas avec les ailes de la foi, qui va se brisant le front aux voûtes éternelles pour retomber sur la terre tout épuisé et tout sanglant, celui-là devrait plus souvent fermer les in-folio, abandonner aux brises du soir les hiéroglyphes de son âme, pour étudier, libre de toute tradition, les pages de la vie. Pour quiconque les sait lire, ces pages divines détachées de tout commentaire humain, la vérité resplendit.

Fénelon et Bayle ont ouvert un horizon inattendu. Le dix-huitième siècle s'est appuyé, au point de départ, sur ces deux hommes célèbres, qu'il ne faut jamais oublier dans l'histoire des idées. Voltaire continua Bayle avec un éclat qui fit ombre au devancier ; mais, dans l'ombre, les clairvoyants saluent la grande figure méditative de celui qui a inventé la philosophie.

C'était une âme divine, selon Voltaire, et, selon Joseph de Maistre, il fut le père de l'incrédulité moderne.

Bayle se présenta à l'Académie pour succéder à Saint-Évremont. Il eut pour concurrents sérieux Boursault et Regnard. Boursault vint trop tard, — Molière était venu. — Boursault, parti de la Champagne, gai comme les vignes de son pays, bête comme un Champenois, — bêtise précieuse qui a enfanté tant d'hommes d'esprit, La Fontaine en tête, Boursault commença par être gazetier. Sa *Gazette rimée* paraissait chaque semaine sous la protection de la cour, protection dangereuse qui finissait toujours à la Bastille.

Boursault alla donc à la Bastille. En sortant de prison, il avait sa vengeance en main : *Ésope à la cour*, où il conclut que le roi qui règne est toujours le plus grand. Il succéda directement à Molière ; Corneille l'appelait son fils et le croyait digne de Racine*. On lui conseilla longtemps de frapper à la porte de l'Académie. « L'Académie française ! Je ne sais pas le latin, » répondit-il avec une naïveté charmante.

Quand Bayle se présenta à l'Académie, on songeait que le quarante et unième fauteuil devenait un peu trop grave ; une heure de folle et franche gaieté, tempérée par l'esprit français, voilà ce que désiraient Charles Perrault et Segrais, Thomas Corneille et même Boileau. Fénelon faillit voter pour Bayle ; Bossuet, Fléchier et Racine se tinrent à l'écart, effrayés des hardiesses lumineuses de cet humble et fier génie ; mais Fontenelle donna bravement sa voix au philosophe. L'Académie fut entraînée par l'exemple de Fontenelle : Bayle fut élu par dix-huit votants. Regnard compta treize voix pour lui. Le poëte Regnard se consola d'avoir été vaincu par le philosophe Bayle.

* Oh ! les amitiés littéraires, — plantes délicates arrosées par les larmes de la vanité qui souffre ! — Racine se brouilla à tout jamais avec Corneille, parce que le poëte du *Cid* avait dit à l'Académie qu'il ne manquait au *Germanicus* de Boursault que le nom de Racine pour être une tragédie achevée.

Dans son discours, Bayle rappela cette vérité de Fontenelle : « Le génie fait les philosophes et les poëtes, le temps ne fait que les savants. » Fontenelle et Bayle avaient-ils eu beaucoup plus que le temps dans leur lot ?

Bayle fut un des plus ardents voyageurs aux pays de la vérité ; mais, comme tous les voyageurs impatients, il s'est perdu dans les chemins de traverse et il a abouti au néant : « Plus j'étudie la philosophie, et plus j'y trouve d'incertitudes. La différence entre les sectes ne va qu'à quelques probabilités de plus ou de moins. Il n'y en a point encore qui ait frappé au but, et jamais, apparemment, on n'y frappera, tant sont grandes les profondeurs de Dieu dans les œuvres de la nature. » Bayle a traversé le monde moral, de Socrate à Jésus-Christ, de Platon à Descartes, sans reconnaître la vraie lumière, car il cherchait moins encore la vérité que la distraction : il voyageait pour voyager plutôt que pour arriver, comme l'a fait Montaigne, qui est un peu son maître en l'art de dire et en l'art de vivre. Mais il ne marchait pas en aveugle. Il portait jusque dans les abimes de la pensée humaine le flambeau de la critique. Seulement, tout émerveillé qu'il était par les hypothèses lumineuses de la philosophie, comme l'astrologue par les étoiles dans le ciel nocturne, il se laissait tomber dans le puits de la vérité et y éteignait son flambleau : après avoir montré la folie et l'orgueil de la sagesse, qui avec ses millions d'étoiles ne forme jamais le soleil, il prouvait lui-même la folie et la vanité de sa critique.

X

REGNARD

1656—1710

I

Le théâtre représente une grande salle du Louvre. — Une table couverte d'un tapis de velours. — Deux urnes. — Du feu dans la cheminée.

Quatre figures peintes semblent ne pas trop s'ennuyer à ces conférences académiques : le cardinal de Richelieu, le chancelier Séguier, le roi Louis XIV et la reine Christine de Suède. Mais pourquoi la sainte Vierge est-elle là ?

PERSONNAGES :

LES QUARANTE MOINS UN.

Caillères et Bignon arrivent ensemble.

BIGNON. — Eh bien, mon cher ami, nous arrivons les premiers.

Caillères. — Nous avons toujours peur de n'être pas de l'Académie.

Bignon. — Savez-vous qui se présente?

Caillères. — Ne parle-t-on pas de Ménage?

Bignon. — Mon cher ami, vous ne savez ce que vous dites! Ménage est mort depuis longtemps.

Caillères. — Ah! Eh bien, alors, il faut nommer M. Fraguier.

Valincourt, survenant. — C'est aujourd'hui le tour des grands seigneurs, on nommera le marquis de Sainte-Aulaire.

Caillères. — Ah! Est-ce que M. de Sainte-Aulaire a écrit?

Tourreil, saluant. — M. de Sainte-Aulaire, s'il a écrit? qui est-ce qui fait cette question-là?

Caillères. — Après cela, qu'il ait écrit ou non, cela n'y fait rien.

L'abbé Abeille et l'abbé Choisy entrent en se disputant sur le ruban de leur perruque.

L'abbé Abeille. — Quand je vous dis que M. de Sainte-Aulaire ne sera pas élu.

Thomas Corneille, qui les suit. — Alors vous allez élire Regnard ou Dancourt?

L'abbé Abeille. — Qui proposez-vous donc là? Un comédien et un faiseur de farces... La gravité de l'Académie...

Thomas Corneillle. — En vérité, je vous le dis, vous périrez par la gravité. Pour moi, je donne ma voix à Regnard.

Un groupe de nouveaux venus se forme près de la porte : on y distingue Mongin, Sacy, Malezieu, La Loubère, l'abbé Dangeau, Chamillard, Renaudot, Cousin, Campistron, La Chapelle, Target, Genest, l'abbé Tallemant, Clérambault, Mauroy, l'abbé Regnier, Sillery, l'abbé Fleury, Caumartin, c'est-à-dire tous les inoffensifs de l'Académie.

Le cardinal de Polignac, le cardinal d'Estrées, le duc de Coislin, l'abbé de Lavau, le cardinal de Rohan, se tiennent à la cheminée et saluent d'un air de protection les académiciens répandus dans la salle. Fénelon rêve dans l'embrasure d'une fenêtre. Le vieux Thomas Corneille se promène tout seul les mains derrière le dos.

FONTENELLE, *allant à Thomas Corneille, après avoir passé entre les grands seigneurs et les gens de lettres.* — Eh bien, mon oncle, penchez-vous pour le marquis de Mimeure ou pour le marquis de Sainte-Aulaire ?

THOMAS CORNEILLE. — Ni pour l'un ni pour l'autre.

GENEST. — Des marquis qui ne sauraient pas conjuguer le verbe *savoir* !

FONTENELLE. — Alors à qui donnez-vous votre voix ?

THOMAS CORNEILLE. — Aux absents.

Le duc de Coislin, qui doit présider ce jour-là, s'avance en sautillant vers la table et fait signe aux académiciens de s'approcher.

FÉNELON. — M. Despréaux doit venir ; nous ne pouvons nous dispenser d'attendre un peu en cette enceinte celui qui tient le sceptre du Parnasse.

LE DUC DE COISLIN. — Boileau ne vient plus à toutes les séances ; il n'a pas apporté sa voix à la dernière élection.

FLÉCHIER. — C'est vrai ; mais il paraît que M. Despréaux veut donner aujourd'hui une leçon à l'Académie : il se propose de combattre de tout son pouvoir l'élection de M. le marquis de Sainte-Aulaire.

Fénelon. — Du reste, le débat peut s'ouvrir; j'entends la voix de M. Despréaux dans l'escalier.

<small>Boileau entre, appuyé sur le bras de Dacier.</small>

Boileau. — Allez, allez, je leur prouverai que mon esprit n'a point vieilli.

Thomas Corneille, <small>prenant la main du vieux poëte.</small> — A la bonne heure! vous vous rapelez que vos contemporains se nommaient Corneille, Racine, La Fontaine et Bossuet. Que ceux qui aiment les lettres se réunissent à nous et fassent entrer à l'Académie un écrivain et non un grand seigneur.

Fontenelle, <small>s'éloignant.</small> — Je m'en lave les mains.

Thomas Corneille. — Oui, pleines de vérités.

Le duc de Coislin. — La séance est ouverte; l'Académie, vous le savez, est appelée à donner un successeur à M. l'abbé Testu de Belval, notre regrettable confrère. Parmi ceux qui briguent l'honneur d'occuper son fauteuil, on cite le marquis de Sainte-Aulaire et M. le marquis de Mimeure, deux gentilshommes qui se sont distingués dans nos guerres. Il y a aussi M. de Mesmes; mais...

Thomas Corneille. — Je demande à M. le président que lecture soit faite de la liste entière des candidats.

Le duc de Coislin. — 1° M. le marquis de Sainte-Aulaire; 2° M. le marquis de Mimeure, 3° M. de Mesmes; 4° M. Danchet; 5° M. La Monnoye; 6° M. de...

Le cardinal de Polignac, <small>interrompant.</small> — A quoi bon cette litanie de saints à fêter plus tard?

Le cardinal de Rohan. — Dans l'autre monde.

Thomas Corneille. — Je vais, à mon tour, nommer les candidats sérieux. Je ne doute pas que tous les bons esprits ne les saluent au passage. (L'orateur cherche des yeux Boileau, Fontenelle et Fénelon.) Les candidats sérieux, les voici : 1° Rousseau; 2° Regnard; 3° Dancourt; 4° Hamilton; 5° Malebranche; 6° Dufresny; 7° Le Sage.

Boileau, avec impatience. — Qu'est-ce que tout cela? L'Académie n'est point un refuge d'athées et de comédiens.

Thomas Corneille, avec indignation. — C'est Boileau qui parle ainsi! Des athées! J'en appelle à M. de Fénelon. Des comédiens! J'en appelle... — Ah! Fontenelle, toi aussi, tu détournes les yeux!

Fénelon. — Non, ceux-là qui cherchent la vérité, ceux-là qui montent l'échelle sublime de la philosophie, ceux-là ne sont pas des athées, puisqu'ils montent jusqu'au ciel. Nous avons eu Descartes et Pascal, est-ce une raison pour repousser Malebranche?

Boileau. — Un fou, qui s'est laissé choir dans le puits de la vérité!

Fénelon, en regardant le ciel. — Et d'ailleurs la folie de celui-ci est souvent plus féconde que la raison de celui-là.

Boileau. — A merveille! en suivant vos conseils, on ira à l'Académie comme on va aux Petites-Maisons.

Thomas Corneille, avec amertume. — M. Despréaux nous dira au moins quel est son candidat, puisqu'il ne veut ni de Rousseau, ni de Malebranche, ni de Regnard, ni de...

Boileau. — Je n'ai plus qu'un moment à vivre, je n'ai plus rien à dissimuler; je dirai tout franc que le goût est perdu. Je suis venu tout exprès d'Auteuil pour protester contre la nomination de M. le marquis de Sainte-Aulaire, d'abord parce qu'il a mal rimé de mauvais vers, ensuite parce que dans ces mauvais vers il a outragé les mœurs. Encore, comme disait Malherbe, s'il avait eu l'alternative de faire ces vers-là ou d'être pendu!

L'abbé de Lavau. — Au nom de tous les hommes de bonne foi, je prends la liberté de contredire M. Despréaux. Les vers de M. de Sainte-Aulaire sont dictés par les Grâces. Je ne veux pas les comparer à ceux de M. Despréaux...

Fontenelle. — L'abbé de Lavau est trop malin aujourd'hui. Mais nous lui pardonnerons demain.

L'abbé de Lavau. — Je soutiens que M. de Sainte-Aulaire est un galant homme qui a de la naissance et du talent.

Boileau. — Je ne lui conteste pas ses titres de noblesse, mais ses titres du Parnasse; et quant à vous, monsieur, qui trouvez si bons les vers du marquis, vous me ferez beaucoup d'honneur et de plaisir de dire du mal des miens.

L'abbé de Lavau. — Je n'ai pas lu les vôtres.

Le cardinal de Rohan. — Il est beaucoup question des vers de M. le marquis de Sainte-Aulaire. Est-ce qu'il a fait des vers?

Le cardinal de Polignac. — Il en a fait quatre.

Malezieu. — Il en a fait cinq. Ces cinq vers, les

voici : c'était chez madame la duchesse du Maine, qui était déterminée cartésienne, et qui discutait passionnément sur les tourbillons. Un jour qu'elle avait beaucoup parlé de la matière subtile et de l'attraction, elle demanda au marquis ce qu'il pensait de tout cela. Il répondit sur un air connu :

> Bergère, détachons-nous
> De Newton et de Descartes ;
> Ces deux espèces de fous
> N'ont jamais vu le dessous
>   Des cartes,
>   Des cartes,
>   Des cartes.

Le cardinal de Polignac. — Et ces vers à cette belle dame qui jouait avec lui au *jeu du secret* :

> La divinité qui s'amuse
> A me demander mon secret,
> Si j'étais Apollon, ne serait pas ma muse :
> Elle serait Téthys, et le jour finirait.

Le duc de Coislin. — J'aime mieux ceci.

Thomas Corneille. — C'est là un joli madrigal, mais ce n'est pas une raison pour entrer tout éperonné à l'Académie, quand tant de vrais littérateurs attendent à la porte. Il faut laisser M. le marquis de Sainte-Aulaire à madame la duchesse du Maine, puisque, aussi bien, comme elle l'a dit, elle ne peut se passer des choses dont elle n'a que faire.

Le duc de Coislin. — M. Thomas Corneille devrait se

rappeler qu'il est venu ici pour voter et non pour faire des épigrammes.

FONTENELLE, souriant. — Après tout, si nous faisions nous-mêmes nos épigrammes, au lieu de les laisser faire au dehors?

LE CARDINAL DE ROHAN. — M. le marquis de Sainte-Aulaire n'a pas fait seulement ces neuf vers, il en a fait quatre autres...

BOILEAU. — Total, treize vers.

LE CARDINAL DE ROHAN, avec impatience. — M. Despréaux ne compte pas ceux que M. de Sainte-Aulaire a faits contre M. Despréaux : cela nous explique pourquoi M. Despréaux vient d'Auteuil à Paris. Puisque le débat s'aggrave, je dirai toute la vérité : M. de Sainte-Aulaire a écrit une épître à la louange du roi, où se trouvent ces deux vers :

> J'aime à le voir bannir l'outrageante satire
> Qui briguait près de lui la liberté de rire.

Je ne dirai pas : Voilà tout le secret de la colère de M. Despréaux, car M. Despréaux, qui connait la satire, est au-dessus de la satire.

BOILEAU, éclatant. — Que me font deux vers oubliés? Je vis loin de la cour et des courtisans. J'aurai le courage de donner tout seul mon suffrage à un poëte digne de tous les suffrages. J'ose ici faire le fanfaron : pense-t-on que ma voix seule et non briguée ne vaille pas vingt voix mendiées?

THOMAS CORNEILLE. — Mon frère le Romain n'eût pas

mieux dit ; mais encore une fois, vous qui refusez votre voix à Malebranche, à Rousseau, à Regnard, à qui la donnerez-vous?

Boileau. — Je donnerai ma voix à M. le marquis de Mimeure.

Rumeurs, éclats de rire, chuchotements.

Thomas Corneille. — C'était bien la peine de faire le voyage d'Auteuil! Vous voulez proscrire un poëte de cour en faveur d'un poëte de cour. Marquis pour marquis, j'aime mieux encore le premier. J'avais applaudi à votre liberté toute républicaine ; mais je vois avec chagrin que je suis seul ici pour le parti des lettres. Fontenelle lui-même, le neveu du grand Corneille, a passé à l'ennemi. Il y a bien monseigneur de Cambrai qui pense comme moi, mais M. de Fénelon n'ose pas penser tout haut. Adieu, je m'en vais, et je ne viendrai plus.

Il sort.

L'abbé de Lavau. — M. Despréaux voudrait bien, à propos de M. de Sainte-Aulaire, qu'on le crût sur parole. Je reconnais, tout comme un autre, que l'auteur du *Lutrin* est le législateur du Parnasse, mais non pas de l'Académie. L'Académie est un tribunal qui ne reconnaît que ses lois. Quiconque est académicien doit s'en rapporter à sa conscience et non à la conscience d'autrui. Je propose que M. de Sainte-Aulaire soit jugé par ses œuvres. M. Despréaux plaidera contre lui, pièces en main, et moi je plaiderai pour lui par la seule lecture de ses vers.

Le cardinal de Rohan. — Je me rallie à la proposition de M. l'abbé de Lavau.

Boileau. — J'aime mieux cela ; j'ai là, dans mon habit, la condamnation du marquis de Sainte-Aulaire.

L'abbé de Lavau. — Et moi, je tiens son laissez-passer.

L'abbé de Lavau sort de sa poche un manuscrit.

Boileau. — Eh bien, lisez.

L'abbé de Lavau. — Lisez plutôt : la défense après l'accusation.

Boileau. — Pour tout acte d'accusation je lis les vers du marquis, vrais vers de marquis, n'ayant connu que le cabaret du Parnasse.

Le duc de Coislin, — Que M. Despréaux lise d'abord ; il critiquera ensuite.

Boileau. — Ce sont des vers sur le vin.

Fontenelle. — Anacréon et Horace n'étaient pas des buveurs d'eau.

Boileau, lisant.

> Le vin, quand il est bon, nous sert de médecine,
> Il surpasse le suc de toute autre racine ;
> Le vin, pris le matin, rend les hommes plus forts,
> Et, quand il est bien frais, il réjouit le corps ;
> Le vin fait rencontrer le petit mot pour rire ;
> Le vin, quand il est bon, fait bien boire et bien rire :
> Le vin fait que nos cœurs sont des livres ouverts ;
> En un mot, le bon vin fait trouver de beaux vers,
> Et je crois qu'Apollon n'est propice à Corneille
> Qu'à cause que son nom rime avec la bouteille ;

Qu'on n'imprimeroit point les œuvres de Mairet
Si le sien ne rimoit avec le cabaret;
Qu'à cause du baril Baro fait des miracles,
Et qu'on tient dans Paris ses vers pour des oracles;
Qu'on n'eût tant cajolé sa belle Rabavin,
N'eût été que son nom se terminoit en vin.

Tous les académiciens rient et applaudissent; Boileau déchire les vers avec indignation.

Le cardinal de Rohan. — Mon opinion est que M. de Sainte-Aulaire avait bu du bon vin quand il a fait ces vers-là.

Le vin, quand il est bon, fait bien boire et bien dire.

Fénelon. — Si j'osais, j'applaudirais de toutes mes forces à ce beau vers :

Le vin fait que nos cœurs sont des livres ouverts.

Boileau. — Puisque vous estimez ces vers-là, faites-moi l'honneur de mépriser les miens.

Campistron, d'un air tragique. — J'avoue que je me range à l'opinion de M. Despréaux : le bon goût est banni de l'Académie...

Le cardinal d'Estrées. — Il s'agit de bon vin et non de bon goût.

L'abbé de Lavau, tout épanoui de gaieté. — Est-ce la peine de lire la pièce de défense?

Le duc de Coislin. — Lisez.

L'abbé de Lavau, riant toujours. — Ce sont des vers sur le vin.

Le vin, quand il est bon, nous sert de médecine.

Plusieurs voix. — Mais ce sont les mêmes vers !
L'abbé de Lavau. — Comme vous dites.

Éclats de rire.

Fénelon. — Les vers, quels qu'ils soient, sont tour à tour bons ou mauvais ; tout est dans la manière de les dire. C'est l'histoire des hommes : tout est dans la manière de les juger.

Le président. — La cause est entendue.

On vota. Le marquis de Sainte-Aulaire fut nommé. Ce qu'il y a de plus joli, c'est que les vers bachiques n'étaient pas de lui.

II

Quelques mois après, Regnard prit sa revanche au quarante et unième fauteuil.

Regnard était né voyageur. Il ne pensa à écrire des comédies qu'après avoir assisté, du Nord au Midi, à la comédie humaine, qui est partout la même comédie, sur la neige comme sur le sable brûlé. Son premier vers, il le grava sur un rocher en Laponie :

Hic tandem stetimus, nobis ubi defuit orbis.

C'était encore le beau temps pour les voyageurs ; on rencontrait alors sur terre et sur mer des voleurs et des pirates. Aussi Regnard fut pris par les corsaires et devint esclave à Alger. Mais ce fut la femme du corsaire qui fut l'esclave de Regnard. A son retour en France, il se promit de ne plus faire que le tour de lui-même. Il rencontra Dufresny, un poëte, qui mettait sa poésie dans sa vie ; ils s'associèrent pour écrire des comédies et courir les aventures ; on ne pouvait pas vivre plus gaiement : aussi Regnard mourut de chagrin, comme Molière.

Regnard a commencé, dans la légende française, la série des don Juan (j'entends les don Juan byroniens). Il a eu en Algérie son Haïdée et ses Dudù. Cent ans avant Byron, il a vécu la vie de Byron. Otez au buste de Regnard la perruque ajustée par Foucou, vous avez tout Byron, la lèvre voluptueuse et enivrée, la narine ouverte et impatiente, l'œil hardi et chargé d'éclairs.

Regnard aimait trop ses aventures pour se soucier beaucoup de ses rimes. Chez lui, l'homme est plus beau que le poëte. Ses comédies s'effacent devant le roman de sa jeunesse. C'est qu'après les Dulcinées rencontrées aux deux hémisphères, Regnard retomba aux héroïnes du pharaon ; c'est qu'après avoir vidé des coupes de chiraz, il se trouva réduit à fêter l'argenteuil et le suresnes. Il avait trop vécu en enfant prodigue pour laisser une belle succession dans son œuvre. Mais pourtant, à sa mort, la Muse de la Comédie, qu'il avait consolée à la mort de Molière, se voila le front tout un soir.

XI

BOURDALOUE

1632—1704

Il fut surnommé « le prédicateur des rois ou le roi des prédicateurs », parce que Louis XIV disait de lui : « J'aime mieux les redites du père Bourdaloue que les « choses nouvelles d'un autre; » parce que Madame de Sévigné écrivait : « Je n'ai rien entendu de plus « étonnant, » et parce que Bossuet le reconnut toujours pour son maître.

Madame Cornuel disait : « Le père Bourdaloue sur« fait en chaire, mais dans le confessionnal il donne « à meilleur marché. » Cette plaisanterie prouve que Bourdaloue connaissait l'homme et la femme : il frappait et consolait.

Il ne frappait pas avec le tonnerre hébraïque de Bossuet, il ne consolait pas avec les grâces attiques de

Fénelon ; c'était la colère et la parole de Dieu. Il n'a pas été à l'école d'Athènes, même devant la fresque du Vatican ; il n'a pas hanté les jardins de Salomon : il n'a vu que le jardin des Olives.

Aussi il ne consentit à s'attarder un jour à l'Académie que dans l'idée de conquérir quelques âmes à Dieu. Il parla en ces termes à tous ces sceptiques qui croyaient avoir rouvert l'Olympe :

« Messieurs, — j'ai failli dire mes frères, — Bossuet
« avait un beau jardin où il ne descendait pas. « Com-
« ment vont les arbres fruitiers? demanda-t-il un
« matin à son jardinier. — Hé ! monseigneur, lui ré-
« pondit cet homme, vous vous souciez bien de vos
« arbres fruitiers ! Ah ! si je plantais dans votre jardin
« des saint Augustin et des saint Chrysostome, vous les
« viendriez voir ! mais, pour vos poiriers et vos pru-
« niers, vous ne vous en mettez guère en peine. » Cet
« homme disait bien. Bossuet ne connaissait que le
« jardin céleste et ne cueillait que les fruits de son
« âme. Et moi, je suis comme Bossuet, je ne descends
« point dans mon jardin, pour ne me point attacher
« aux choses de ce monde. Que me font les fruits de mes
« arbres, moi qui ne cultive que le paradis reconquis?
« Et mon esprit est comme mon jardin : les herbes
« et les ronces l'envahissent, mais je me garderais
« bien de perdre des heures précieuses à le parsemer
« de roses, moi qui n'aspire qu'aux lis du divin rivage.
« Vous me pardonnerez donc si je ne viens pas à vous
« les mains toutes pleines de ces fleurs d'éloquence
« qui jonchent vos pieds. J'arrive bien humble devant

« votre grandeur. Je ne dis pas ici comme saint Paul :
« Dieu prend ce qui paraît plein de folie selon le
« monde pour confondre les sages ; il choisit ce qui
« est faible devant le monde pour confondre les forts,
« et il se sert enfin des choses qui ne sont point pour
« détruire celles qui sont. J'arrive avec l'esprit de
« Dieu, mais l'esprit de Dieu vacillant dans une âme
« nocturne, pour m'illuminer à vos lumières. Peut-
« être ne trouverai-je pas mon ciel au-dessus de vous.
« Vous avez la clef d'or de l'intelligence, mais votre
« clef d'or ouvrira-t-elle le séjour des élus ? Vous
« savez tout, mais moi qui ne sais que mon cœur, ne
« suis-je pas plus savant ? Je reconnais vos décou-
« vertes merveilleuses. Depuis l'hysope jusqu'au cè-
« dre et depuis la terre jusqu'au ciel, est-il rien de si
« secret, soit dans l'art, soit dans la nature, où vous
« n'ayez pénétré ? Hélas ! on n'ignore rien, ce semble,
« et l'on possède toutes les sciences, hors la science
« de soi-même. Selon l'ancien proverbe, cité par
« Jésus-Christ même, on disait et l'on dit encore :
« Médecin, guérissez-vous vous-même » ; ainsi je puis
« dire : O savants, si curieux de connaître tout ce qui
« est hors de vous, quand apprendrez-vous à vous
« connaître vous-mêmes ? N'oubliez pas que Satan
« nous apparaît souvent comme un ange de lumière.
« Prenez garde, Messieurs, vous élevez ici un autel à
« la Raison, mais c'est Satan qui allume les flambeaux
« dans vos ténèbres. Je parle, et la Raison se récrie.
« Elle ose tout braver, même la Foi. Je vous entends
« d'ici me demander : « Qu'est-ce que le mystère d'un

« Dieu en trois personnes et de trois personnes dans
« un seul Dieu? Qu'est-ce que le mystère d'un Dieu
« fait homme sans cesser d'être Dieu, mortel et im-
« mortel tout ensemble, passible et impassible, réu-
« nissant dans une même personne toute la gloire de
« la divinité et toutes les misères de notre humanité?
« Qu'est-ce que le mystère d'un Dieu homme, réelle-
« ment présent sous les espèces du pain et du vin
« dans le sacrement de nos autels? Qu'est-ce que tout
« le reste? » Là-dessus la Foi vous dit par ma bou-
« che ce que Dieu dit à la mer : « Tu viendras jusque-
« là, mais c'est là même que tu t'arrêteras; c'est là
« que tu briseras tes flots et que tu abaisseras les
« montagnes de ton orgueil. » Arrêt absolu, contre
« lequel la raison n'a rien à opposer ni à répliquer.
« Elle y trouve même des avantages infinis : car c'est
« ainsi que l'homme, en faisant à Dieu le sacrifice de
« son corps par la pénitence, le sacrifice de son cœur
« par l'amour, lui fait encore le sacrifice de son esprit
« par la foi. En sacrifiant à Dieu son corps par la pé-
« nitence, il honore Dieu comme souverainement
« juste; en sacrifiant à Dieu son cœur par l'amour, il
« honore Dieu comme souverainement aimable; et en
« sacrifiant à Dieu son esprit par la foi, il honore Dieu
« comme souverainement infaillible.

« Messieurs, humilions tous la Raison aux pieds de
« la Foi, ou plutôt élevons-nous à la Raison par la Foi.
« A quoi donc vous servirait d'être les oracles de l'é-
« loquence, si vous ne deveniez les oracles de l'esprit
« divin? Et disons-nous avec l'apôtre : « Un jour dans

9.

« votre maison, ô mon Dieu ! vaut mieux pour moi
« que mille années parmi les pécheurs du siècle. Pour
« moi, que j'y sois humilié, dans cette maison de mon
« Dieu ; que j'y occupe les dernières places ; que j'y
« ressente toutes les angoisses d'une étroite pauvreté ;
« que j'y porte tout le poids d'une obéissance rigou-
« reuse ; que la nature avec toutes ses convoitises y
« soit combattue, domptée, immolée : il me suffit que
« ce soit une maison de salut pour me la rendre ai-
« mable ; il me suffit que la fenêtre s'ouvre sur le ciel
« pour que j'y sois illuminé de la lumière de Dieu. »

L'Académie se laissa prendre une heure à la parole et à la foi de Bourdaloue. « C'est fort bien, murmura Fontenelle, mais Bourdaloue sait-il que le quarante et unième fauteuil n'est pas une chaire à prêcher ? » Et il rappela que le père Bourdaloue avait été si éloquent à un de ses sermons contre le luxe, que toutes les femmes quittèrent la soie pour la laine. « Je ne crois pas, poursuivit-il, que nous en fassions autant : il a prêché aujourd'hui contre le luxe du style, mais pas un de nous ne consentira à rejeter la soie pour s'habiller de laine. »

XII

LOUIS XIV

1638—1715

Je poursuivais religieusement les ombres majestueuses du grand siècle pour retrouver tous mes illustres académiciens du quarante et unième fauteuil. J'étais dans le parc de Versailles, où j'interrogeais les Muses de Girardon et de Coysevox. Tout à coup une statue grandiose m'apparaît sous un dôme de verdure.

Ce marbre qui étincelle au soleil, est-ce Jupiter ou Apollon? D'une main il tient la foudre, de l'autre il salue les poëtes. Sur le piédestal, je lis LOUIS LE GRAND. Dans les massifs, passe l'ombre plaintive de La Vallière qui s'évanouit au clair éclat de rire de Montespan. Et ce rire spirituel s'éteint lui-même quand, dans l'allée qui va vers Saint-Cyr, se dessine, cérémonieux et presque auguste, le fantôme en robe feuille-morte de la Marquise de Maintenon.

Et Louis XIV, sans descendre de son piédestal, me répond de ses lèvres de marbre :

« J'ai appris à lire dans l'esprit de ma mère ; j'ai appris à gouverner les hommes en me laissant gouverner par les femmes. Ma bibliothèque royale, c'était Marie de Mancini, cette Bérénice avant Racine ; c'était ma sœur, Madame Henriette, le premier mot de l'éloquence de Bossuet ; c'était Louise de La Vallière, cette Madeleine qui est morte en Dieu pour avoir vécu en moi ; c'était mademoiselle de Fontanges, cette Psyché qui eût encore appris l'amour au vieux Corneille ; c'était Montespan, qui dépensait vingt-cinq millions par an à ses rubans et à ses poëtes, mais qui ne perdait ni ses millions ni ses années, puisque j'avais tous les printemps un enfant de plus à légitimer ; c'était Françoise d'Aubigné, ce ministre président de mon conseil, qui m'a rouvert par *Athalie* et par *Esther* la Bible que j'avais fermée sur les genoux de ma mère. »

— « O roi, lui dis-je, vous oubliez parmi les forces de votre règne, parmi les inspirations de votre esprit, Molière, Condé, Racine, Fénelon !

« Encore une fois, ce sont les femmes qui m'ont enseigné le catéchisme royal et cette langue souveraine, par droit de naissance, qui a fait de moi un académicien d'un jour et un écrivain de tous les siècles. Molière ne vivait pas : il laissait vivre en lui tour à tour et en même temps mademoiselle de Brie, mademoiselle Duparc et Armande Béjart ! Condé a vaincu à Rocroy, parce qu'il savait qu'il portait sur son cœur le bouclier de mademoiselle du Vigean et de celle qui était la virilité de La Rochefoucauld ! Racine était un luth que faisaient chanter toutes les femmes, depuis les fillettes roses d'Uzès jusqu'aux comédiennes de Paris, depuis les comédiennes de Paris jusqu'aux pensionnaires de Saint-Cyr, sans oublier madame Racine. Fénelon, ce Télémaque perpétuel dont Jésus était le Mentor, et qui s'est toujours promené sans s'y égarer dans les labyrinthes parfumés de Calypso, aurait-il trouvé cette poésie et cette onction sans madame Guyon, sans madame de Bourgogne, sans mademoiselle de La Maisonfort? La femme est partout dans mon siècle, parce que c'est un grand siècle. Louvois lui-même, ce chiffre intelligent, a pris la blanche main de madame de Courcelles pour poser la première pierre de tous ses monuments.

« En vérité, je vous le dis, Dieu a créé l'homme à son image ; mais Ève, à son tour, a créé des enfants à son image. Conçus dans le péché par la femme, par la femme nous pénétrons les abîmes du bien et du mal, par la femme aussi nous retrouvons les chemins perdus de la grâce, nous autres, les délicats de la race humaine, nous autres qui allons éternellement secouer les rameaux de l'arbre de la science, nous autres les fils d'Ève qui laissons les fils d'Adam, les pauvres d'esprit, dormir pendant que le serpent siffle. Voilà pourquoi moi, le roi-soleil, moi qui ai atteint Daphné. La Vallière, avant sa métamorphose, Daphné La Vallière, ce doux clair de lune de mai, moi qui ai brisé mes rayons en pluie d'or aux pieds de Danaé-Montespan, j'ai su tous les secrets, parce que j'ai vu avec l'œil de mon esprit et avec les cent yeux de mon cœur. Voilà pourquoi j'ai été naturellement le plus grand des rois, pourquoi Bossuet lui-même a glorifié mon éloquence, pourquoi c'était ton devoir de m'admettre à mon rang à ce quarante et unième fauteuil dont tu écris l'épopée, ô poëte ! »

Et les lèvres de marbre se refermèrent pour moi. Et les naïades des bassins disparurent dans les rocailles. Et le soleil, à son couchant, ne laissa plus sur Versailles que le mélancolique silence qui n'est plus la vie et qui n'est pas la mort.

Mais est-ce bien Louis XIV qui m'a parlé ainsi ? N'est-ce pas la Fantaisie, cette muse railleuse dont les belles visions nous masquent la vérité ?

XIII

MALEBRANCHE

1638—1730

Malebranche se promène là-bas sous cette avenue d'ormes centenaires. Sa contemplation est si profonde, que le faucheur qui rebat sa faux, la moissonneuse qui chante sa chanson, le pâtre qui appelle ses chiens, ne le peuvent distraire. Son âme est si loin de lui-même! Cependant ses pieds vont toujours et le conduisent, sans qu'il le sache, vers cette petite maison de briques enfouie sous les grands arbres. Il va franchir le seuil de sa porte; il a rencontré son curé et lui a fait à peine un signe de la main; il a rencontré son médecin, il ne l'a pas vu; il a coudoyé un oratorien de ses amis; il a **salué un de ses adversaires de Port-Royal.** Il va franchir le seuil de sa maison; mais voilà trois beaux enfants qui, comme des biches effarouchées, viennent bondir à sa porte ; il se retourne, il les prend dans ses bras, il leur fait mille caresses et leur dit cent choses charmantes. Ces enfants ne sont pas à lui, mais ce sont des enfants du bon Dieu, — et il est tout en Dieu.— Pour une demi-heure il a laissé sa pensée sur le seuil de sa porte ; le voilà qui court avec les enfants, qui joue avec eux, mais qui, tout en jouant, les interroge pour étudier la science innée. Puis tout à coup il reprend sa pensée, il court à son cabinet et s'enferme après avoir clos les volets. Ne troublez pas ses visions et ses battements de cœur.

Ne dirait-on pas que pour lui la Méditation est une vierge divine dont il est religieusement épris, — il la cache aux regards humains comme s'il craignait de la perdre ou de la profaner, — une amante, une maîtresse, une femme, tout son amour, toute sa joie, toute sa passion?

L'esprit de Malebranche est né de saint Augustin et de Descartes. Il a voulu être le trait d'union de ces deux grandes intelligences. Sa *Recherche de la Vérité* part de l'un pour aboutir à l'autre, un long voyage qui commence à l'homme et qui finit à Dieu.

Le dix-huitième siècle, qui ne voulait pas qu'on allât en rêvant à la recherche de la vérité, a dit de Malebranche que ce n'était que le grand rêveur de l'Oratoire. On alla même plus loin : on parla d'inscrire ce vers au bas de son portrait :

Lui, qui voit tout en Dieu, n'y voit pas qu'il est fou.

Mais tous les grands esprits ont reconnu en Malebranche une intelligence hors ligne. Bayle lui-même dit de son traité de morale qu'on n'a jamais vu aucun livre de philosophie montrer si fortement l'union de tous les esprits avec la Divinité.

Malebranche avait commencé par apprendre l'hébreu pour apprendre à lire dans la Bible : c'était se tremper dans le Styx ; mais ce fut Descartes qui fut son maître en l'art de penser. Malebranche est parti du même point que Descartes ; il a pris un autre chemin, mais il l'a rencontré bientôt : il s'est détourné encore et l'a retrouvé souvent.

Malebranche, qui a écrit la *Recherche de la Vérité*, est un puits de science où on ne trouve que le reflet du ciel. En vain les malebranchistes ont regardé dans ce puits profond pendant tout un demi-siècle : ils n'ont vu que les nuages qui courent sur l'infini.

Au dix-septième siècle, on disait d'un profond penseur : *un malebranchiste*. Depuis que Platon a révélé les routes rayonnantes de l'âme immortelle, les philosophes, qui nous emportent comme des aigles sous les voûtes bleues, voyagent, mais n'arrivent pas. C'est l'histoire de la vie : on voyage, on n'arrive pas. La mort elle-même n'est qu'une halte, une hôtellerie qui s'ouvre, sombre et funèbre, au milieu de la nuit, et d'où le voyageur s'envole gaiement le matin, oubliant ses bagages.

Ce fut une belle et glorieuse vie que la vie de Malebranche. Sa philosophie, comme un doux rayon qui vient du ciel, se répandit jusqu'en Chine. Les Anglais qui passaient à Paris ne voulaient voir que deux hommes : Louis XIV et Malebranche. Il avait longtemps étudié la vie en se regardant vivre ; il étudia la mort en se regardant mourir. Il méprisait son corps et pensait que le plus beau jour de sa vie serait celui où son âme s'envolerait de cette branche depuis longtemps cassée et sans feuilles. En ses dernières années, son corps était réduit à rien, mais son âme s'étendait toujours comme l'incendie qui dévore la maison. Avant de mourir il était tout âme.

Et pourtant n'était-ce pas lui qui, à cette grande question de la *matière infinie*, tourment éternel des philosophes, avait répondu en invoquant Jésus? N'avait-il pas, par une pieuse audace, imaginé que le Sauveur avait racheté, en même temps que l'âme humaine, la nature déchue depuis Adam, et imprimé, en y posant le pied, la marque de son infini à cette création périssable?

Malebranche succéda à Louis XIV et fit l'éloge de Descartes :

« Le grand roi a eu de grands capitaines, de grands
« poëtes, de grands artistes et de grands ministres,
« mais il a manqué un Descartes à la gloire de son
« règne. »

XIV

HAMILTON

1646—1720

Hamilton n'a fait qu'un volume de prose; Chaulieu n'a fait qu'un volume de vers. Ils se présentèrent en même temps pour succéder à Malebranche. Les vers furent vaincus par la prose. « Un volume, c'est trop, dit Fontenelle à Chaulieu; il ne fallait faire qu'un sonnet. — Mais nous sommes deux, dit Chaulieu : Chaulieu et La Fare valent bien l'immortalité. — Nous ne pouvons pas élire l'un sans l'autre et nous ne pouvons pas vous nommer tous les deux. » On ne pouvait pas refuser sa voix plus spirituellement.

Chaulieu ne se le fit pas dire deux fois. Il partit pour Fontenay et envoya ces stancces à l'Académie :

> J'ai vu l'Académie en proie à l'imposture :
> Le sage avant sa mort doit voir la vérité.
> Allons chercher les lieux où la simple nature,
> Riche de ses biens seuls, fait toute la beauté.

La foule parisienne à présent m'importune,
Les ans m'ont détrompé des manéges de cour;
Je vois bien que j'y suis dupe de la fortune,
Autant que je le fus autrefois de l'amour.

Je rends grâces au ciel que l'esprit de retraite
Me presse chaque jour d'aller bientôt chercher
Celle que mes aïeux, plus sages, s'étoient faite,
D'où mes folles erreurs avoient su m'arracher.

Ni le marbre, ni l'or n'embellit nos fontaines;
De la mousse et des fleurs en font les ornements :
Mais sur ces bords heureux, loin des soins et des peines,
Amarylle et Daphnis de leur sort sont contents.

Ma retraite aux neuf sœurs est toujours consacrée;
Elles m'y font encore entrevoir quelquefois
Vénus dansant au frais, des Grâces entourée,
Et j'y poursuis Diane et les Nymphes des bois.

Hamilton fut un Français d'Écosse, un voltairien avant Voltaire. Ce fut le comte de Grammont, qui réfugié à la cour de Charles II, l'initia à l'esprit français. « Et de quoi se plaint Louis XIV? disait Grammont avec sa plus belle impertinence; je lui prends une maîtresse et il m'exile. Voilà un singulier despotisme qui veut assujettir les cœurs. Laissez-moi faire, toutes les maîtresses de Louis XIV seront bientôt à la Cour de Londres.— C'est dommage, dit Hamilton, si les amours viennent, car l'amour est ici. » L'amour, c'était la sœur d'Hamilton.

Dès que le comte de Grammont la vit, il reconnut

que c'était la destinée et non Louis XIV qui l'avait conduit à Londres. Elle était si belle, cette héroïne de roman anglais, que le coureur d'aventures de Versailles jura d'être un mari sérieux dans quelque solitude écossaise.

Mais voilà que Louis XIV chasse sa maîtresse et rappelle Grammont. Le comte ne se fait pas rappeler deux fois; il s'exile de son amour, il s'envole pour Versailles. Mais Hamilton le poursuit l'épée à la main : « Chevalier de Grammont, lui cria-t-il en le rejoignant à Douvres, n'avez-vous rien oublié à Londres? — J'ai oublié d'épouser votre sœur. » Et flagellé par l'épée d'Hamilton, il retourne à Londres et se marie. Ce n'était qu'une femme de plus.

On dit que c'était le *Mariage forcé* de Molière.

L'abbé de Voisenon, qui se trompait quelquefois de bréviaire, lisait souvent le matin, dans sa dévotion pour l'esprit, une page des *Mémoires de Grammont*. Ce livre charmant, qui n'est pas écrit mais conté, cette galerie de portraits où tout le monde parle, ce gai ramage d'oiseaux railleurs, « C'est le bréviaire des gens du monde, disait Chamfort; — C'est mon catéchisme, disait Byron; je le relis tous les ans deux fois [*]. »

Hamilton a joué sa comédie à Saint-Germain. Au premier acte de sa vie, Louis XIV lui donna un rôle dans un ballet : le *Triomphe de l'Amour;* ce fut le

---

[*] Byron ne s'est-il pas souvenu d'Hamilton et de Grammont quand il a peint à vif son don Juan?

triomphe d'Hamilton. Au dernier acte, Hamilton, dans ce même château royal, n'était plus le courtisan du monarque triomphant, mais celui du roi exilé. Là où Louis XIV dansait dans un ballet de Quinault, Jacques II s'agenouillait dans l'humilité profonde qui suit les grandeurs déchues. Pour Hamilton, autres temps, autres royautés. Mais, tout en s'attristant aux tristesses chrétiennes de Jacques II, il gardait sur ses lèvres profanes le sourire de l'esprit français, car il avait en pleine jeunesse sucé l'arome du terroir de La Fontaine et de Ninon.

L'esprit de la Régence n'est pas venu au monde en un seul jour. Il est né en pleine cour de Louis XIV. Hamilton et Grammont, son frère d'armes, son beau-frère, son pareil, son second, son rival, que sais-je? étaient des Riom et des Nocé avant la lettre. Quel trait de caractère que cette réponse de Grammont, quand Hamilton lui demanda à Douvres s'il n'avait rien oublié à Londres! Quel trait de mœurs que cette prière de Grammont au chancelier de France pour être autorisé par Fontenelle, censeur royal, à publier le livre d'Hamilton, qui est pour lui un certificat de mauvaise vie! C'est la vanité, dites-vous; non, c'est l'argent. En effet, le chevalier avait vendu quinze cents livres le manuscrit de ce chef-d'œuvre : ce qui allait lui permettre de poursuivre une fois de plus la fortune du jeu et des filles.

Mais, comme Hamilton et Grammont ont encore plus d'esprit que de perversité, ils ont l'art de séduire l'opinion; ils l'enlèvent en croupe sur les sept péchés capitaux, — un pour chaque jour de la semaine, la paresse venant à point pour le dimanche.

A son entrée à l'Académie, bravant tous les usages, Hamilton ne fit l'éloge de personne et se moqua de tout le monde. Pourquoi ne reste-t-il que cette page de son discours?

« En ce temps-là, messieurs, il n'en allait pas en
« France comme à présent : Louis XIII régnait encore
« et le cardinal de Richelieu gouvernait le royaume.
« De grands hommes commandaient de petites armées
« et ces armées faisaient de grandes choses. Le car-
« dinal voulait s'illustrer aussi par les conquêtes de
« l'esprit : il créa l'Académie française, où l'on donne
« des batailles pacifiques, où l'on corrige *le Cid*, et
« où l'on s'endort sur un lit de fleurs de rhétorique. »

XV

DUFRESNY

1648—1724

Deux gentilshommes se présentèrent ensemble à l'Académie pour occuper le quarante et unième fauteuil à la mort d'Hamilton : Dancourt, né d'une race noble *, et Dufresny, issu d'une race royale.

---

* Dancourt est, avant tout, un historien, l'historien sans prétention d'une société sans histoire. Dans ses comédies, la Régence se montre le sein nu comme la duchesse de Berry, la bacchante sortant des bras de Riom, toute barbouillée encore des ivresses de la nuit. En ce moment où la France n'avait plus d'argent, tout le monde payait. La duchesse de Berry payait Riom, qui payait une fille d'Opéra, qui payait un capitaine. Quand le comte de Horn n'était plus payé et n'avait plus de quoi payer, il assassinait rue Quincampoix. Quand Law était couronné par la banqueroute, il allait tenir un brelan à Venise. Le *Chevalier à la mode* est la gravure ineffaçable, on pourrait dire la marque flétrissante, de cette

Dufresny, petit-fils de Henri IV, — le père du peuple, — avait retrouvé dans ses comédies, dans ses contes, dans ses chansons, la triple vaillantise du Béarnais; mais en face du masque épanoui de Dancourt, cette fine et charmante figure de Dufresny semble pâlir et chercher le demi-jour. Cependant il l'emporta sur Dancourt, parce que chez lui l'auteur dramatique était doublé d'un philosophe armé à la légère, d'un poëte né dans la vigne de Rabelais, d'un conteur qui contait comme un conte des *Mille et une Nuits*.

On n'écrira pas l'histoire de la bohème littéraire sans consacrer quelques belles pages à Dufresny, — souvenir de La Fontaine, — pressentiment de Sterne.

Son portrait par Coypel est à la salle du comité de lecture de la Comédie-Française. Que de fois il m'a chanté son charmant souvenir pour me consoler des mauvais vers qu'on me débitait! C'était le portrait

époque où M. de Lauzun instruisait son neveu dans l'art de bâtonner les filles de France, où Voltaire se faisait pardonner son couplet sur la fille de Lot par un refrain sur Sodome, où Lagrange-Chancel annonçait au *nocher des ondes infernales* le pâle cortége des Britannicus-Bourbons retranchés par une Locuste inconnue, où Dubois se faisait sacrer cardinal au sortir de la Fillion, où l'abbé de Ganges assassinait sa sœur, parce que sa sœur était moins apprivoisée que madame la duchesse du Maine avec M. le duc de Bourbon.

Et pourtant Dancourt n'était pas un Saint-Simon ou un Gilbert. Son œuvre n'est pas indignée; mais n'en est-elle pas plus terrible dans le cynisme de sa naïveté? Né comédien-gentilhomme, il ne trouvait dans toutes les débauches de ce Pandémonium qu'un prétexte à la comédie.

d'un homme de soixante ans, qui garde sa jeunesse dans son sourire. Sa tête charmante est perdue dans une forêt de cheveux. Sa chère Angélique, la blanchisseuse, n'a pas oublié la jabotière ni les manchettes. Sa main est ornée d'un diamant, et, ce qui vaut mieux, d'une belle plume impatiente dont le bec est loin d'être émoussé. Dufresny a pour armes les attributs de la Science. Et, en effet, cet homme qui n'avait jamais lu, n'était-ce point un savant en action? Il avait étudié l'amour dans son cœur, la grandeur à la cour, la guerre sur le champ de bataille, l'architecture en faisant bâtir, la nature dans son jardin, la poésie et la musique en chantant. Aussi la Science de Dufresny ne s'appuie pas sur des livres : elle penche sa tête rêveuse et semble se souvenir.

La vie de Dufresny est son meilleur livre; je m'explique : il est du petit nombre des poëtes qui ont pris la poésie pour vivre et non pour écrire. Aussi, avec un peu moins de cette paresse adorable qui est le charme des heures amoureuses, Dufresny marquait au nombre des noms glorieux. Il est de ceux, du moins, que la renommée n'ose parquer : c'est une figure à part, comme Fontenelle, qui, à l'Académie, n'était classé ni avec les grands seigneurs, ni avec les philosophes, ni avec les poëtes, parce qu'il se montrait tour à tour, selon les mondes, grand seigneur sans naissance, philosophe sans système, poëte sans poésie, mais pourtant toujours à sa place, parce qu'il avait beaucoup d'esprit partout.

Ah ! si Dufresny avait écrit ses confessions ! — je ne

parle pas des mémoires de sa blanchisseuse ! — quel livre charmant! comme on y eût respiré la senteur de ses roses de Vincennes sur le sein opulent de sa chère Angélique, tout en écoutant sa *Chanson des vendanges!*

Quand ce petit-fils de Henri IV et de la belle jardinière d'Anet fut élu à l'Académie, il ne manqua personne à sa réception, — excepté Dufresny lui-même ; car ce jour-là, retenu dans son fameux jardin par ses roses ou ses rêves, il oublia qu'il était de l'Académie.

Et pourtant il avait écrit son discours, dont il faut se souvenir :

« Un bon général d'armée est moins embarrassé à
« la tête de ses troupes qu'un mauvais auteur à la tête
« de son discours. Celui-ci ne sait quelle contenance
« tenir : s'il fait le fier, on se plaît à rabattre sa fierté ;
« s'il affecte de l'humilité, on le méprise ; s'il dit que
« son talent est merveilleux, on n'en croit rien ; s'il
« dit que c'est peu de chose, on le croit sur parole : ne
« parlera-t-il point du tout de lui? La dure nécessité
« pour un auteur!

« Je ne sais si mon discours réussira ; mais, si on
« s'amuse à le critiquer, on se sera amusé à l'écouter,
« et mon dessein aura réussi.

« Tout est amusement dans la vie ; la vie même n'est
« qu'un amusement, en attendant la mort ; la vertu
« seule mérite d'être appelée occupation : s'il n'y a
« que ceux qui la pratiquent qui se puissent dire véri-
« tablement occupés, qu'il y a des gens oisifs dans le
« monde! Les uns s'amusent par l'ambition, les autres
« par l'intérêt, les autres par l'amour ; les hommes du

« commun par les plaisirs, les grands hommes par la
« gloire, et moi, je m'amuse à considérer que tout cela
« n'est qu'amusement.

« Je voudrais être original : voilà une idée vraiment
« comique, me dira-t-on ; vouloir être original en ce
« temps-ci ! il fallait vous y prendre dès le temps des
« Grecs ; les Latins mêmes n'ont été que des copies.
« Est-il donc vrai qu'on ne puisse plus rien inventer
« de nouveau ? Plusieurs auteurs me le disent : si
« M. de La Rochefoucauld et M. Pascal me l'eussent
« dit, je le croirais.

« Celui qui peut imaginer vivement, et qui pense
« juste, est original dans les choses mêmes qu'un autre
« a pensées avant lui ; par le tour naturel qu'il y donne
« et par l'application nouvelle qu'il en fait, on juge
« qu'il les eût pensées avant les autres, si les autres
« ne fussent venus qu'après lui. Les pensées de M. de
« La Rochefoucauld et de M. Pascal sont autant de
« diamants mis en œuvre par le bon goût et par la rai-
« son : à force de les retailler pour les déguiser, les
« petits ouvriers les ternissent ; mais, tout ternes qu'ils
« sont, on ne laisse pas de les reconnaître ; et ils ef-
« facent encore tous les faux brillants qui les envi-
« ronnent.

« Ceux qui dérobent chez les modernes s'étudient à
« cacher les larcins ; ceux qui dérobent chez les an-
« ciens en font gloire. Mais pourquoi ces derniers mé-
« prisent-ils tant les autres ? Il faut encore plus d'es-
« prit pour bien déguiser une pensée de Montaigne
« que pour bien traduire un passage d'Horace.

« Le monde est un livre ancien et nouveau : de tous
« temps l'homme et ses passions en ont fait le sujet;
« ses passions y sont toujours les mêmes, mais elles y
« sont écrites différemment, selon le caractère de son
« esprit et l'étendue de son génie.

« Ceux qui ont assez de talent pour bien lire dans
« le livre du monde peuvent être utiles au public en
« lui communiquant le fruit de leur lecture; mais
« ceux qui ne savent le monde que par les livres ne
« le savent point assez pour en faire des leçons aux
« autres; ce sont des gens qui lisent Homère dans
« M. de La Mothe.

« Quelle différence entre ce que les livres disent des
« hommes et ce que les hommes font !

« Si le monde est un livre qu'il faut lire en original,
« on peut dire aussi que c'est un pays qu'on ne peut
« ni connaître ni faire connaître aux autres sans y
« avoir voyagé soi-même. J'ai commencé ce voyage
« bien jeune ; voilà pourquoi je ne sais rien des livres.
« Mais êtes-vous plus savant que moi, vous qui habi-
« tez les bibliothèques? »

XVI

JEAN-BAPTISTE ROUSSEAU

1669—1741

Quand le vieux Rousseau vint mourant de Bruxelles remercier l'Académie, qui l'avait appelé à succéder à Dancourt, il arracha des larmes aux plus endurcis en disant ces vers avec la majesté du malheur :

> J'ai vu mes tristes journées
> Décliner vers leur penchant ;
> Au midi de mes années,
> Je touchois à mon couchant ;
> La mort, déployant ses ailes,
> Couvroit d'ombres éternelles
> La clarté dont je jouis ;
> Et dans cette nuit funeste,
> Je cherchois en vain le reste
> De mes jours évanouis.

Grand Dieu, votre main réclame
Les dons que j'en ai reçus :
Elle vient couper la trame
Des jours qu'elle m'a tissus.
Mon dernier soleil se lève,
Et votre souffle m'enlève
De la terre des vivants,
Comme la feuille séchée,
Qui de sa tige arrachée
Devient le jouet des vents.

Comme un tigre impitoyable,
Le mal a brisé mes os,
Et sa rage insatiable
Ne me laisse aucun repos.
Victime foible et tremblante,
A cette image sanglante
Je soupire nuit et jour ;
Et dans ma crainte mortelle,
Je suis comme l'hirondelle
Sous les griffes du vautour.

Ainsi de cris et d'alarmes
Mon mal sembloit se nourrir ;
Et mes yeux noyés de larmes
Étoient lassés de s'ouvrir.
Je disois à la nuit sombre :
O nuit, tu vas dans ton ombre
M'ensevelir pour toujours.
Je redisois à l'aurore :
Le jour que tu fais éclore
Est le dernier de mes jours.

On discutera longtemps encore sur la vie et sur les

vers de Jean-Baptiste Rousseau. A-t-il été exilé par un jugement inique? Est-il un grand poëte? Éternelles questions pour les oisifs littéraires. Pour moi, quand je passe devant Jean-Baptiste Rousseau, je salue sans m'arrêter, comme devant un ami douteux dont je ne sens pas le cœur et dont je n'aime pas l'esprit. Ce fut peut-être un grand poëte, mais un grand poëte sans poésie. Il accorda le violon sacré, mais il eut beau jouer d'une main savante, le violon n'avait pas d'âme pour lui.

A peine au sortir du collège, il s'annonça comme un écho du grand siècle; Boileau, qui allait mourir, disait : *Je laisse un fils*. En effet, Boileau passa pour ainsi dire sa royauté à Rousseau! C'était d'ailleurs le même esprit et le même horizon; c'était la même muse fuyant l'inspiration pour la grammaire et avec moins de grammaire.

Jean-Baptiste Rousseau a été proscrit pour d'infâmes couplets qu'il n'a point faits. Il est à peu près reconnu aujourd'hui que ces couplets étaient l'œuvre commune des habitués de ce fameux café Laurent, hanté par La Mothe, Saurin, Danchet, Crébillon, La Faye, Boindin. C'était surtout l'œuvre, je parle des plus odieux couplets, de cet ami de Boindin dont on ne sait plus le nom, qui, à l'heure de la mort, déclara au prêtre de sa paroisse les avoir composés, au temps même où Rousseau mourant dans l'exil appelait un prêtre et les reniait avant de recevoir le viatique*.

* Juste postérité, qui me fera connoître
Si mon nom vit encor quand tu viendras à naître?

Mais, si on efface une pareille tache à la robe blanche de cette muse, chrétienne avec tant de piété, profane avec tant d'impiété, il en reste une plus grande et qu'elle n'a point lavée sous les larmes de son repentir. Rousseau renia son père.

Il était le fils d'un cordonnier, un brave homme que le travail enchainait dans l'obscurité, mais qui avait le sentiment de la grandeur et de la lumière. La femme du cordonnier, une sainte femme, mit au monde beaucoup d'enfants et mourut quand elle eut épuisé sa dernière goutte de lait. Le père, se voyant deux fils, voua l'un à Dieu et l'autre à la poésie. Le plus poëte des deux, ce ne fut peut-être pas Jean-Baptiste Rousseau.

Donne-moi pour exemple à l'homme infortuné
Qui courbé sous le poids de son malheur extrême
Pour asile dernier n'a que l'asile même
    Dont il fut détourné.

Dis-lui qu'en mes écrits il contemple l'image
D'un mortel qui du monde embrassant l'esclavage,
Trouva, cherchant le bien, le mal qu'il haïssoit ;
Et qui dans ce trompeur et fatal labyrinthe,
De son miel le plus pur vit composer l'absinthe
    Que la haine versoit.

Le pinceau de Zeuxis, rival de la nature,
A souvent de ses traits ébauché la peinture ;
Mais du sage lecteur les équitables yeux,
Libres de préjugés, de colère et d'envie,
Verront que ses écrits, vrai tableau de sa vie,
    Le peignent encor mieux.

Il débuta au théâtre, à l'Opéra et à la Comédie, où, durant plusieurs années, on le reconnaissait poëte sans reconnaître son œuvre. Un soir pourtant le Théâtre-Français eut un succès avec le *Flatteur* Le cordonnier était au parterre et pleurait pendant que tout le monde riait.

Après la représentation, le brave homme emporté par son cœur se hasarda au foyer des comédiens, où l'auteur de la pièce était entouré comme un jeune prince des poëtes.

Lui, le père, tout en pleurant, il va pour se jeter dans les bras de son fils.

C'était la première joie sérieuse que le brave homme recueillait pour prix de toutes ses veilles. Et que va lui dire son fils? « Je ne vous connais pas, murmure Jean-Baptiste Rousseau. (Un père qui veut embrasser son fils!) — Ah! tu ne me connais pas! » dit le cordonnier en pâlissant comme s'il allait mourir sous cette parole parricide.

Et le cordonnier se détourna pour cacher le père d'un tel fils!

Non, tu n'étais pas un poëte, malgré tes odes sacrées, et si tu as été exilé trente ans, c'est que tu avais renié ton père comme Judas a renié son Dieu.

XVII

VAUVENARGUES

1715—1745

Le marquis de Vauvenargues a été le soleil couchant de Fénelon, — un de ces doux soleils couchants de la belle saison qui s'en vont sans nuages, comme s'ils étaient déjà en route pour l'infini, — un de ces mélancoliques adieux du ciel qui est tout lumière à la terre qui est toute ténèbres.

Ç'a été un penseur chrétien trempé aux sources vives de l'antiquité stoïcienne. Il avait pieusement fréquenté les douze apôtres; mais il n'oubliait pas qu'il avait vécu avec les sept sages de la Grèce.

Vauvenargues, qui était un simple homme de lettres, le fervent ami de Voltaire et des autres, devenait un grand seigneur en face de la grammaire. Il ne savait écrire que parce qu'il savait penser. Mais qu'est-ce que la grammaire pour ceux qui savent écrire — et même pour ceux qui ne le savent pas! — Et pourtant, dès que la pensée ne domine pas Vauvenargues, il n'a plus l'art d'enchaîner les mots ; sa coupe est belle quand elle est pleine, parce qu'elle ne montre que la pourpre du vin ; mais, quand elle n'est pas remplie, ce n'est qu'un verre grossier où les artistes de Venise et de Prague n'ont pas dessiné leurs folles et charmantes arabesques. « Qu'importe! s'écrie Vauvenargues; lorsqu'une pensée est trop faible pour porter une expression simple, c'est la marque pour la rejeter. »

Vauvenargues fut élu en remplacement de Jean-Baptiste Rousseau. Il s'était présenté avec Collé, Crébillon fils et Lagrange-Chancel. Mais il obtint la voix du cardinal de Luynes, du cardinal de Rohan-Soubise, du duc de Villars, du président Hénault, du cardinal de Bernis, du cardinal de Rohan, ce qui entraîna les serviles de l'Académie. Lagrange-Chancel n'eut pour lui que la voix de Maupertuis. Crébillon le Gai n'eut pas pour lui Crébillon le Tragique, mais il eut Fontenelle, Destouches, Danchet, Marivaux et deux ou trois inconnus. Collé était patroné par son ami le duc de Nivernais; il eut pour lui deux autres grands seigneurs, le maréchal de Richelieu et le duc de Saint-Aignan qu'il avait fait rire, mais Vauvenargues fut élu.

Il fit l'éloge de Rousseau dont il prenait le fauteuil, mais il fit surtout l'éloge de Le Sage qui devait lui succéder. « Glorifions les morts, dit-il, mais c'est une « maxime inventée par l'envie et trop légèrement

« adoptée par les philosophes, qu'il ne faut pas louer
« les hommes avant leur mort. Je dis au contraire
« que c'est pendant leur vie qu'il faut les louer, lors-
« qu'ils ont mérité de l'être. C'est pendant que la ja-
« lousie et la calomnie animées contre leur vertu et
« leur talent s'efforcent de les dégrader, qu'il faut oser
« leur rendre témoignage. Ce sont les critiques injustes
« qu'il faut craindre de hasarder, et non les louanges
« sincères. »

Vauvenargues n'aimait pas à parler de lui, quoiqu'il ne connût bien que lui-même. Il croyait trop à la gloire et à la vertu pour bien connaitre les hommes. On peut dire que son discours fut une parole d'Évangile, un sermon sur la montagne entre saint Paul et le vicaire savoyard. Ce fut là qu'il promulgua ces maximes d'une si haute probité littéraire : « *La clarté est la bonne foi*
« *des philosophes ! — La netteté est le vernis des maî-*
« *tres : elle épargne les langueurs et sert de preuve*
« *aux idées. — Socrate savait moins que Bayle: il y a*
« *peu de sciences utiles. — Il ne faut point juger des*
« *hommes par ce qu'ils ignorent, mais par ce qu'ils*
« *savent. — L'esprit est l'œil de l'âme, et non sa force.*
« *Sa force est dans le cœur, c'est-à-dire dans les pas-*
« *sions. Ne nous enorgueillissons pas si nous avons la*
« *raison, car elle nous trompe plus souvent que la na-*
« *ture.* » Ce fut là qu'il commenta par avance l'oracle de Buffon sur le style, avec une grandeur que le grand Buffon n'a pas atteinte : « *Les grandes pensées vien-*
« *nent du cœur. La délicatesse vient essentiellement de*
« *l'âme !* »

On se demande, en relisant l'histoire de cette vie trop tôt moissonnée, mais dont l'âme nous reste, qui fut le plus brave, de Vauvenargues soldat, affrontant le canon sur les champs de bataille de Moravie, ou de Vauvenargues philosophe, subissant avec un sourire perpétuel les éternelles angoisses de la mort dans la vie ?

Vauvenargues disait : « Qui méprise l'homme n'est « pas un grand homme. » Il a, lui, aimé l'humanité jusqu'en lui-même, malgré les souffrances inouïes qui l'avaient défiguré, qui avaient supprimé l'homme en face de la femme pour ne laisser vivre que « le plus « infortuné et le plus tranquille des mortels, » s'écriait Voltaire pleurant sur la tombe de son jeune ami, lui qui ne pleurait jamais. Et c'est là le plus grand éloge de Vauvenargues.

XVIII

LE SAGE

1668—1747

Noblesse oblige. C'est surtout dans la république des lettres, où l'esprit a toujours ses trente-six quartiers, que cette maxime a été fièrement inscrite. On disait devant Piron : « Passez, monsieur le marquis, c'est un poëte. — Puisque les qualités sont connues, je prends mon rang, » répondit Piron. Et il passa avant le marquis. La noblesse littéraire a toujours été ainsi défendue pied à pied et l'épée à la main quand il a fallu en venir aux armes. Combien de gens de lettres qui ont des titres et qui se contentent de leurs noms! — *Moi, dis-je, et c'est assez*. La duchesse de Bouillon tenait un bureau d'esprit; Le Sage y est appelé pour lire *Turcaret*. Il oublie l'heure, et, quand il paraît à la porte du salon, la duchesse, impatientée, lui reproche avec hauteur d'avoir fait perdre une heure à la compagnie. « Madame, dit Le Sage en relevant la tête, je vous ai fait perdre une heure, il est juste que je vous en fasse gagner deux : je n'aurai pas l'honneur de vous lire ma pièce. » En vain on le voulut retenir, il s'en alla fièrement. Chaque histoire de la vie des gens de lettres offre une pareille page. C'est qu'on n'est pas trempé aux sources vives de l'esprit sans avoir le respect de soi-même. Le poëte interprète et continue l'œuvre de Dieu ; il ne doit jamais déposer son orgueil. — Mais ceux-là dont vous me parlez, me direz-vous, ne vivaient que de pensions faites par les grands seigneurs. — Je pourrais répondre que ni Piron ni Le Sage ne savaient le nom de ceux qui les pensionnaient et qu'ils s'en inquiétaient peu, croyant n'avoir à remercier que des amis. J'aime mieux répondre que ces grands seigneurs qui pensionnaient les gens de lettres payaient tout simplement les frais du culte de l'esprit, comme les dévots payent à l'église les frais du culte de Dieu.

Lesage traversa la jeunesse orageuse des natures poétiquement douées. Il suivit les écoles de Bretagne et vint apporter à Paris le fruit encore vert de ses études ; mais sa voix se perdit dans cette tour de Babel, et il lui fallut retourner dans son pays, où il passa six années dans les fermes du roi, comptant beaucoup d'argent, mais sans y trouver la passion de l'argent. Il lui restait quelques débris de son patrimoine ; il revint à Paris et étudia le droit. Il prit bientôt le titre d'avocat, mais il paraît qu'il ne plaida pas même sa cause, car il lui fallut vivre au jour le jour; heureusement qu'il n'avait pas le souci du lendemain, — le lendemain, ce créancier débonnaire pour la jeunesse, qui passe toujours sa créance au surlendemain.

Le Sage en était là, ne sachant à quel dieu se vouer, quand une femme passa sur son chemin, une grande dame qui avait perdu un mari vieux et qui voulait le pleurer avec un mari jeune. Voilà Le Sage qui s'embarque à toutes voiles sur la mer agitée des passions; mais il avait oublié d'embarquer l'amour avec lui, ou plutôt l'amour fut noyé à la première tempête. C'est encore le privilége de cette noblesse de l'esprit, elle n'a pas d'argent et elle dédaigne l'argent. Le Sage peut épouser une fortune en épousant une femme, mais son cœur n'est pas là ; il revient sur le rivage, prêt à s'embarquer avec la première venue si celle-là garde mieux son cœur.

Qui le croirait? Ce fut rue de la Mortellerie que l'amour entraîna Le Sage, il quitta la femme de qualité et de quantité pour la fille d'un menuisier qui n'avait que sa beauté et sa vertu. Il l'épousa bravement à Saint-Sulpice et se trouva très-heureux de ne devoir rien à personne, même à sa femme.

Il avait confiance en son esprit. Cependant la quarantième année commençait à sillonner son front, et rien n'était encore sorti de là. Enfin, le soleil allait se lever! par un hasard étrange, il fut joué en même temps à la cour et à Paris. La cour donna raison à *Don César Ursin*, une comédie imitée de Calderon, et donna tort à *Crispin rival de son maître,* un petit chef-d'œuvre que Molière a oublié de faire. De son côté, Paris applaudit à outrance *Crispin rival de son maître* et siffla *Don César Ursin*. Il résulta de ces deux jugements beaucoup de bruit. Le Sage sortit de là déjà célèbre. La même année il imprima le *Diable boiteux*, cette satire transparente de ses contemporains ; un seul trait en dira tout le succès. Deux gentilshommes arrivent en même temps chez le libraire et demandent le *Diable boiteux*. « Messieurs, je n'en ai plus qu'un exemplaire. — C'est pour moi. — Non, c'est pour moi, car j'ai parlé avant vous. — Oui ; mais j'étais dans la boutique que vous étiez encore à la porte. — Je tiens l'exemplaire et ne le lâcherai qu'en pièces. — Messieurs, dit le libraire, je ne permettrai pas qu'on déchire un pareil livre. — Eh bien, le *Diable boiteux* vaut bien un coup d'épée, nous allons nous battre. — C'est dit, s'écria l'adversaire ; celui qui sera hors de combat sera hors d'état de lire le *Diable boiteux*, l'autre pourra donc l'emporter tout entier. » Et ils allèrent se battre sur le quai de la Tournelle. On ne connaît pas les suites de cette belle affaire, si ce n'est qu'elle consacra le succès du *Diable boiteux* et fit faire quelques éditions de plus.

Le Sage avait trouvé sa voie : le roman et la comédie. Mais il n'avait, pour ainsi dire, dans *Crispin rival de son maître* et le *Diable boiteux*, que signé la préface de ses deux chefs-d'œuvre, *Turcaret* et *Gil Blas*. Molière n'était pas mort. Saluons cette renaissance. A l'heure où Campistron couche la tragédie dans le cercueil, la comédie reprend l'éclat inespéré des beaux jours. Non-seulement elle est encore l'orgueil de la scène française, mais elle s'incarne dans le roman. Aujourd'hui elle inscrit *Gil Blas* sur son livre d'or, demain elle revendiquera les *Scènes de la vie parisienne*.

Le roi Louis XVI disait qu'il avait fallu à Beaumarchais plus d'esprit pour faire jouer le *Mariage de Figaro* que pour l'écrire ; on pouvait en dire autant de Le Sage et de *Turcaret*. Les agioteurs du temps, connus alors sous le nom de traitants et de maltôtiers, se mirent en campagne contre la pièce qui allait dévoiler leurs manœuvres. Ils craignaient ce coup de théâtre comme le coup de la mort; ils commencèrent par cabaler auprès du pouvoir; mais l'ancienne monarchie, il faut le reconnaître, a toujours eu la comédie en respect. Les financiers tentèrent une autre campagne ; ils allaient beaucoup à la Comédie ; ils avaient des intelligences dans la place, c'est-à-dire que plus d'un de ces messieurs payait le carrosse de plus d'une de ces dames. Ils s'imaginèrent qu'avec quelques poignées d'or on aurait raison de toute cette bohème. A cet effet, les comédiens et les comédiennes furent conviés à un souper olympien où on devait, au dessert, passer parmi les bonbons, des bijoux et des écus d'or, tout en parlant de la pièce de Le Sage. Le plus éloquent aurait dit, entre autres belles choses, qu'il était impossible qu'un corps illustre comme celui des financiers fût bafoué sur la scène française pour être agréable à un méchant auteur digne des tréteaux de la foire. Passe encore pour les médecins et les gens de loi;

Molière, le grand Molière, en avait fait justice ; mais lui-même, quelque franches que fussent ses coudées, n'avait osé s'attaquer à un pareil colosse, parce qu'il avait trop d'esprit pour ne pas reconnaître que battre en brèche la finance, c'est battre en brèche la nation elle-même. Or, le Démosthène des financiers n'eut pas à prononcer son discours ; les comédiens, sachant de quoi il était question, refusèrent de souper en pareille compagnie ; les comédiennes soupèrent ; mais quand on vint à les prier de ne pas jouer dans la pièce de Le Sage, elles parlèrent de leur devoir. « Et d'ailleurs, dit l'une d'elles, mademoiselle Quinault, je donnerais trente-six financiers pour un rôle. » Il restait à ces messieurs une dernière ressource, c'était d'obtenir de l'auteur qu'il retirât sa pièce. On alla donc à lui armé d'un blanc seing qui achetait alors toutes les consciences. « Monsieur Le Sage, lui dit l'ambassadeur, si vous voulez retirer votre comédie du Théâtre-Français, vous pourrez inscrire sous cette signature le chiffre de votre fortune, cent mille livres, par exemple. » Le Sage avait accueilli très-gracieusement le plénipotentiaire. « Mon cher monsieur, lui dit-il après avoir soulevé la feuille de papier, qu'est-ce que cela en comparaison des applaudissements ou même des sifflets de ce bon public parisien ? Vous pouvez juger, en regardant autour de vous, que je suis pauvre ; mais cet enfant que vous voyez là-bas ne manque pas de lait dans son berceau. Avez-vous plus de lumière par votre fenêtre que je n'en ai par la mienne ? Le soleil visite plus souvent la table où j'écris que la table où vous comptez votre argent, car je suis logé plus haut que vous; vous venez me voir en carrosse, mais vous venez me proposer un marché infâme; moi, je sors à pied, mais je ne vais jamais que là où m'appellent mon cœur ou mon esprit. Tout compte fait, je suis plus riche que vous, et je refuse. »

On sait le reste. Les financiers ne s'en tinrent pas là, et *Turcaret* ne serait pas encore joué peut-être sans un ordre de Monseigneur du 13 octobre 1708, consigné sur le registre de la Comédie-Française.

Avant Le Sage il n'y a que Molière, après Le Sage il n'y a que Beaumarchais. Que dis-je Beaumarchais! après Le Sage il y a Le Sage. Après *Turcaret*, c'est *Gil Blas*.

Le dix-huitième siècle, — le plus beau siècle qui, depuis l'ère chrétienne, ait passé sur le monde, — a produit les trois meilleurs romans de la langue française : *Gil Blas, Candide, Manon Lescaut*. La satire, l'ironie, la passion, sont l'âme immortelle de ces trois chefs-d'œuvre. Jamais on n'a mieux raconté l'histoire familière de l'humanité. Pour quelques esprits libres qui osent dire tout ce qu'ils pensent, il n'y a pas loin de ces trois Odyssées à celle d'Homère[*].

Lesage et l'abbé Prévost, dédaignés par l'Académie, vivaient du temps de Campistron; or, au temps de

---

[*] Un philosophe contemporain, qui a beaucoup pratiqué les femmes, s'est toujours consolé aux jours de trahison en lisant *Gil Blas*. C'est, selon son expression, le médecin du cœur; et il conseille à tous ceux qui tombent dans les mélancolies de la passion *Gil Blas*, où ils retrouveront toujours le rire, ce coup de soleil de l'esprit.

Campistron, qu'était-ce que deux romanciers qui n'avaient jamais écrit de tragédies? L'Académie abandonnait *Gil Blas* et *Manon Lescaut* aux filles d'Opéra et aux écoliers.

Lesage, comme Molière et La Fontaine, ne se doutait pas qu'il eût au cœur le génie français. Il fut un grand écrivain sans le savoir, car en son temps on n'était un homme de génie qu'à la condition d'être tout à la fois Grec, Romain et Français, ou de tomber dans les recherches du bel esprit. C'était le règne de Dacier, c'était le règne de Fontenelle : heureusement pour Lesage qu'il n'étudiait qu'en Espagne, un nouveau monde où déjà Corneille avait découvert des mines d'or ; *Gil Blas* était puisé à pleines mains dans une mine d'argent. Cette mine d'argent était, selon Voltaire, le romon espagnol : *la Vida del escudero don Marcos de Obrigo*. Mais Voltaire n'avait lu ni le roman espagnol ni le roman français. Voltaire ne savait-il pas que *Gil Blas* est une satire de mœurs contemporaines ? Le Sage s'est servi des romans espagnols comme un navigateur des cartes de géographie.

C'est surtout à la Comédie-Française et à la Comédie-Italienne que Le Sage traduisit *Gil Blas* ; c'est par le cœur des comédiennes qu'il apprit à connaître la comédie humaine qui se joue dans son livre.

Comment, d'ailleurs, a-t-on pu croire sérieusement au père Isla et à ses compères de Paris? Gil Blas est, pour son malheur, trop peu espagnol. Il n'a rien de cette hauteur, de ces dédains, de ces passions, qui ont leur écho jusque dans les proverbes de Sancho Pança.

Les réalistes d'aujourd'hui pensent avoir inventé le réalisme. Il y a longtemps que Le Sage les a dépassés. Son livre, ce n'est pas le poëme de Calderon ou de Cervantes, c'est le roman de Le Sage, c'est l'histoire de la société étudiée par un regard clairvoyant, mais qui ne regarde pas en haut. Gil Blas est plus vrai que Werther et que René. Tant mieux pour la gloire de Le Sage, qui a réussi le portrait; mais tant pis pour l'humanité, qui a posé devant Le Sage. Tant pis surtout pour ceux qui cherchent dans *Gil Blas* un code ou un catéchisme. Le Sage était un conteur et non un moraliste. Gil Blas, *médiocre, rampant, et arrivant à tout*, ce n'est pas un type, c'est tout simplement le premier rôle de cette comédie d'aventures, satire railleuse, mais non austère, imbroglio arrangé à souhait pour la distraction de l'auteur, de l'acteur et du spectateur.

La vie de Le Sage ne contredit-elle pas la moralité que les gens immoraux vont chercher dans son œuvre? Le Sage, vivant de sa dignité à travers tous les soupers des comédiennes et des grands seigneurs; Le Sage, mourant dans la religion de Jésus sous le toit sanctifié de son fils le chanoine, c'est la marque que l'esprit de Dieu, absent dans ses livres, a répandu sur sa vie la douce lumière qui égaye l'âme comme un reflet du Beau et du Bien.

XIX

D'AGUESSEAU

1666—1751

Quand d'Aguesseau parla aux quarante, les beaux esprits avaient peur d'un réquisitoire contre les grâces de l'imagination, en faveur de la raison sévère ; mais le plus austère chancelier de France avait gardé l'amour des fraîches images. Le génie est toujours jeune comme les Dieux.

« Messieurs, dit d'Aguesseau, sans l'art du raison-
« nement, la rhétorique est un fard qui corrompt les
« beautés naturelles.

« La connaissance de l'homme nous apprend qu'elles
« sont comme les routes faciles et, si l'on peut s'ex-
« primer ainsi, les avenues de l'esprit humain. Mais,
« attentif à ne pas confondre les moyens avec la fin,
« il ne s'y arrêtera pas trop longtemps. Il se hâtera
« de les parcourir avec l'empressement d'un voya-

« geur qui retourne dans sa patrie ; on ne s'apercevra
« point de la sécheresse des pays par lesquels il aura
« passé ; il pensera comme un philosophe et il par-
« lera comme un orateur.

« Pour convaincre, il suffit de parler à l'esprit ; pour
« persuader, il faut aller jusqu'au cœur. La conviction
« agit sur l'entendement, et la persuasion sur la vo-
« lonté. L'une fait connaître le bien, l'autre le fait ai-
« mer ; la première n'emploie que la force du rai-
« sonnement, la dernière y ajoute la douceur du
« sentiment, et si l'une règne sur les pensées, l'autre
« étend son empire sur les actions mêmes.

« Maîtres dans l'art de parler au cœur, ne craignez
« pas de manquer jamais de figures, d'ornements et
« de tout ce qui compose cette innocente volupté dont
« l'écrivain ou l'orateur doit être l'artisan.

« Ceux qui n'apportent qu'une connaissance impar-
« faite, pour ne pas dire une ignorance entière de la
« morale, peuvent craindre de tomber dans ce défaut :
« destitués du secours des choses, ils recherchent am-
« bitieusement celui des expressions, comme un voile
« magnifique, pour cacher la disette de leur esprit et
« paraître dire beaucoup plus qu'ils ne pensent.

« Mais ces mêmes paroles, qui fuient ceux qui les
« cherchent uniquement, s'offrent en foule à un orateur
« qui s'est nourri pendant longtemps de la substance
« des choses mêmes. L'abondance des pensées pro-
« duit celle des expressions, et les armes qui ne sont
« données au soldat que pour vaincre, deviennent son
« plus bel ornement.

« Mais telle est la nature de l'esprit humain, qu'il
« veut que la raison même s'assujettisse à lui parler
« le langage de l'imagination. La vérité simple et né-
« gligée trouve peu d'adorateurs ; le commun des
« hommes la méconnaît dans sa simplicité ou la mé-
« prise dans sa négligence. Leur entendement se fati-
« gue en vain à tracer les premiers traits du tableau
« qui se peint dans leur âme ; si l'imagination ne lui
« prête ses couleurs, l'ouvage de l'entendement n'est
« souvent pour eux qu'une figure morte et inanimée ;
« l'imagination lui donne la vie et le mouvement. La
« conception pure, quelque lumineuse qu'elle soit,
« fatigue l'attention de l'esprit ; l'imagination le dé-
« lasse et revêt tous les objets de qualités sensibles,
« dans lesquelles il se repose agréablement.

« C'est l'imagination qui a élevé l'empire de l'élo-
« quence et qui lui a soumis tous les hommes ! C'est
« par son moyen que l'orateur fait approcher si près
« de notre âme les images de tous les objets. Elle sub-
« stitue, pour ainsi dire, les choses aux paroles ; ce
« n'est plus l'orateur, c'est la nature qui parle ; l'imi-
« tation devient si parfaite qu'elle se cache elle-même,
« et par une espèce d'enchantement, ce n'est plus une
« description ingénieuse, c'est un objet véritable que
« l'auditeur croit voir, croit sentir et se peindre lui-
« même.

« Ces miracles de l'art sont des effets de ce pouvoir
« naturel que la connaissance de l'imagination donne
« à l'orateur sur l'imagination même. Il n'appartient
« qu'à lui de faire ce choix si difficile entre les beautés

« différentes, de savoir quitter le bien pour prendre
« le mieux, d'enlever, pour ainsi dire, et de cueillir
« la première fleur des objets qu'il présente à l'esprit,
« et d'attraper dans la peinture qui se fait par la pa-
« role ce jour, cette lumière, ce moment heureux que
« le grand peintre saisit et que le peintre médiocre
« cherche inutilement après qu'il a passé.

« Le caractère le plus ordinaire de ceux qui déplai-
« sent aux autres est de se plaire trop à eux-mêmes.
« Heureux celui qui a commencé par se déplaire pen-
« dant longtemps, qui a pu être frappé plus vivement
« de ses défauts que ses propres ennemis, et qui a
« éprouvé dans les premières années de sa vie l'utile
« déplaisir de ne pouvoir jamais se contenter lui-
« même ! Il semble que la nature ne lui donne cette
« inquiétude que pour lui faire mieux goûter le plaisir
« du succès, et que ce soit à ce prix qu'elle lui fasse
« acheter la gloire qu'elle lui prépare.

« La jeunesse peut se permettre pour un temps l'a-
« bondance des figures, la richesse des ornements et
« tout ce qui compose la pompe et le luxe de l'élo-
« quence ; cette heureuse témérité, ces efforts hardis
« d'une éloquence naissante sont les défauts de ceux
« qui sont destinés aux grandes vertus. Un style sec et
« aride est odieux dans la jeunesse par la seule affecta-
« tion d'une sévérité prématurée. Malheur à ces génies
« ingrats et stériles qui prennent la sécheresse pour
« la justesse d'esprit, la disette pour la modération,
« la faiblesse pour le bon usage de ses forces, et qui
« croient que la vertu consiste à n'avoir point de vices !

« Il viendra un âge plus avancé qui retranchera
« cette riche superfluité; le style de l'orateur vieillira
« avec lui, ou, pour mieux dire, il acquerra toute la
« maturité sans perdre la vigueur. Et s'il a osé être
« jeune en son temps il ne manquera pas même alors
« de grâces et d'ornements, mais ces grâces seront
« austères, ces ornements seront graves et majes-
« tueux. »

Les quarante avouèrent qu'on n'avait pas depuis longtemps si bien parlé à l'Académie. Et d'Aguesseau écrivait comme il parlait. « Le défaut de votre discours est d'être trop beau, lui dit Crébillon, qui aimait les beautés incultes. — Je comprends, dit d'Aguesseau, c'est que je l'ai trop retouché. »

L'Hôpital, d'Aguesseau, Malesherbes, qui donc a dit que la noblesse de robe était faite d'étoffe légère? Autant vaudrait dire que l'éloquence, le caractère, la grandeur n'ont pas de parchemins. *D'Aguesseau :* Noblesse de robe, dit d'Hozier. Oui, mais cette robe habille un grand cœur et un grand esprit.

Ce grand homme, qui avait été l'âme de trois gouvernements, qui avait été le labeur de toute la semaine sans avoir le dimanche pour se reposer, d'Aguesseau mourut pauvre; il ne légua que son nom à ses enfants, noble héritage d'un homme du pouvoir! On l'a vu à ses derniers jours, sa bêche à la main, cultiver lui-lui-même sa petite terre de Fresne.

Pour l'auteur de ce livre, le nom de d'Aguesseau sollicite un culte tout familial. Son arrière-grand'mère se nommait Marie d'Aguesseau. Toutefois le chancelier aimait trop la vérité pour que je ne rappelle pas qu'il a défendu l'impression de Newton transcrit par Voltaire. Mais il a autorisé la publication de l'*Encyclopédie*.

Combien de choses il savait mieux que les plus savants parmi les encyclopédistes, à commencer par l'homme et à finir par Dieu!

XX

LE DUC
DE SAINT-SIMON
1675—1755

Puisque l'Académie admettait des grands seigneurs parmi ses poëtes, ses historiens et ses savants, pourquoi oubliait-elle des hommes comme La Rochefoucauld, Vauvenargues et Saint-Simon? Faut-il donc, pour être tout à fait grand seigneur, n'avoir jamais rien écrit? C'était l'opinion de Voltaire, qui disait en parlant du maréchal de Richelieu : « Mon héros ne sait pas l'orthographe; vous verrez qu'il sera de l'Académie avant moi. » En effet, le duc de Richelieu fut reçu académicien vingt-cinq ans avant Voltaire.

Il y a des lignées dans les lettres, Montaigne a la sienne : de Montaigne à Saint-Évremont, de Saint-Évremont à Voltaire, de Voltaire à Béranger. Ronsard a la sienne : de Ronsard à Saint-Amand, de Saint-Amand à La Fontaine, de La Fontaine à Chénier, de Chénier à Victor Hugo. La famille de Gerson, c'est Pascal, c'est Fénelon, c'est Ballanche. Les aïeux littéraires de Saint-Simon se nomment Villehardouin, Joinville, Montluc, d'Aubigné ; sa descendance, c'est Mirabeau, l'ami des hommes, c'est Chateaubriand, l'ennemi des hommes. Ne représentent-ils pas tous ce dédain superbe, cette vaillantise un peu bruyante, cette parole qui a le mors aux dents, des seigneurs caparaçonnés dans leur droit féodal, même quand ils ont l'air d'en faire bon marché ? N'ont-ils pas tous également cette audace à tout dire, cet art inné de bien dire et cette grâce fanfaronne pour médire ? Ne s'arrogent-ils pas avec un pareil bonheur le droit de juger les hommes et de créer les mots, comme si, la plume à la main, ils se croyaient encore dans leur cour de justice ?

Le duc de Saint-Simon fut un écrivain grand seigneur qui méprisait les lettres et les gens de lettres. Il affectait de ne pas savoir l'orthographe ni la grammaire. Il voulait faire croire qu'il écrivait avec son épée. Pour lui, tous les titres du genre humain, c'étaient des titres de noblesse. Il aurait consenti à brûler l'*Iliade* pour avoir un parchemin de plus. Dans son dédain superbe, il ne voyait en France que la noblesse, et il ne voyait que lui dans la noblesse. Il daignait à peine reconnaître Louis XIV comme son souverain. Il n'accepta d'amitié que celle du duc d'Orléans, ce fanfaron de vices, selon le mot de Louis XIV, qui avait çà et là le style de Saint-Simon. Il faut dire que Saint-Simon ne fut jamais un roué de la Régence et qu'il reprenait hardiment le duc d'Orléans au sortir de ses saturnales.

Ce grand dédain de Saint-Simon fait souvent son génie; il juge de haut ses contemporains avec je ne sais quel accent impitoyable qui est aussi l'expression de l'histoire. Il n'aime personne, mais il hait bien; il est étincelant dans sa colère : la vérité taille sa plume, et Satan la trempe dans le feu de l'enfer. Il y a là du Tacite, du Suétone et du Juvénal; il croit n'être qu'un chroniqueur, il est un historien; il se vante de ne savoir pas écrire, et il écrit mieux que les écrivains de profession : ce qui prouve une fois de plus qu'on peut sauter impunément par-dessus la grammaire et s'abandonner à son esprit quand on en a.

Comme il peint à grands traits, quelquefois d'un seul trait! Il ose voir en face Louis XIV; pour lui, ce n'est qu'un roi de théâtre, un tyran de consciences, un furieux de gloire, un maître impitoyable dont les fêtes étonnent le monde et dont le peuple meurt de faim.

Chateaubriand disait de Saint-Simon : « Il écrit à la diable pour l'immortalité. » Il serait plus juste de dire qu'il écrit comme le diable. Chateaubriand, qui n'écrivait pas à la diable, a été souvent assez heureux pour rencontrer des touches à la Saint-Simon. Par exemple, quand il peint cette dernière période de la vie de Louis XV où il ne reste plus au roi que « le Parc aux Cerfs, l'oreiller de ses débauches. »

Molière venait de créer son *Misanthrope* quand naquit le duc de Saint-Simon, qui semble s'être incarné dans la création du poëte. Le duc de Saint-Simon n'est pas seulement un Alceste, c'est un Molière. Il est de la famille de ces esprits imprévus qui viennent tout d'une pièce, qui n'ont point eu de maître et qui n'auront point de disciples.

A une époque où l'Académie, à force de zèle grammatical, avait énervé la langue, où Campistron succédait à Racine, il n'y avait qu'un génie hors ligne qui pût retremper fièrement la langue dans les sources vives de la pensée et dans les hardiesses de l'expression, sans souci des grammaires, des rhétoriques et des arts poétiques. Saint-Simon a osé saluer la vérité en pleine cour de Louis XIV : « La vérité ! s'écrie-t-il, je l'ai aimée jusque contre moi-même. »

Il n'y a qu'une chose qui l'aveugle : c'est sa noblesse ; il la fait remonter à Charlemagne. Je lui accorde volontiers qu'il descend en droite ligne de Pharamond. Il y a en lui je ne sais quel accent royal et barbare ; on pourrait même dire de son style que c'est Attila qui marche à la victoire avec ses légions indisciplinées, lances sanglantes et panaches au vent.

Ce n'est pas le peintre Le Brun qui est le peintre de Louis XIV ; tous ses tableaux académiques s'effacent sous la vive lumière que répand cette fresque jetée à l'aventure à grands coups de pinceau par un disciple de Michel-Ange, qui voulait faire aussi son jugement dernier, moins l'allégorie. Saint-Simon ne peut être comparé qu'aux grands maîtres ; il est familier, mais il est épique ; il a des pantoufles à ses pieds, mais il a une couronne de chêne sur sa tête.

On le poussa malgré lui au quarante et unième fauteuil quand mourut Lesage, un autre grand peintre qui aimait aussi la vérité.

Dans son discours, il s'efforça de parler des lettres et des gens de lettres, quoique ce ne fût pas son thème favori. Aussi il ne put se dépouiller de son haut dédain.

« Je ne fus jamais un sujet académique ; je n'ai pu
« me défaire d'écrire rapidement. Je ne suis pas de
« ces beaux esprits qui cultivent des phrases dans une
« jardinière. Quand je cueille des fleurs de beau lan-
« gage, c'est par bonne fortune de promeneur. Mais
« je ne m'attache pas à si peu : les roses ne sont que
« des roses. Laissons cela aux galants et aux poëtes,
« et vivons penchés sur les événements, pour y décou-
« vrir les leçons qu'y met la Providence.

« J'ai connu quelques poëtes, mais de loin. J'ai ren-
« contré M. de La Fontaine vers la fin de sa vie ; il est
« connu à bon droit pour ses fables et ses contes, mais
« c'était bien l'homme du monde le plus lourd en con-
« versation. Il a donné de l'esprit aux bêtes et n'en a
« point gardé pour lui. A la première entrevue, je me
« suis promis de le lire et de ne plus le voir. J'aimais
« mieux M. Boileau, qui excellait dans la satire, quoi-
« que ce fût un des meilleurs hommes du monde. Je
« ne le voyais pas pourtant sans défiance, tant j'ai peur
« de la grammaire. J'ai vu aussi M. Molière, mais sur
« son théâtre, où il ne faisait pas valoir l'esprit de

« ses pièces. Il a mis plus d'une fois la main sur un
« caractère et nous l'a jeté vivant en nature; il savait
« voir les hommes, témoin l'abbé de La Roquette, qui
« a eu la complaisance de poser devant lui pour le
« *Tartufe.*

« Je n'ai pas connu M. de Voltaire, qui est aujour-
« d'hui un des vôtres, quoique son père, M. Arouet,
« ait été notaire de mon père et de moi jusqu'à sa
« mort. Le fils est aujourd'hui un personnage dans la
« république des lettres, sous le nom de Voltaire, ce
« qui n'est pas très-filial, mais ce qui est plus harmo-
« nieux. J'entends encore le père, qui m'apportait un
« acte à signer, me parler des libertinages de son fils.
« Allez, allez, lui dis-je, c'est ce qui fera sa fortune
« dans le monde où nous sommes. »

L'Académie, qui n'était pas habituée à de pareilles impertinences, se mordit les lèvres, mais n'osa protester. Le duc de Saint-Simon continua son discours sans s'inquiéter des marques d'assentiment ou des murmures. Il raconta à bâtons rompus l'histoire de son prédécesseur. Il fit l'éloge de la vérité, disant : « J'ai
« osé l'aimer à la cour, j'oserai l'aimer en l'Académie,
« car moi, je ne suis pas comme Boileau, qui faisait
« un dithyrambe sur le passage du Rhin, ni comme
« Racine, qui caressait le cœur de son roi dans les
« allégories diaphanes de ses tragédies. Ce pauvre Ra-
« cine! il n'a dit qu'une fois la vérité, et il en est
« mort. Je l'aimais, celui-là, car il n'avait rien du poëte
« dans son commerce. Je vais vous conter comment il
« est mort pour avoir dit la vérité. Louis XIV s'en-

« nuyait quelquefois chez madame de Maintenon, le
« vendredi par exemple. Quand il n'avait point de
« ministre et que l'hiver l'enchaînait au coin du feu
« dans la prison du paravent, on envoyait chercher
« Racine pour s'amuser. Malheureusement pour lui, il
« était sujet à des distractions fort grandes. Il arriva
« qu'un soir qu'il était chez le roi et madame de
« Maintenon chez elle, la conversation tomba sur les
« théâtres de Paris. Après avoir épuisé l'Opéra, on
« tomba sur la comédie. Le roi s'informa des pièces
« et des acteurs, et demanda à Racine pourquoi, à ce
« qu'il entendait dire, la comédie était si fort tombée
« de ce qu'il l'avait vue autrefois. Racine lui en donna
« plusieurs raisons, et conclut par celle qui, à son
« avis, y avait le plus de part, qui était que, faute
« d'auteurs et de bonnes pièces nouvelles, les comé-
« diens en donnaient d'anciennes, et, entre autres, ces
« pièces de Scarron, qui ne valaient rien et qui rebu-
« taient tout le monde. A ce mot, la pauvre veuve
« rougit, non pas de la réputation du cul-de-jatte atta-
« quée, mais d'entendre prononcer son nom, et devant
« le successeur. Le roi s'embarrassa ; le silence qui se
« fit tout à coup réveilla le malheureux Racine, qui
« sentit le puits dans lequel sa funeste distraction le
« venait de précipiter. Il demeura le plus confondu
« des trois, sans plus oser lever les yeux ni ouvrir la
« bouche. Oncques depuis, le roi ni madame de Main-
« tenon ne parlèrent à Racine, ni même le regar-
« dèrent. Il en conçut un si profond chagrin, qu'il en
« tomba en langueur et ne survécut pas. Le tort de

« ce poëte, ç'a été de jeter son génie à genoux aux
« pieds de la gouvernante, qui n'a jamais été la
« reine. Quand j'étais enfant, monsieur mon père
« me fit prêter, à Saint-Denis, sur le tombeau du roi
« Louis XIIIe, serment de fidélité perpétuelle à cette
« royauté à laquelle nous tenons de près depuis Char-
« lemagne; mais il m'eût voulu mal de mort si j'avais
« été l'amuseur de madame veuve Scarron. Ce qui a
« manqué aux auteurs de ce temps, ce ne sont pas les
« livres : ils en ont trop lu; ce ne sont pas les manu-
« scrits : ils ont trop paperassé; c'est ce don de la race
« qui sauvegarde l'âme et lui défend de déchoir. »

Duclos répondait ce jour-là au duc de Saint-Simon.
Il protesta avec mesure, mais avec fierté, contre ces
jugements féodaux. « Depuis quand, s'écria-t-il, l'esprit
n'a-t-il pas en naissant ses titres de noblesse? Notre
aïeul Homère nous a transmis un héritage moins périssable que celui de votre ancêtre Charlemagne, monsieur le duc. »

XXI

L'ABBÉ PRÉVOST

1697—1765

Quand l'abbé Prévost se présenta à l'Académie, il vit passer trop de carrosses devant lui. C'était le temps où Duclos disait : « Il me semble que nous nous enducaillons beaucoup. »

Au temps de ses visites, l'abbé Prévost rencontra sur son chemin Dumarsais * et Fréron. Manon Lescaut

---

* Fontenelle disait de Dumarsais : « C'est le nigaud le plus spirituel et l'homme d'esprit le plus nigaud que je connaisse. » Dumarsais était en effet le La Fontaine des grammairiens. Il avait la belle bêtise du génie, mais plus de bêtise que de génie. Sa mère était romanesque, il devint grammairien. Rien n'est plus logique, puisque la vie est une chaîne de contrastes. Dumarsais consentit à être de l'Académie à la condition de ne jamais écrire un mot pour le dictionnaire. Et pourtant, comme plus tard Nodier, il était le philosophe et le poëte de la grammaire.

lui dit qu'il avait tort de se présenter, parce qu'il était impossible qu'un faiseur de romans fût admis dans une pareille assemblée. Mais l'abbé de Voisenon rassura l'abbé Prévost : de Manon Lescaut à madame Favart, il n'y avait qu'un ciel de lit. Au temps de l'abbé Prévost, les abbés étaient d'aimables païens, qui vivaient gaiement en dehors de l'Église. Ils comprenaient autrement qu'aujourd'hui le sens de l'Écriture. Ils allaient à la cour, au bal, à l'Opéra ; ils se masquaient et couraient les aventures ; ils priaient Dieu — après souper.

Duclos, qui avait une influence salutaire dans l'illustre corps, gagna quatre voix à l'abbé Prévost. Mais il ne put gagner Buffon à cette bonne cause. Buffon vota pour Dumarsais. Lefranc de Pompignan vint tout exprès de Pompignan, avec son esprit de Pompignan, donner sa voix à Fréron, son critique ordinaire. Voltaire, qui ne vota guère à l'Académie, mais qui vota beaucoup à Ferney, donna sa voix à l'abbé Prévost. Le duc de Richelieu, sur la promesse de Dumarsais que le grammairien lui apprendrait l'orthographe, lui donna sa voix comme s'il eût été lui-même un grammairien. Dumarsais eut encore pour lui d'Alembert ; mais le soir même le géomètre paya cher, quand il fut seul avec mademoiselle de Lespinasse, ce vote sacrilége pour un amoureux. Sainte-Palaye, le troubadour, ne trouvant pas que Desgrieux continuât assez Amadis, donna sa voix à Fréron, qui ne continuait rien du tout.

Gresset aussi vota pour Fréron, Gresset qui ne savait pas lire en prose, et pourtant lui aussi aurait pu rencontrer Manon à Amiens ; mais Vert-Vert ne faisait pas l'amour comme Desgrieux. Marivaux, le journaliste et le critique de la passion, vota pour Fréron, le journaliste et le critique de l'esprit. Fréron eut encore l'abbé Trublet. Watelet, l'art de peindre, qui ne savait pas peindre, donna sa voix à Dumarsais, l'art d'écrire, qui ne savait pas écrire. De Le Batteux à Dumarsais il n'y avait que la main. Moncrif vota une fois de plus, puisqu'un romancier était en cause, pour les égarements du cœur et de l'esprit.

L'abbé Prévost, c'est déjà Bernardin de Saint-Pierre, c'est déjà Chateaubriand, c'est déjà René allant chercher dans le sanctuaire embaumé des savanes, auprès du tombeau d'Atala, un dictame pour son inconsolable cœur. Au dix-huitième siècle, la grande nature des tropiques était pour les poëtes ce que l'Orient est pour nous, une zone idéale où l'on voyage avec ses plus chères rêveries. Bernardin de Saint-Pierre fait naître son héroïne dans un paysage pareil à celui où l'abbé Prévost fait mourir la sienne. Ces deux romans se tiennent par la même poésie de l'amour aux deux extrémités du cœur. Virginie, qui meurt dans toute sa pureté, est pourtant la sœur de Manon Lescaut, qui meurt sous sa couronne de roses profanées, mais qui se sauve à force d'amour.

L'abbé Prévost représente tour à tour dans sa vie Desgrieux et Tiberge ; ces deux caractères de son roman peignent, avec tout l'accent de la vérité, les deux natures qui se combattaient sans relâche dans ce cœur si brûlant et si faible! Desgrieux et Tiberge, c'est l'action et la réaction, le flux et le reflux, la folie qui s'échappe au galop comme une cavale sauvage, la raison qui la saisit à la crinière et la dompte en la carressant. L'abbé Prévost n'a pu exprimer les contradictions de son cœur qu'en se peignant sous deux figures contrastantes, mais reconnaissables à un air de famille.

Quelle physionomie poétique, romanesque, invraisemblable! Trois fois bénédictin, deux fois soldat, longtemps exilé, toujours amoureux, mort assassiné par un médecin qui voulait le sauver! Il allait de la cellule au corps de garde, du corps de garde au cabaret, du cabaret à la cellule, pour reposer sur le marbre de l'autel ses lèvres profanées par la fille de joie. Comment celui-là aurait-il eu le temps de songer à l'Académie? Sa vie était un roman et un voyage; ce qu'il écrivait dans ses livres, la passion l'écrivait dans son cœur.

Son discours de réception ne fut pas un compliment en l'honneur du cardinal de Richelieu. Il fit l'éloge de Madeleine, qui ne mourut repentante que pour revivre en Dieu. L'Académie ne comprenait pas alors la poésie de l'Évangile. M. de Buffon se réveilla vers la fin du discours et demanda son carrosse.

Manon a fait la douleur et l'immortalité de son amant-poëte, mais n'a-t-elle pas empêché d'apercevoir tant de sœurs charmantes et attendries que l'abbé Prévost lui avait données dans le cadre de ces belles histoires: *La jeune Grecque, Cleveland* et *le*

Doyen de Killerine? N'a-t-elle pas empêché, avec ses échelles de rubans et les feux de ses diamants, larmes cristallisées, d'admirer le bénédictin dans sa cellule, travaillant pour sa bonne part à cette œuvre immense de la *Gallia christiana?* N'a-t-elle pas empêché de saluer le journaliste encyclopédique, toujours prêt aux aventures de la lutte quotidienne, et voyageant dans l'histoire des voyages, quand il n'a pas assez d'argent pour fréter le vaisseau des passions?

Ce qui a couronné l'œuvre de l'abbé Prévost, c'est ce rayon de poésie tombé du soleil des déserts sur le sable qui recouvre à jamais ce qui fut Manon Lescaut. Sans l'Océan, sans la Louisiane, sans cette douleur suprême de Desgrieux, idéalisée par ce paysage qui touche à l'infini, Manon ne vaudrait guère plus que toutes ces filles de Saint-Lazare qui s'en vont tous les jours et tous les soirs dans la fosse commune du cimetière, du roman et du vaudeville.

XXII

MALFILATRE

1733—1767

A la mort de l'abbé Prévost, l'Académie pouvait choisir entre un poëte et un philosophe, entre Malfilâtre et Helvétius.

Il y a toute une histoire de Malfilâtre dans ce beau vers de Gilbert :

> La faim mit au tombeau Malfilâtre ignoré.

Pour parler en prose, Malfilâtre n'a pas été mis au tombeau par la faim : c'est l'amour qui, à trente-quatre ans, l'a arraché des bras des trois Grâces pour le jeter dans les bras des trois Parques.

Malfilâtre était ignoré à sa mort, mais son épitaphe a été écrite par la postérité elle-même. Il en sera ainsi d'Hégésippe Moreau et de tous ceux qui n'ont éveillé la curiosité littéraire qu'au bruit de leurs funérailles. « Qui est-ce qui chante là-bas? — Qu'importe! je n'ai pas le temps de faire de nouvelles connaissances, » dit le public indifférent. « Qui est-ce qu'on enterre là-bas? — C'est un poëte qui n'avait pas de place au soleil des poëtes. — Ah! dit le public, si j'avais su qu'il y eût un poëte du nom de Malfilâtre, de Gilbert ou d'Hégésippe Moreau! » Et on venge le poëte mort sans songer qu'il y a toujours un poëte vivant qui meurt de faim.

Malfilâtre avait étudié pour sa muse, comme La Fontaine, *l'art de plaire et de n'y songer pas*; il avait vécu en familiarité intime avec Ovide; il aimait Ovide jusqu'à boire, par les lèvres de sa muse, les *Tristes* et les *Métamorphoses*, comme Cléopâtre qui buvait des perles. Il se trouva fort dépaysé entre Jean-Baptiste Rousseau et Saint-Lambert. Il était de ceux qui n'ont pas eu le bonheur de venir en leur temps. Il a cherché sa voie et n'a trouvé que le tombeau.

Trop paresseux pour écrire un discours académique, il remercia les académiciens en leur disant, de sa voix caressante et féminine, ses beaux vers *Super flumina Babylonis :*

> Assis sur les bords de l'Euphrate,
> Un tendre souvenir redoublait nos douleurs;
> Nous pensions à Sion dans cette terre ingrate,
> Et nos yeux, malgré nous, laissaient couler des pleurs.
>
> Nous suspendîmes nos cithares
> Aux saules qui bordaient ces rivages déserts;

Et les cris importuns de nos vainqueurs barbares
A nos tribus en deuil demandaient des concerts.

   Chantez, disaient-ils, vos cantiques ;
Répétez-nous ces airs si vantés autrefois,
Ces beaux airs que Sion, sous de vastes portiques,
Dans les jours de sa gloire, admira tant de fois.

   Comment, au sein de l'esclavage,
Pourrions-nous de Sion faire entendre les chants ?
Comment redirions-nous, dans un climat sauvage,
Du temple du Seigneur les cantiques touchants ?

   O cité sainte ! ô ma patrie !
Chère Jérusalem, dont je suis exilé,
Si ton image échappe à mon âme attendrie,
Si jamais, loin de toi, mon cœur est consolé ;

   Que ma main tout à coup séchée
Ne puisse plus vers toi s'étendre désormais ;
A mon palais glacé que ma langue attachée
Dans mes plus doux transports ne te nomme jamais !

   Souviens-toi de ce jour d'alarmes,
Seigneur, où par leur joie et leurs cris triomphants,
Les cruels fils d'Édom, insultant à nos larmes,
S'applaudissaient des maux de tes tristes enfants.

   Détruisez, détruisez leur race,
Criaient-ils aux vainqueurs de carnage fumants ;
De leurs remparts brisés ne laissez point de trace,
Anéantissez-en jusques aux fondements.

Ah ! malheureuse Babylone,
Qui nous vois sans pitié trainer d'indignes fers !
Heureux qui, t'accablant des débris de ton trône,
Te rendra les tourments que nous avons soufferts !

Jouet des vengeances célestes,
Que tes mères en sang, sous leurs toits embrasés,
Expirent de douleur en embrassant les restes
De leurs tendres enfants sur la pierre écrasés.

XXIII

HELVÉTIUS

1715—1771

Quand Helvétius frappa à la porte de l'Académie, la porte s'ouvrit, mais le comte de Clermont passa devant lui, comme s'il fût attendu depuis longtemps. « Pourquoi est-il entré ? demanda naïvement Helvétius. — C'est qu'il a gagné l'Académie sur le champ de bataille, répondit le maréchal de Richelieu. — Ah ! oui, reprit Helvétius, c'est lui qui, fuyant devant l'ennemi, demanda aux paysans s'ils avaient vu beaucoup de fuyards. — Non, monseigneur, vous êtes le premier. »

Helvétius frappa une seconde fois, mais Bignon passa à la suite du comte de Clermont. On avait dit de Bignon, nommé bibliothécaire du roi : « Voilà une belle occasion pour lui d'apprendre à lire. » Quand il fut nommé à l'Académie, on dit que c'était le moment pour lui d'apprendre l'orthographe, mais il ne sut jamais ni lire ni écrire.

Helvétius fut un philosophe en action. Pour lui, le dernier mot de toute philosophie, c'est la science de vivre. Il faut dire qu'il en avait les moyens. Il était fermier général à vingt-trois ans, ce qui lui permettait, avec sa fortune patrimoniale, de mettre beaucoup d'argent dans la philosophie. Vingt-trois ans! beaucoup d'esprit! la figure d'Apollon poursuivant Daphné! et trois cent soixante-cinq mille livres de rente! Aussi comme il était aimé à Versailles et à Paris, à l'Opéra et à la Comédie! Pourquoi ne pas redire ce mot charmant de mademoiselle Gaussin, à qui un financier, qui n'était qu'un financier, offrait cent louis pour avoir le droit de franchir — le seuil de sa porte : « Monsieur, je vous en donnerai deux cents si vous voulez venir me voir avec cette figure-là; » et elle indiquait du doigt Helvétius.

Chaque jour de sa vie était une page de roman. On ne dépense pas d'une main toujours ouverte mille francs par jour sans être un des héros de la vie parisienne. Helvétius vécut longtemps comme l'enfant prodigue qui s'endort sur la nappe profanée des courtisanes. Il donnait les miettes de la table aux gens de lettres. Dumarsais, Marivaux, Saurin, Sabatier de Castres, se partageaient une pension de douze mille livres. Helvétius était admirable dans sa manière de donner. C'était toujours lui qui avait l'air de recevoir. Il eut un jour une dispute très-vive avec Marivaux. Il se contint et laissa Marivaux s'emporter jusqu'à la colère. « Comme je lui aurais répondu, disait-il le soir à ses amis, si je ne lui avais pas l'obligation d'accepter mes trois mille livres ! »

Helvétius s'abandonnait si facilement aux tourbillons, qu'il était de toutes les fêtes, quelles qu'elles fussent, ne dédaignant ni la Râpée ni la Courtille. Il ne s'avouait pas que la vanité l'entraînait souvent et l'excitait à faire des prodiges. Il était né avec un caractère un peu théâtral, et tout lui était théâtre dans la vie. Il ne dédaignait pas plus les applaudissements du parterre que les applaudissements de l'avant-scène. Il dansait chez Ramponneau après avoir dansé à la cour ; il osa même danser à l'Opéra sous le masque de Juvillier ; mais tous ceux qui le connaissaient le reconnurent, et tous ceux qui ne le connaissaient pas l'applaudirent, comme si Juvillier se fût surpassé.

Quand il eut dévoré sa jeunesse, il résolut de se retirer un peu du monde ; car, à travers toutes ses folies, la sagesse l'illuminait de soudaines clartés. Il donna sa démission, acheta une terre et emporta du naufrage de Paris, comme dans une arche sainte, ce qui lui restait de son cœur et de sa fortune. Il commença alors, un peu avant quarante ans, une seconde vie qui sanctifia la première. Il lui manquait une femme ; il choisit, au coin du feu de madame de Graffigny, une Cendrillon de qualité, mademoiselle de Ligneville, qui n'avait point d'argent, mais qui avait toutes les fortunes de la beauté, de la jeunesse, de l'esprit et de la vertu, — total : le *Bonheur*, — poëme en six chants et en vers dorés que rima Helvétius couché aux pieds de sa chère Cendrillon. Mais l'amour et la poésie, il les considéra bientôt comme des jeux d'enfant. L'orgueil humain fit évanouir toutes ces fraîches visions qui peuplaient la solitude d'Helvétius. Il lui sembla que, pour lui, l'heure de la philosophie avait sonné. Il craignit de ne laisser dans la mémoire des hommes que le souvenir de sa folle jeunesse; il voulut, lui aussi, bâtir son monument sur le sable mouvant du rivage. Monuments de l'esprit humain, vous n'en êtes que les tombeaux ! Votre fronton n'est qu'une épitaphe !

Il y avait longtemps qu'Helvétius enviait la gloire de Montesquieu. L'*Esprit des lois* semblait alors l'œuvre immortelle du dix-huitième siècle. Helvétius s'imagina qu'on pouvait placer un second livre dans les mains de la Renommée, et, au lieu de l'*Esprit des lois*, il écrivit les lois de l'esprit.

La Renommée prit en effet ce livre; mais, après l'avoir lu à haute voix, elle le laissa tomber dans l'oubli, parce qu'il n'était composé que de pages arrachées à Spinosa, Locke, La Mettrie, Hobbes, l'abbé de Saint-Pierre, Bayle, Voltaire, Diderot, en un mot à tous les philosophes de la liberté de penser et de la liberté de mal penser. Madame de Graffigny, qui aimait Helvétius, mais qui n'aimait pas son livre, disait : « Ce ne sont là que les balayures de mon salon. » Dans ce livre de l'*Esprit*, il y a de tout, hormis de l'esprit; c'est pourtant une œuvre considérable et hardie qui a eu son influence sur les doctrines de la Révolution *.

Helvétius fut poursuivi par le Parlement et par l'Église. Il fut attaqué par la critique et par ses amis. Buffon disait : « Que n'a-t-il fait un livre de moins et un bail de plus dans les fermes du roi? » Jean-Jacques écrivit sur les marges de l'*Esprit*, en regard de la fameuse maxime : « Tout devient légitime et même vertueux pour le salut public » : *Le salut public n'est rien si tous les particuliers ne sont en sûreté.* On sait que Jean-Jacques aimait mieux subir un siècle de despotisme que d'acheter la liberté au prix d'un seul homme, cet homme fût-il le despote.

Helvétius a eu, entre autres torts, celui de prendre une plume par orgueil, quoiqu'il n'eût rien à dire. Il a ressemblé à cet enfant de la fable antique qui

* N'y trouve-t-on pas ce passage, qui était comme un pressentiment : « Pourquoi les Anglais ont-ils mis au rang des martyrs Charles Ier, un prince qu'il était de leur intérêt, disent quelques-uns d'entre eux, de faire regarder comme une victime immolée au bien général, et dont le supplice, nécessaire au monde, devait à jamais épouvanter quiconque entreprendrait de soumettre les peuples à une autorité arbitraire et tyrannique? »

Helvétius avait une charge à la cour et préparait tout un arsenal pour battre en brèche la monarchie. Quoi de plus violent que ces paroles : « Mettez dans le fils d'un tonnelier de l'esprit et du courage : chez les républicains, où le mérite militaire ouvre la porte des grandeurs, vous en ferez un Thémistocle; à Paris, vous n'en ferez qu'un Cartouche. » Qui le croirait? cela s'imprimait pendant que le maréchal de Richelieu, pour rappeler ses soldats à la discipline, disait aux mutins : « Je vous priverai de l'honneur de monter à l'assaut. »

met le feu à la maison pour faire de la lumière autour de lui.

Cette belle mademoiselle de Ligneville, qui avait été la poésie du foyer de madame de Graffigny, qui fut la vraie joie et la vraie gloire d'Helvétius, tourna la tête, à soixante-quinze ans, à Turgot et à Franklin, ces deux sages qui se disputaient la folie de l'épouser. Elle eut la sagesse de rester madame Helvétius, une autre madame Geoffrin, qui était la providence des gens de lettres. Bonaparte est allé plus d'une fois consulter cette Égérie d'un autre temps : il aimait à déposer devant cette intelligence supérieure, qui était le vrai livre de l'esprit, les faisceaux de sa gloire consulaire et les lauriers tout verts encore de sa campagne d'Égypte. Un jour qu'elle se promenait avec lui dans son jardin d'Auteuil, elle lui dit: « Sublime ambitieux, vous ne savez pas combien on peut trouver de bonheur dans trois arpents de terre ! » Platon aussi trouvait le bonheur dans ses trois arpents de Colone. Mais à Napoléon il fallait alors trois royaumes : plus tard pourtant, quand il fut réduit à ses trois arpents de Sainte-Hélène, il dut tristement se rappeler les paroles de madame Helvétius.

XXIV

PIRON

1689—1775

Piron fut un Gaulois qui eut pour nourrice la vigne bourguignonne. Il teta la grappe empourprée des coteaux aimés du soleil. Aussi son premier cri fut une chanson, et sa première chanson fut une chanson à boire. Il n'avait pas douze ans, que déjà, selon son expression, il ne songeait plus « qu'à scander des syllabes françaises pour les ourler de rimes. »

Oh! la franche muse bourguignonne, fille de belle venue, simple et sans art, simple avec art, qui rit aux éclats, mais qui ne sait pas sourire, qui a le cœur sur la main et la saillie sur les lèvres, quand le verre n'y est plus, car elle aime un peu le cabaret! Celle-là n'a pas été élevée au couvent; c'est une muse vagabonde qui a jeté trop vite sa candeur aux orties ; elle a passé sa jeunesse comme une fille de mauvais lieu, aiguisant l'épigramme dans les fumées du vin, répandant la gaieté sur les théâtres en plein vent, poussant un soir l'ivresse et la folie jusqu'à profaner l'amour dans un chant indigne d'un poëte, indigne d'un Bourguignon ivre. Mais, au déclin de cette jeunesse verte et touffue comme la forêt des mauvaises passions, toutes les secousses du démon vont s'apaiser ; la folle gaieté devient humaine, les cheveux flottants sont renoués, la jupe descend un peu plus bas. C'est toujours une bonne fille en belle humeur, ayant plus que jamais le mot pour rire, mais elle a changé de théâtre. Adieu, Tabarin ! salut, salut, Molière!. Ce n'est plus *Arlequin*, c'est la *Métromanie*. La poésie lui a pardonné ; mais le ciel a été outragé, il faut une expiation, il faut des larmes pour effacer cette encre maudite qui a servi pour ce chef-d'œuvre de profanation, il faut des prières pour étouffer l'écho de cette chanson de lupanar. Patience ! voilà le diable qui devient vieux ; cette muse qui a si mal chanté dans sa jeunesse va s'éteindre bientôt en psalmodiant des psaumes. Saint Augustin, qui avait la science du cœur, a dit, dans sa sagesse : *Le cœur nous vient de Dieu, le cœur retourne à Dieu*. Mais, si Dieu a pardonné à Piron repentant, l'Académie française ne lui a pas encore pardonné, non pas tout à fait pour la même chanson.

Le café Procope était, au dernier siècle, la meilleure gazette littéraire de Paris. Les gazetiers s'appelaient Crébillon, La Tour, Duclos, Carle Vanloo, Marivaux, Fréron, Rameau, Desfontaines, Boucher, Piron; assez longtemps, celui-là fut le rédacteur en chef; c'était à qui aurait un coin de sa table, un trait de son esprit. Le poëte était déjà confus et fatigué de ses arlequinades. Il n'était presque pour rien dans toutes ces joyeusetés un peu grotesques qu'il lâchait pour le divertissement des badauds parisiens et des badauds littéraires. Sa nature de poëte s'offensait à toute heure de sa nature de bouffon. Voilà pourquoi il faisait des tragédies; mais il avait beau faire, il avait beau supplier la muse des larmes, le poëte ne détrônait pas le bouffon.

Plaignons-le, ce joyeux Piron qui mourut de tristesse. Quand il rimait la *Métromanie*, il n'avait pas un petit écu à dépenser dans sa journée; Gilbert n'a jamais été réduit à si peu; encore Gilbert n'était pas abandonné de l'amour, comme Piron. En effet, pas une amoureuse dans cette détresse, pas une main blanche qui vienne soutenir ce front penché! La misère de Gilbert n'a pas duré plus qu'un rêve d'orgueil et de colère. Mais la misère de Piron! Dieu sait comme elle fut lente et impitoyable, comme elle prit toutes les formes pour le torturer! Le soir, elle le suivait pas à pas jusqu'à sa chambre, ou bien il la trouvait accroupie dans l'âtre. « Bonsoir, mon hôte, lui disait-elle en lui tendant une main glaciale, vous avez dépensé votre petit écu et votre épigramme? Ah! vieil enfant prodigue que vous êtes, que n'avez-vous gardé cinq sous pour acheter un fagot, ou plutôt que n'avez-vous ramené une belle fille compatissante qui eût chassé l'hiver de votre galetas *! »

Le succès de la *Métromanie* consola Piron dans son chagrin, mais le succès à cinquante ans! Et encore, grâce aux critiques, aux comédiens, aux auteurs jaloux, la *Métromanie* fut bientôt abandonnée à l'oubli. Trois mois après la représentation, Piron écrivait : « Je vois bien qu'il n'y a rien à faire pour moi en ce monde qu'après que je ne serai plus. » Bergerac, du temps des pointes, aurait dit ici : « Il faut que je meure pour qu'on ne m'enterre pas; » ou bien : « Je suis un homme mort si je vis toujours. »

En 1735, l'Académie voulut enfin consacrer la gloire de Piron. Il fut nommé tout d'une voix ** sans qu'il eût fait les visites d'usage. M. de Bougainville, qui se présentait, n'avait pas oublié les visites. « Je crois, lui dit Montesquieu, que vous faites les visites de Piron. — Quels sont vos titres? lui demanda Duclos. — Je suis mourant. — Est-ce que vous prenez l'Académie

---

* Je ne connais dans les lettres qu'un seul homme plus triste que Piron, c'est Scarron. Au premier aspect, ces deux têtes sont illuminées d'un vif rayon, mais on voit s'évanouir peu à peu cette gaieté mensongère. C'est le rire forcé du masque qui cache des larmes. Molière aussi riait.

** Avant de voter, on s'entretint des titres de Piron, Fontenelle, à peu près sourd et presque centenaire, demanda à La Chaussée de quoi il s'agissait. Celui-ci prit une feuille de papier sur laquelle il écrivit : « On parle de M. Piron. Nous convenons tous qu'il a bien mérité le fauteuil; mais il a fait *l'ode* que vous connaissez. — Ah ! oui, répondit Fontenelle. S'il l'a faite, il faut bien le gronder; mais, s'il ne l'a pas faite, il ne faut pas le recevoir. »

pour l'extrême-onction? » Boyer, ancien évêque de Mirepoix, alla rappeler au roi Louis XV que Piron était coupable d'un chef-d'œuvre de libertinage. « Je supplie donc Votre Majesté de refuser sa sanction à cet acte de l'Académie. » Madame de Pompadour prit la défense de Piron, mais le roi très-chrétien, qui avait institué l'Académie du Parc-aux-Cerfs, n'osa pas laisser passer Piron à l'Académie française. Le nom du poëte fut à jamais rayé de la fameuse liste. Dès ce jour il fit son épitaphe, la plus célèbre de toutes les épitaphes*.

Toutefois, il fut élu au quarante et unième fauteuil en remplacement d'Helvétius.

Piron se trouva riche de par madame de Pompadour, qui, avec une obole de ses menus plaisirs, assura des plaisirs perpétuels au poëte**. Alors, savez-vous ce qu'il fit? il se fit dévot. Pour premier sacrifice, je ne dirai pas à Dieu, mais à son confesseur, il brûla une Bible dont il avait profané les marges de complaintes et d'épigrammes de sa façon; ensuite il se mit à traduire des psaumes et à rimer les odes sur le jugement dernier. Il disait à ce propos : « Encore vaut-il mieux prêcher sur l'échelle que jamais. » Cette vieillesse édifiante lui ouvrit les portes du monde religieux; il fut reçu jusque chez l'archevêque de Paris; mais l'archevêque n'était pas pour cela à l'abri des épigrammes du poëte. Un jour, en présence de beau-

* Ci-Gît Piron qui ne fut rien,
Pas même académicien.

** Sans compter que madame Geoffrin lui envoyait aux étrennes ses culottes, son sucre et son café pour l'année entière.

coup de monde, l'archevêque lui dit avec un certain laisser-aller un peu vain : « Eh bien, Piron, avez-vous lu mon mandement? — Non, monseigneur, et vous? »

Quand Piron fut dans son quarante et unième fauteuil, il ne manqua pas de dire : « *Messieurs, je vous remercie*; vous allez me répondre : *Il n'y a pas de quoi*, et tout le monde sera content. » Duclos lui répondit : « On vous a condamné à être de l'Académie, dont vous avez dit tant de mal, comme on condamne un Lovelace à épouser une fille qu'il a déshonorée.

Piron, qui écrivait en prose d'une façon trop originale, a rendu ce jugement assez bizarre et assez vrai sur sa poésie : « Ce n'auront été que des rimes cousues presque en pleine table à de la prose qui s'égayait à la ronde sur la fin d'un repas. »

Dans la poésie de Piron, il manque le rayon de soleil et l'horizon; il fallait à sa muse les blanches ailes de l'amour pour le transporter aux sphères radieuses; mais, sans l'amour, Piron est demeuré le pied cloué sur la terre, cultivant son esprit entre quatre murs, jouant au feu d'artifice de l'épigramme et aux nudités du conte. Sa jeunesse, d'ailleurs, avait été fatale à la poésie, et telle jeunesse, tel poëte. La poésie est le miroir de la jeunesse du poëte, car la poésie est une belle fille qui se souvient. Si le poëte dépense ses vingt ans au fond de la taverne, dans le cortége des filles enluminées par l'ivresse, il ne poursuivra que la muse de la folle gaieté; il fera rire ses compagnons d'aventure; mais la source des larmes est une source divine. S'il passe ses beaux jours dans l'ardente passion qui bat au cœur et étoile le front de la couronne idéale, un rayon du ciel illuminera ses œuvres. Après l'amour, ce qu'il faut à la jeunesse du poëte, c'est la solitude, la solitude agreste qui initie aux œuvres de Dieu. Cette solitude, Piron ne l'a pas cherchée une seule fois. Aussi, dans sa poésie, la nature ne montre pas un pan de sa robe. Avec l'amour et la solitude, ce qu'il faut au poëte, c'est un souvenir du ciel — le souvenir de la patrie absente! — mais Dieu lui-même n'inspirait que des saillies à la jeunesse profane de Piron. Quand il est revenu à Dieu au déclin de ses jours, il était trop tard pour sa poésie, sinon pour son âme. En vain il a traduit des psaumes avec recueillement et dans des stances sévères : le souffle divin n'a pu se traduire. Dieu aime et bénit les poëtes qui l'appellent dans leurs beaux jours, dans l'épanouissement de la jeunesse, dans la floraison de l'âme; Dieu est rebelle à ceux qui l'oublient dans les vaines joies de la terre, qui ne se souviennent de son nom qu'au seuil de la tombe, qui n'inclinent leur front devant sa grandeur que sous les neiges de la mort.

Piron allait chercher tous les matins la rime et la raison au bois de Boulogne. Un jour que tout Paris était aux champs pour respirer le renouveau, Piron s'assied sur un banc de pierre et regarde passer ceux qui vont et qui viennent, amoureux ou rêveurs, inquiets ou désœuvrés. Tout à coup il s'aperçoit que la plupart de ceux qui passent devant lui le saluent, tantôt d'un air respectueux, tantôt d'un air souriant. Et voilà Piron qui ôte son chapeau avec un léger accent d'orgueil. « Eh bien, se dit-il tout bas, si M. de Voltaire était là, il faudrait bien qu'il en prît son parti; et moi aussi je suis un homme célèbre qu'on montre du doigt et qu'on salue comme une belle connaissance! » Cependant les saluts continuaient à ce point, que Piron ne savait s'il ne devait pas se dérober à une pareille ovation ; il aima mieux ôter tout à fait son chapeau pour n'avoir plus qu'à saluer par un léger signe de tête. Mais voilà une femme qui pousse l'enthousiasme jusqu'à tomber à genoux devant le poëte. « Oh! pour cette fois, dit-il, c'est un culte invraisemblable. Relevez-vous, madame, je ne suis pas Homère. » Mais celle qui était à genoux n'entend pas et joint les mains avec onction. Piron tourne la tête et s'aperçoit enfin qu'il a derrière lui une sainte Vierge à demi voilée par des lierres et des chèvre-feuilles.

Cette mésaventure aurait dû lui enseigner que le poëte hors de chez lui, hors de son œuvre, n'est qu'un homme qui passe et se perd dans la foule, surtout en face des tableaux grandioses de la nature et des images rayonnantes de la Divinité. Ce n'est pas le poëte qu'on salue dans son œuvre, c'est l'œuvre; ce n'est même pas l'œuvre du poëte, c'est le Dieu inspirateur qui se cache et qui se révèle.

XXV

CRÉBILLON LE GAI

1707—1777

Tel père, tel fils. C'est la sagesse des nations qui dit cela. Donc Crébillon le gai est le fils de Crébillon le triste, Jean qui rit naquit de Jean qui pleure.

La sagesse des nations dit encore que Crébillon Ier vaut mieux que Crébillon II; je n'en crois pas un mot. Crébillon le triste a écrit des tragédies terribles renouvelées des Grecs; Crébillon le gai a écrit des romans spirituels renouvelés des Turcs. C'était plus nouveau. Et qui des deux était le plus poëte, de celui-là, qui écrivait en vers, ou de celui-ci, qui écrivait en prose? C'était le prosateur. En effet, c'est par tous ces méandres de l'esprit et du style si familiers à Crébillon le gai, qu'on voyage dans ce pays toujours exploré et toujours inconnu qui s'appelle le cœur. Quel esprit dans ce style et quel style dans cet esprit!

Quelle adorable perversité d'art et de sentiment ! Certes, nous sommes loin de cette simple fille de Théocrite vêtue de sa pudeur, qui s'en va cueillant un agreste bouquet à l'ombre du bois ténébreux, sur les prairies étoilées. Nos prairies sont des tapis de Perse, notre simple fille est une Aspasie au petit pied, qui met en œuvre toutes les pompes de Satan. Elle a parfumé ses cheveux et teint sa figure ; elle a aiguisé ses dents aux flèches de l'Amour, comme la courtisane de Cléomène ; elle a trempé ses lèvres et ses ongles dans le vin de Champagne ; elle a découvert les neiges rosées de son sein ; son pied joue avec sa pantoufle. A quoi songe-t-elle? elle pense un peu moins à celui qui l'aime aujourd'hui qu'à celui qui l'aimera demain. Elle interroge du regard l'amoureux qui est sur son divan et l'heure qui parle à sa pendule, pour savoir combien de temps elle accorde à sa vertu. — *L'Heure et le Moment!* — Ah! comme elle joue bien sur la gamme de la volupté le chant moqueur des coquetteries! Elle n'a pas les sublimes inspirations de l'amour, mais l'amour ne vit-il pas plus longtemps par ses raffinements et ses malices que par les battements du cœur? Voyez comme elle se multiplie par ces miroirs de Venise qui la font voir de face, de profil et de trois quarts. Elle n'est pas seulement multiple à la surface : son cœur et son esprit changent sans cesse de masque. Toutes les femmes sont la même; qui a dit cela? Il fallait dire : Une femme renferme toutes les femmes, Ève comme Madeleine, Madeleine comme sainte Thérèse.

La muse de Crébillon, la muse des *Égarements du cœur et de l'esprit*, est la vraie fille d'Ève : elle cueille toutes les pommes du pommier et appelle les fils d'Adam à ce festin symbolique : la curiosité du cœur, le mal de l'amour et l'amour du mal.

Crébillon se fit une jeunesse romanesque pour devenir un romancier, et ses romans continuèrent à lui faire la vie romanesque. Je ne redirai pas le roman de son mariage, — cette lady qui débarqua pour lui dire : *Je t'ai lu, je t'ai aimé, voilà ma main, et ma main est pleine d'or.* — C'est le plus connu, sinon le moins curieux de ses romans. Dans ses livres, il ne s'est jamais mis en scène, mais on retrouve à chaque page son cœur armé d'esprit. Il a été, au temps des philosophes, le philosophe de l'amour.

Avant d'être élu au quarante et unième fauteuil de l'Académie française, il avait été d'abord de l'*académie de ces messieurs* avec Voisenon, Caylus, Surgères, toute la jeunesse dorée qui continua la régence jusqu'au milieu du dix-huitième siècle, croyant continuer les jolis libertinages d'Alcibiade, parce que *ces messieurs* coupaient souvent la queue de leurs chiens. Crébillon le gai arriva un peu tard et un peu sérieux parmi les immortels. On eût dit un pastel de la Tour pâli au soleil, qui descendait de son cadre ; mais ce pastel avait un si fin sourire et un si spirituel regard, que les quarante portraits graves et enfumés saluèrent sa bienvenue !

XXVI

JEAN-JACQUES ROUSSEAU

1719—1778

Celui qui vint alors était un homme étrange qui prit le monde pour un théâtre et la vie pour une comédie sérieuse. Il ne vécut pas, il joua son rôle*.

Non, la vie de Jean-Jacques ne fut pas une comédie, ce fut un livre, — un mauvais livre peut-être, — mais écrit en si beau style !

Les deux hommes du dix-huitième siècle qui ont retrempé la langue française avaient tous les deux le mépris des écoles. Saint-Simon et Jean-Jacques n'ont été si éloquents qu'en haine de l'éloquence. Les

---

* En relisant aujourd'hui ces pages déjà anciennes, je me trouve injuste pour cette grande figure que je viens de peindre avec plus de vérité dans *les Charmettes*.

grands écrivains du dix-septième siècle parlent comme des livres : chez Saint-Simon et chez Jean-Jacques c'est la nature, c'est l'homme, c'est la passion qui parle. Ceux-là n'ont nul souci des belles choses apprises pour être récitées comme un compliment, un discours d'académie ou une oraison funèbre. Ils écrivent pour peindre; tous les deux font leurs confessions, mais tous les deux font la confession de leur siècle*.

Il faut les remercier hautement d'avoir brisé avec la tradition : au lieu de cette prose pompeuse ou parée qui gardait les grands airs de la cour de Louis XIV, l'un nous a appris à aimer la vérité toute nue, ruisselante encore de l'eau du puits; l'autre a ouvert les fenêtres des académies et des hôtels Rambouillet sur les horizons verts et bleus des Charmettes et de Montmorency. Le premier a meurtri la vérité dans les violences de ses embrassements, le second l'a promenée à travers les ramées chanteuses, les pieds foulant l'herbe humide, les mains pleines d'épis et de pervenches.

Jean-Jacques vint au monde le jour où sa mère descendait au tombeau. Son père était un horloger qui lisait Plutarque. Son maître d'école fut une femme charmante qui devint sa maîtresse. Il changea de religion pour avoir du pain. Il quitta madame de Wa-

---

* On pourrait trouver d'autres points de comparaison. Jean-Jacques est aussi fier, sur son piédestal de laquais et de citoyen, que Saint-Simon sur son fauteuil de duc et pair; c'est la même personnalité ombrageuse et cruelle; si l'un remplit Versailles, l'autre remplit Paris.

rens pour enseigner la musique sans la savoir. Il vint à Paris et s'écria tristement : « Que le pain est cher ici! » Il devint commis chez un fermier général qui le faisait dîner à la cuisine les jours où les gens de lettres envahissaient sa table.

Tout est contraste dans la vie de Jean-Jacques. Cet homme qui veut faire l'éducation de son siècle et dont le génie aime les fiers sommets, prend une servante pour vivre avec elle et ne peut jamais parvenir à lui apprendre à lire; si du moins elle arrive à coudre quelques mots ensemble, il lui est impossible de connaitre les chiffres et de dire l'heure qu'il est à l'horloge, si l'horloge ne se donne la peine de sonner quand elle la questionne. Encore si elle répandait autour d'elle la poésie de la beauté, le parfum de la vertu, le charme de la femme! Mais Jean-Jacques a beau faire : Pygmalion, pour trouver Galatée, avait taillé le marbre le plus pur; Jean-Jacques n'a pétri que l'argile, la vie ne jaillira pas de cette matière infime.

En horreur des chemins battus, le philosophe de Genève a voulu rompre en visière avec les maximes de son siècle. Il a surtout rompu en visière avec les maximes de sa vie; il s'est toujours évertué à se contredire. Philosophe altier, il disait que l'homme est un animal raisonnable, et il le voulait prouver par toutes les folies de sa vie; il était républicain, et il fuyait sa république de Genève, pour vivre sous le tyran Louis le XVe; il était né artiste, et il voulait, comme Lycurgue et Platon, bannir les arts; il cherchait son chemin en contemplant le ciel aux routes infinies, et, comme l'astrologue, il se laissait choir dans un puits; il prêchait l'amour des hommes, et il ne cherchait que la solitude; il écrivait contre les femmes, et il déchirait à leurs pieds les plus belles pages de son livre; il mettait ses enfants à l'hospice et il écrivait un livre sur l'éducation; il savait que la gloire ne vaut pas un bluet cueilli dans les blés, et il ne travaillait que pour son orgueil; il cherchait la vérité, et il ne vivait que du mensonge!

Cette étrange existence de Jean-Jacques fut couronnée par la folie. A force d'avoir vécu de lui-même et en lui-même, tout à son orgueil, il eut peur d'une telle compagnie; les ténèbres vinrent envahir son ciel; le soleil de sa raison ne lui donna plus que des éblouissements. De tous les poëtes épiques, un autre fou sublime, le Tasse était celui qu'il aimait le plus. A ses derniers jours, Jean-Jacques relisait la *Jérusalem* et disait à son ami Corancez : « Savez-vous que le Tasse m'a pressenti? Savez-vous que le Tasse a prédit mon malheur par la cent soixante-dix-septième stance du douzième chant? Cette stance ne tient ni à ce qui précède ni à ce qui suit, elle est toute à mon adresse. » Et il citait la stance tout pâle et tout ému :

« Je vivrai en délire au milieu de mes tourments, errant
« parmi les furies que l'enfer équitable attache à ma poursuite
« dans ma ténébreuse solitude; j'épouvanterai les ombres qui
« dessineront l'image de mes remords; je fuirai tout glacé
« d'horreur les regards de ce soleil qui a éclairé mes désola-
« tions. Je me craindrai moi-même; et, me fuyant sans cesse,
« sans cesse je me retrouverai avec moi. »

On peut affirmer que cette stance fatale a poursuivi Jean-Jacques comme un châtiment du ciel et de l'enfer. Il n'avait pour reposer son front que les œuvres de son esprit; mais où étaient les œuvres de son cœur, ce dernier oreiller qui donne le sommeil sous le nom de la mort? Jean-Jacques trouva la mort et ne trouva pas le sommeil.

Le chevalier de Boufflers, comparant Jean-Jacques à la Fontaine pour sa gaucherie et sa distraction, disait : *C'est le bonhomme méchant.* En effet, toute la vie de Jean-Jacques fut une méchanceté. On trouve son esprit partout, on ne trouve son cœur nulle part, hormis dans ses livres; mais on peut dire que Jean-Jacques fut surtout méchant contre lui, car sa méchanceté ne faisait guère de mal qu'à lui-même. Son tort, c'était de vivre en dessous et de ne jamais aller à front découvert, comme s'il eût craint que sous le philosophe tout rayonnant de génie on ne reconnût l'aventurier qui n'avait pas dédaigné la livrée de Gil Blas, par lui transmise à Figaro.

Si Jean-Jacques n'avait pas répandu sur l'histoire de sa jeunesse toutes les féeries de l'imagination, toutes les grâces charmeresses et toutes les éloquences passionnées d'un style imprégné de senteurs alpestres, cette histoire serait bonne pour les antichambres. Telle qu'elle est, elle séduit tous les grands esprits. Le style n'est pas l'homme, mais le style fait le livre.

Quoi de comparable à cette page du matin de sa vie! Un matin il sort avant le jour pour saluer l'aurore; au lieu d'une aurore il en voit deux, c'est-à-dire qu'il voit deux belles filles à cheval devant un ruisseau, ne sachant comment traverser. Rousseau pense que c'est sa destinée qui passe par là. Le voilà qui se met dans l'eau et fait sauter les demoiselles. « Où allez-vous? dit Jean-Jacques soudainement amoureux de l'une ou de l'autre, il ne sait laquelle des deux. — Où nous allons? là-bas à la métairie; si vous voulez venir avec nous? » Et voilà Rousseau qui poursuit l'aventure, monté en croupe derrière la plus jeune, ne sachant pas comment on se conduit en croupe. « Telle femme qui lira ceci me souffletterait volontiers, » dit-il dans ses *Confessions*. Il passa à la métairie la plus poétique, la plus fraîche, la plus souriante journée du monde. C'était dans la saison des cerises. Il se contenta d'en cueillir pour les jeunes filles, et non d'en semer sur leurs joues à pleines lèvres. « Mademoiselle Galley, avançant son tablier et reculant la tête, se présentait si bien, et je visai si juste, que je lui fis tomber un bouquet dans le sein. » Et il se disait : « Ah! si mes lèvres étaient des cerises, comme je les leur jetterais! » Eh! oui, tes lèvres étaient des cerises, et il fallait les leur jeter*. Ces belles coureuses de champs, qui cherchaient comme lui le fruit défendu, lui apparurent comme les visions de sa jeu-

---

* Quel tableau pour Baudouin Eisen, Creuze et Fragonard! Gavarni et Baron, qui l'ont essayé, ne l'ont point réussi comme Jean-Jacques lui-même. Gavarni est trop de son temps, et Baron, qui est un peu du temps de Jean-Jacques, n'a pas osé aborder de face le sein de mademoiselle Galley : il a tourné la difficulté en lui faisant tourner le dos.

nesse. Que n'est-il toujours resté sur ce cerisier de la science, sous ces branches chargées de pourpre odorante ! C'était là le contrat social qu'il fallait signer.

Ce fut la plus belle page de son roman. Les romans qu'il n'a pas vécus ne sont pas si dangereux que le croyait ce beau déclamateur. C'est du roman de sa vie qu'il aurait dû dire : « Toute fille qui ouvrira ce livre sera perdue. » Quant à la *Nouvelle Héloïse*, elle ne perdra que les filles des professeurs de rhétorique. Il n'y a pas de nouvelle Héloïse, il y a l'ancienne Héloïse, dont un seul cri trahit plus les grandeurs éternelles de la passion que tous les bavardages de cette précieuse ridicule qui s'appelle Julie d'Étanges.

Quand on lit l'*Émile*, on a envie d'envoyer l'auteur à l'école, — à l'école de Montaigne et de Fénelon. — Ce livre sur l'éducation ne doit pas dépasser l'antichambre.

Jean-Jacques tenta les périls de la poésie, mais c'était un romanesque et non un poëte. Il est pourtant au dix-huitième siècle le poëte de la prose. Sa pensée ne pouvait s'assujettir à l'hémistiche et à la rime. Il ne comprenait pas qu'on pût marteler ses sentiments, le marteau fût-il d'or pur. Il était comme ces belles paysannes des campagnes de Rome ou d'Arles, qui doivent tout à la nature et qui perdent à la parure du dimanche tout leur charme et toute leur grâce.

Qui croirait aujourd'hui que l'auteur de la profession de foi du *Vicaire savoyard* a débuté par le petit journal ? Jean-Jacques a publié *le Persifleur* avec Diderot; quoique cette feuille annonçât beaucoup de malice, elle ne fut pas recherchée : *le Persifleur* mourut à son premier numéro. Qu'on suppose un instant que le succès lui fût venu, voilà Jean-Jacques et Diderot qui font fortune en riant. Il n'est plus question de l'Encyclopédie, Diderot ne rattache pas Voltaire à son œuvre de destruction, Jean-Jacques ne sème plus en France ses enthousiasmes républicains, Louis XVI meurt sur le trône, et en l'an de grâce 1864 nous vivons sous le règne de quelque Louis XX, roi de France et de Navarre!

XXVII

GILBERT

1751—1780

La même province donnait le jour, en plein dix-huitième siècle, à un poëte et à une courtisane qui devaient mourir tous les deux d'une façon théâtrale : le poëte à l'hôpital, la courtisane sur la guillotine. Vous avez reconnu Gilbert et madame Du Barry [*], beaucoup de poésie et un peu d'amour.

Je vais effaroucher toutes les blanches illusions qui protégent les tombes, en disant que Gilbert est mort avec deux pensions et beaucoup d'argent dans sa cassette, ce qui explique pourquoi il en avala la clef dans un accès de folie. Cette folie n'était pas l'œuvre de la

---

[*] N'est-il pas curieux de rappeler que Jeanne Darc et Jeanne Vaubernier, les deux Jeanne de la monarchie, sont parties toutes deux de ce village poétique, *Vaucouleurs?*

misère. Gilbert vivait en misanthrope, mais avec les distractions d'un gentilhomme ; il s'en allait rêver dans la forêt de Vincennes, non pas à pied, mais à cheval. Ce fut au retour d'une de ces promenades, qui ne rappellent pas, j'imagine, les faméliques poëtes dont parle Boileau, qu'il fit une chute et faillit se rompre le cou sur le pavé de Paris. On le releva mourant et on le porta à l'Hôtel-Dieu, parce qu'il ne pouvait plus dire où était sa maison. Une fois à l'Hôtel-Dieu, il revint à lui et s'effraya de se trouver en pareil lieu ; mais les médecins lui représentèrent qu'il avait à passer par une opération dangereuse et qu'il était placé là mieux que chez lui pour la subir. Gilbert ne se résigna qu'en se réfugiant en Dieu. On le trépana peu de jours après ; on le rappela à la vie, mais non pas à la raison. Il quitta l'Hôtel-Dieu et voulut continuer sa manière de vivre, sinon sa manière d'écrire ; car, à partir de ce moment-là, il se mit à traduire des psaumes, se détournant de la terre et se tournant vers Dieu, — le seul ami du lendemain. — Il retrouva çà et là sa poésie ; mais le plus souvent, quand il l'appelait, il ne voyait venir à lui que la démence. Il eut peur de sa solitude ; il retourna à l'Hôtel-Dieu, comme s'il dût y retrouver sa raison, car c'était là qu'il l'avait laissée sur le champ de bataille de la médecine. Il y mourut bientôt en jetant ce cri sublime, qu'il n'avait retrouvé dans son cœur qu'après l'avoir traduit de David :

> J'ai révélé mon cœur au Dieu de l'innocence ;
> Il a vu mes pleurs pénitents ;

Il guérit mes remords, il m'arme de constance ;.
  Les malheureux sont ses enfants.

Mes ennemis, riant, ont dit dans leur colère :
  Qu'il meure, et sa gloire avec lui !
Mais à mon cœur calmé le Seigneur dit en père :
  Leur haine sera ton appui.

Soyez béni, mon Dieu ! vous qui daignez me rendre
  L'innocence et son noble orgueil ;
Vous qui, pour protéger le repos de ma cendre,
  Veillerez près de mon cercueil !

Au banquet de la vie, infortuné convive,
  J'apparus un jour, et je meurs :
Je meurs, et sur ma tombe, où lentement j'arrive,
  Nul ne viendra verser des pleurs.

Salut, champs que j'aimais, et vous, douce verdure,
  Et vous, riant exil des bois,
Ciel, pavillon de l'homme, admirable nature,
  Salut pour la dernière fois !

Ah ! puissent voir longtemps votre beauté sacrée
  Tant d'amis sourds à mes adieux !
Qu'ils meurent pleins de jours, que leur mort soit pleurée,
  Qu'un ami leur ferme les yeux !

Bien mourir ! disaient les anciens ; les modernes nous tiennent compte de ne pas mourir gaiement. Faites mourir Malfilâtre sur un bon oreiller, Malfilâtre perd l'immortalité. Faites mourir Gilbert comme M. de Buffon, et ce n'est plus qu'un poëte du commun des martyrs, au lieu d'un poëte martyr *. Jean-Jacques Rousseau lui-même doit la moitié de sa célébrité à sa vie romanesque, sinon à sa mort mystérieuse.

Gilbert avait vingt-neuf ans; il était venu au monde avec l'âme d'un poëte, il allait continuer son rêve au ciel. « Poëte ! lui a dit un chrétien, vous n'irez point à l'Académie, mais vous irez au ciel; et c'est là votre destinée! »

Au quarante et unième fauteuil, Gilbert succéda à Jean-Jacques Rousseau et précéda Diderot. Entre ces deux splendides prosateurs, sa muse ne fut pas étouffée, elle osa même, d'une main vaillante et pleine de foi, sonner le tocsin contre leur philosophie : pareille à ces vierges des premiers siècles chrétiens, qui osaient, dans leur grâce pudique, monter à l'autel et dire aux dieux de l'Olympe : « Je n'ai pas peur de votre tonnerre! »

Gilbert fit son discours en vers. Il osa se moquer en pleine académie des tragédies de Voltaire :

Pourquoi Gilbert, qui s'épuisait en madrigaux et en héroïdes, ne se contenta-t-il pas d'être un élégiaque et un satirique? Il avait les pleurs, il avait les furies. Ses élégies gardent le sentiment jusque dans leurs formes surannées; sa satire du *Dix-huitième siècle* reste encore l'implacable réquisitoire de la foi armée contre la logique de Satan. Dans ce tableau vivant, tout passe : académiciens bâtonnés, filles vendues à

---

* Et on vendrait ses autographes cent sous et non cent écus, comme il est arrivé ces jours-ci.

l'Opéra ou à Richelieu, philosophes gagés par les rois aveugles! Après avoir vécu des ironies de *Candide* et de *Jacques le Fataliste*, on sourit avec sympathie à ces pieuses colères du chrétien, à ces anathèmes du poëte indigné.

J'ai osé dire la vérité sur la mort de Gilbert. Mais je me rassure en pensant que personne ne me croira. J'ai contre moi la tradition qui caresse ces généreuses pitiés éveillées dans tous les cœurs pour la poésie et pour la jeunesse. Et d'ailleurs le roman de Gilbert n'a-t-il pas été transcrit sur la table d'or de l'histoire par une de ces plumes qui font la vérité, parce qu'elles écrivent pour l'avenir? Grâce à Alfred de Vigny, ces trois ombres mélancoliques de Gilbert, de Chatterton et d'André Chénier ont eu leur Joseph d'Arimathie qui a répandu sur leurs cendres des parfums, des prières et des larmes!

Qu'est-ce que l'histoire après la légende? Pour Gilbert c'est la légende qui sera l'histoire.

XXVIII

DIDEROT

1623—1782

Diderot est une des grandes figures qui rayonnent dans le tableau d'un siècle. Il tient une belle place comme artiste et comme philosophe dans l'histoire des arts et des idées. Son souvenir a je ne sais quoi de grandiose et de charmant. C'est le génie du paradoxe, c'est l'héroïsme de l'audace et de la passion. Il porte le dix-huitième siècle sur ses épaules, comme le vieil Atlas portait le monde. On ne songe pas à lui élever une statue; mais n'a-t-il pas un temple, un temple immortel, quoique déjà ruiné, l'*Encyclopédie*, d'où la Révolution est sortie tout armée?

Les ruines de l'*Encyclopédie* seront pieusement admirées dans l'avenir comme les débris du Parthénon de l'esprit humain. Quand l'architecte est un grand artiste, le temple survit au dieu qu'on y adorait. La philosophie de Diderot est tombée de l'autel, mais son temple est toujours debout.

Diderot a dépassé de si loin ses frères d'armes, qu'il pourrait sans surprise se réveiller aujourd'hui parmi nous. Diderot est tout à la fois le commencement de Mirabeau, le premier cri de la Révolution française et le dernier mot de tous nos beaux rêves. Il a été le vrai révolutionnaire : à la tribune de 1789, il eût fait pâlir Mirabeau et Danton, car, lorsqu'il se passionnait pour le culte des idées, il avait toutes les magnificences de la tempête. Nul de ses livres ne peut donner une idée de son éloquence hardie et entraînante.

Il y a le caractère olympien dans cette belle tête, où toutes les idées grondent comme l'orage. Les autres chefs de la vaillante armée encyclopédique ne sont là que pour tempérer son ardeur ou pour profiter de ses conquêtes. Tous, Jean-Jacques lui-même, sont plus préoccupés des lauriers que de la victoire. Diderot seul ne pense pas aux lauriers.

Homme digne de gloire dans tous les siècles, il est pourtant venu à temps; les armes qu'il avait saisies se fussent brisées dans ses mains un siècle plus tôt ou même un siècle plus tard.

Diderot a été surtout le soleil lumineux d'un jour; ses rayons ont tout réchauffé, tout illuminé, tout dévoré; le lendemain un autre soleil a paru, mais on s'est souvenu des vifs rayons et des coups de feu du soleil-Diderot. A ce foyer fécond, tous les contemporains prenaient la vie et la lumière. Que serait-ce que d'Holbach, Helvétius, Grimm, l'abbé Raynal, Sedaine, d'Alembert lui-même, si Diderot n'eût pas soufflé le feu sur leur front? Voltaire lui doit ses derniers enthousiasmes; Jean-Jacques lui doit sa première idée, — l'idée de toute sa vie*.

Étrange nature! Dieu lui a tout donné : la grandeur, l'enthousiasme, la poésie, les idées qui jaillissent du front comme des éclairs, les sentiments qui fleurissent dans l'âme comme les lis du divin rivage : rien ne manque à cette créature, rien, si ce n'est Dieu lui-même. L'enfant prodigue a fui la maison paternelle sans en garder un souvenir, un pieux souvenir pour les mauvais jours.

Fénelon, ce panthéiste sans le savoir, ce chrétien d'une si pieuse mélancolie, qui rêvait pour son Éden une île de Calypso plutôt qu'un paradis perdu, aurait accueilli sans trop se fâcher le Télémaque de mademoiselle Voland. Seulement Diderot, amoureux des

---

* « J'étais prisonnier à Vincennes. Rousseau venait m'y voir. Il avait fait de moi son Aristarque, comme il l'a dit lui-même. Un jour, nous promenant ensemble, il me dit que l'Académie de Dijon venait de proposer une question intéressante, et qu'il avait envie de la traiter. Cette question était : Le rétablissement des sciences et des arts a-t-il contribué à épurer les mœurs? « Quel parti prendrez-vous? » lui dis-je. Il me répondit : « Le parti de l'affirmative. — C'est le pont aux ânes, lui dis-je : tous les talents médiocres prendront ce chemin-là, et vous n'y trouverez que des idées communes; au lieu que le parti contraire présente à la philosophie et à l'éloquence un champ nouveau, riche et fécond. — Vous avez raison, me dit-il après y avoir réfléchi un moment, et je suivrai votre conseil. » DIDEROT.

femmes et des arts, poëte par les yeux comme par le cœur, a son idéal dans le monde visible, tandis que Fénelon a son idéal dans le monde invisible. Diderot prend son point de départ sur la terre, Fénelon le prend au ciel; mais ils se rencontrent bientôt dans le même amour, dans la même intelligence, comme le cœur et l'âme.

Diderot a été la préface de tous ceux qui l'ont suivi en politique, en philosophie et en littérature. Gœthe lui-même s'est trempé aux sources de ce grand esprit : n'est-ce pas l'Allemagne qui nous a renvoyé le *Neveu de Rameau*? Il avait à lui tout seul autant d'humour que Sterne et que Swift. Il a fait de mauvais drames, mais il a dit à Sedaine comment on en faisait de bons. *Jacques le Fataliste* vaut moins et plus que *Candide*. Sans l'*Encyclopédie*, qui étouffait son imagination, Diderot eût été le Janus du roman : il aimait les courtisanes de Pétrone, mais il aimait autant que Richardson les chastes passions de Clarisse et de Paméla. *Ceci n'est pas un conte* contient en germe toutes ces tragédies des amours trahies dont ont vécu nos inventeurs contemporains.

Diderot aimait la peinture et la statuaire, parce qu'il peignait et sculptait en écrivant. Ses livres d'art sont plus que des livres : ce sont des galeries de tableaux. Il a été pour l'art du dix-huitième siècle ce que Winckelmann a été pour l'art antique. Deux soleils dont le rayon tombera éternellement sur la *Cruche cassée* et sur le *Laocoon!*

L'Académie n'a jamais pensé à Diderot, — qui n'a

jamais pensé à l'Académie. — Il était de ceux qui croient que les esprits libres vivent d'air et d'espace comme les aigles.

Il se décida pourtant pour le quarante et unième fauteuil, comme s'il eût craint les reproches de Descartes et de Molière. « Ce n'est qu'un athée de plus à l'Académie, » dit le cardinal de Bernis, qui ne connaissait pas Dieu. Or, Diderot, l'athée, comme disaient les dévots, ne parla que de l'existence de Dieu dans son discours de réception

XXIX

MABLY

1709—1785

Le baron d'Holbach savait tout, excepté Dieu. On pourrait le comparer à un voyageur qui aurait parcouru le monde sans voir le soleil. En vain il avait étudié tous les enseignements du passé et toutes les révélations visibles de la nature. Il avait tout vu, mais sans que jamais un rayon de vraie lumière eût enivré son regard. Les hommes ont un sixième sens, le sens de l'idéal et de l'infini : le baron d'Holbach n'avait que cinq sens.

N'est-il pas surprenant de voir ce spectacle d'une intelligence aussi vaste, qui cherche et qui trouve, mais qui, à travers les grandes visions de la science, ne découvre jamais la grande image de Celui qui sait tout? Aussi il a beau entasser système sur système, le système social sur le système de la nature, Pélion sur Ossa, l'athéisme sur la raison, il n'arrive qu'à bâtir sur le sable. Son château n'est jamais achevé, le moindre coup de vent le renverse et l'ensevelit. *Ci-gît l'orgueil.* Et pourtant cet homme, qui voulait élever des temples à la raison humaine, pour nier les temples élevés à la raison divine, était l'esclave de ses passions. Lui qui ne croyait pas à Dieu, il croyait aux femmes. Et les femmes vengeaient Dieu, — Dieu qui ne se venge jamais.

L'esprit du baron d'Holbach était né d'un paradoxe de Diderot; aussi Diderot a-t-il toujours voulu féconder cette intelligence stérile. Diderot s'était pour ainsi dire abrité sous l'athéisme du baron d'Holbach. Lui qui avait été si loin dans ses hardiesses et ses rébellions contre Dieu, il pouvait dire aux indignés : Voyez d'Holbach ; que suis-je à côté de lui?

Malgré ses dîners presque académiques, quand le baron d'Holbach se présenta à l'Académie pour succéder à Diderot, il échoua devant Mably. L'Académie ne reconnaissait pas un homme qui ne reconnaissait pas Dieu.

Mably était un Spartiate qui cherchait Lacédémone et qui ne trouvait qu'Athènes, — et encore Athènes à Paris. Il osait, au temps des censeurs, écrire contre les rois, — parce qu'il avait vu les rois; — contre la famille, — parce qu'il s'était imaginé reconnaître Caïn sous chaque toit; — contre la propriété, parce qu'il croyait que la terre comme le soleil appartient à Dieu, qui n'en donne que les fruits et les rayons. On fut longtemps à le décider vers l'Académie. — Pourquoi, lui demandait Richelieu, faites-vous tant de façons pour cette vieille fille de mon grand-oncle? — Si j'étais de l'Académie, on dirait : Pourquoi est-il de l'Académie? J'aime mieux entendre dire : Pourquoi n'est-il pas de l'Académie?

On attendait de lui un discours littéraire, il ne put s'empêcher de faire un discours politique. Remarquons en passant que c'était le temps où l'on pouvait tout dire. Mably-Phocion, qui parla du communisme de Platon aux feudataires du droit divin, retrouva les applaudissements que Socrate laissait tomber sur les *Nuées* d'Aristophane.

Mably ne put s'empêcher de rappeler la proscription de l'abbé de Saint-Pierre : « L'Académie effaça de sa
« liste glorieuse le nom du seul écrivain patriote
« qu'elle y eût jamais placé, l'abbé de Saint-Pierre :
« lâcheté gratuite, qui semble n'avoir eu d'autre but
« que de protester d'avance contre les tentatives fu-
« tures ou possibles de la liberté française, et de voter
« solennellement pour l'éternité de l'esclavage na-
« tional. »

Que reste-t-il de Mably? Son nom. C'est déjà beaucoup. Combien qui ensevelissent leur nom dans les feuilles mortes de leurs livres !

XXX

MIRABEAU

1749—1791

Voici venir les tempêtes de la passion et de l'éloquence*. Quel est ce lion indompté qui remue tout

---

* Victor Hugo a donné le portrait vivant de Mirabeau dans un cadre à la Michel-Ange; pourtant il a condamné à mort son éloquence : « Pour qui a vu, pour qui a entendu Mirabeau, ses discours sont aujourd'hui lettres mortes. Tout ce qui était saillie, relief, couleur, haleine, mouvement, vie et âme, a disparu; tout, dans ses belles harangues, aujourd'hui est gisant à terre. Où est le souffle qui faisait tourbillonner toutes ses idées comme les feuilles dans l'ouragan? Voilà bien le mot, mais où est le geste? voilà le cri, où est l'accent? voilà la parole, où est le regard? voilà le discours, où est la comédie de ce discours? Car, il faut le dire, dans tout orateur il y a deux choses : un penseur et un comédien. Le penseur reste, le comédien s'en va avec l'homme. Talma meurt tout entier, Mirabeau à demi. »

un pays en secouant sa crinière? Vous avez reconnu Mirabeau, qu'on pourrait surnommer l'ami des femmes, pour le distinguer de son père, l'ami des hommes. Celui-là n'avait pas été façonné sous les mains douces et timides de la civilisation : il était sorti tout d'une pièce du giron de la nature. Il avait bu à pleines lèvres à ses mamelles fécondes. La mère nature elle-même dut être effrayée des sauvageries et des turbulences de cet enfant terrible, de cet homme trois fois homme, qui portait le masque d'un demi-dieu maudit.

Sa vie fut comme le torrent impétueux qui arrache sa rive et qui emporte dans sa course fatale tout ce qu'il trouve sur son passage, la femme de son prochain à l'heure de l'amour, et le trône de France à l'heure de la mort.

Contradiction des contradictions ! contradictions du cœur et contradictions de l'esprit, fragilité des sentiments et fragilité des croyances; l'histoire de Mirabeau n'est que le sévère enseignement des fragilités humaines. Mirabeau se passionne et se marie; bientôt il se passionne encore et prend une maîtresse. S'il faut l'en croire, c'est là sa vraie femme; il fuit la première et enlève l'autre. Sa femme a des enfants; que lui importe? Sa maîtresse a des enfants; que lui importe encore? Il ne s'inquiète pas plus des berceaux que des nids d'hirondelles qu'il a vu bâtir à sa fenêtre. Cependant on le condamne pour rapt, il est décapité en effigie, il s'enfuit en Hollande avec sa chère Sophie. En Hollande, c'est le pays des libres penseurs et des libres amours! Cependant la France indignée a le bras assez long pour saisir Mirabeau et Sophie; elle jette Mirabeau au donjon de Vincennes, elle jette Sophie dans un couvent du Jura. Mirabeau pleure comme un tigre à qui on a arraché sa tigresse, il s'abreuve de ses larmes, il s'enivre de toutes les sombres poésies de la colère et de la passion. Il écrit à Sophie des lettres qui sont des livres, tant elles ont la chaude éloquence du cœur, et des livres qui sont des lettres encore, tant ils respirent les passions sauvages de l'alcôve. De son côté, Sophie appuie ses lèvres brûlantes sur le marbre des autels. Elle étreint dans ses bras irrités le crucifix d'argent. Mais tout à coup Mirabeau est libre, et libre aussi est sa maîtresse. Et vous savez ce qu'ils font de leur liberté? Mirabeau va droit à sa femme, Sophie n'ose penser à Mirabeau, car son cœur bat déjà pour un autre. Tant il est vrai qu'une femme se console toujours de sa première chute par une seconde chute. Voilà pour la passion.

Pour la croyance, faut-il suivre Mirabeau pas à pas? N'est-ce pas assez de rappeler qu'après avoir tué la royauté il est mort aux gages de la royauté? « Mais les orages portent les nuées fécondes sans avoir le sentiment de leur mission, » a dit le poëte.

En 1791, on avait perdu l'habitude d'aller à l'Académie. La dernière séance publique ne fut composée que de sept à huit membres et de sept à huit désœuvrés. Marmontel parla presque seul. Il n'y avait en cette année 1791, qui marque dans l'histoire en traits de feu et en traits de sang, que des madrigaux, des logogriphes et des bouquets à Chloris, pour disputer le prix de poésie. Marmontel comprit qu'au lieu de prononcer un discours — toujours le même discours — sur les bienfaits de cette vieille institution, il n'avait plus qu'à en faire l'oraison funèbre, ce qu'il fit en ces termes : « Les petits tourbillons disparaissent dans le grand tourbillon. » Marmontel eut de l'esprit ce jour-là.

Mirabeau commença ainsi son discours devant l'Assemblée tout en désordre :

« Où sont-ils, ceux qui disent que le despotisme fait
« fleurir le génie? Est-ce parce que Molière était valet
« de chambre de Louis XIV? Molière savait bien que
« sa royauté dépassait celle du grand roi, parce que
« c'était une royauté dans le monde des esprits. Est-ce
« que Corneille, ce Gaulois doublé d'un Romain, était
« un homme de cour? Racine et Boileau, voilà les
« hommes du despotisme. Périclès n'était pas un des-
« pote, non plus que Léon X. Demandez à Phidias et
« à Michel-Ange, à Aspasie et à la Fornarine. Nous ne
« devons au despotisme que les *Tristes* d'Ovide. L'esprit
« est né libre avec Dieu seul pour maître. Louis XIV
« serait là, botté et éperonné, cravache en main,
« m'ordonnant de faire un chef-d'œuvre, je lui dirais,
« comme les arbres de la forêt dans leurs hymnes
« mystérieuses : Je n'obéis qu'à Dieu. »

Chamfort passa quelques feuillets à Mirabeau [*] :

---

[*] Mirabeau devait lire à l'Assemblée nationale, en 1791, un rapport sur les Académies. Ce curieux morceau, trouvé dans ses papiers à sa mort, était l'œuvre de Chamfort, qui a plus d'une fois

« Finissons-en, citoyens, avec ces écoles de servi-
« lité qui n'ont produit ni un homme ni une idée.
« Helvétius, Rousseau, Diderot, Mably, Raynal et tous
« les esprits libres ont montré hardiment leur dédain
« pour ce corps, qui n'a point fait grands ceux qui
« honorent sa liste, mais qui les a reçus grands et les
« a rapetissés quelquefois. Qui peut admettre, de nos
« jours, que la gloire de tous nos grands hommes soit
« une propriété académique? Qui croira que Corneille,
« composant le *Cid* près du berceau de l'Académie
« naissante, n'ait écrit ensuite *Horace*, *Cinna*, *Po-*
« *lyeucte*, que pour obtenir l'honneur d'être assis entre
« messieurs Tranier, Porchères, Boissat, Colomby,
« Bardin, Balesdens, noms si inconnus, qu'ils ont
« échappé à la satire contemporaine? On rougirait
« d'insister. Mais pour confondre, par le détail des
« faits, ceux qui lisent sans réfléchir, revenons à ce
« siècle de Louis XIV, cette époque si brillante de la
« littérature française, dont on confond mal à propos
« la gloire avec celle de l'Académie. Est-ce pour entrer
« à l'Académie française qu'il fit ses chefs-d'œuvre, ce
« Racine, provoqué par les bienfaits immédiats de
« Louis XIV; ce Racine qui, après avoir composé *An-*
« *dromaque*, *Britannicus*, *Bérénice*, *Bajazet*, *Mithri-*
« *date*, n'était pas encore de l'Académie, et n'y fut
« admis que par la volonté connue de Louis XIV, par

travaillé les discours de son illustre ami. Chamfort, qui était entré à l'Académie en 1781, qui y avait été quatre fois couronné, ne parlait pas précisément en académicien ni en académiste.

« un mot du roi équivalant à une lettre de cachet :
« *Je veux que vous en soyez?* Il en fut. Espérait-il être
« de l'Académie, ce Boileau, dont les premiers ou-
« vrages furent la satire de tant d'académiciens; qui
« croyait s'être fermé les portes de cette compagnie,
« ainsi qu'il le fait entendre dans son discours de
« réception; et qui, comme Racine, n'y fut admis que
« par le développement de l'influence royale? Était-il
« excité par un tel mobile, ce Molière, que son état de
« comédien empêchait même d'y prétendre, et qui
« n'en multiplia pas moins d'année en année les chefs-
« d'œuvre de son théâtre, devenu le seul théâtre co-
« mique de la nation? Pense-t-on que l'Académie ait
« aussi été l'ambition du bon la Fontaine, que la
« liberté de ses contes, et surtout son attachement à
« Fouquet, semblaient exclure de ce corps; qui n'y
« fut admis qu'à la veille de mourir, après la mort de
« Colbert, persécuteur de Fouquet? Et pense-t-on que,
« sans l'Académie, le fablier n'eût point porté des
« fables? Est-il donc vrai, citoyens, que Bossuet, Flé-
« chier, Fénelon, Massillon, appelés par leurs talents
« aux premières dignités de l'Église, avaient besoin
« de ce faible aiguillon pour remplir la destinée de
« leur génie? Dans cette liste des seuls vrais grands
« écrivains du siècle de Louis XIV, nous n'avons omis
« que le philosophe la Bruyère, qui sans doute ne
« pensa pas plus à l'Académie, en composant ses *Ca-*
« *ractères*, que la Rochefoucauld en écrivant ses
« *Maximes*. Nous ne parlons pas de ceux à qui cette
« idée fut toujours étrangère : Pascal, Nicole, Arnaud,

« Bourdaloue, Malebranche. Il est inutile d'ajouter à
« cette liste de noms si respectables plusieurs noms
« profanes, mais célèbres, tels que ceux de Regnard,
« Dufresny, Lesage et quelques autres poëtes comi-
« ques, qui n'ont jamais prétendu à ce singulier hon-
« neur, ne l'ayant pas vu du côté plaisant, quoiqu'ils
« en fussent bien les maitres. »

Mirabeau s'indigna contre le prix de vertu :

« Rendez à la vertu cet hommage de croire que le
« pauvre aussi peut être payé par elle; qu'il a, comme
« le riche, une conscience opulente et solvable;
« qu'enfin il peut, comme le riche, placer une bonne
« action entre le ciel et lui. »

Après quelques paradoxes, Mirabeau arriva à cette
conclusion éloquente : « Vous avez tout affranchi, af-
« franchissez les talents. Point d'intermédiaire entre
« les talents et la nation. Range-toi de mon soleil,
« disait Diogène à Alexandre. Et Alexandre se rangeait.
« Puisque les académies ne se rangent point, il faut
« les anéantir. Une corporation pour les arts de génie!
« C'est ce que les Anglais n'ont jamais conçu, les An-
« glais, nos maitres pour la raison. Corneille, critiqué
« par l'Académie française, s'écriait : *J'imite l'un de*
« *mes trois Horaces; j'en appelle au peuple.* Croyez-en
« Corneille, appelez-en au peuple comme lui. »

XXXI

CAMILLE DESMOULINS

1760—1793

En ce temps-là, il n'y avait plus de grands seigneurs, l'Académie voulut élire un républicain. Elle choisit ce journaliste à griffe de lion, — à griffe de chat, — ce gamin de Sparte qui avait passé par Athènes pour venir à Paris. Pour lui le quarante et unième fauteuil ne fut qu'une tribune. Au lieu de s'y asseoir et de s'y endormir en académicien bien élevé, il monta dessus un pistolet à la main. La veille, au Palais-Royal, il avait proclamé *la France libre*, il proclama *l'Académie libre* :

« Je vous demande pardon de mes citations, mes« sieurs, dit-il aux quarante. Je n'ignore pas que c'est « pédanterie aux yeux de bien des gens; mais j'ai un « faible pour les Grecs et les Romains. Il me semble

« que rien ne répand de la clarté dans les idées d'un
« auteur, comme les rapprochements, les images.
« Ces traits, semés dans mon esprit, sont comme des
« espèces d'estampes dont j'enrichis ma langue.
« Quant aux phrases que je cite des anciens écrivains,
« persuadé du grand sens de cette devise de la com-
« munauté des savetiers : *Nihil sub sole novum, rien
« de nouveau sous le soleil*, plagiat pour plagiat, j'ai
« cru qu'autant valait être l'écho d'Homère, de Ci-
« céron et de Plutarque, que de l'être des clubs et des
« cafés, que d'ailleurs j'estime beaucoup.

« Messieurs, vous ne m'avez admis qu'au quarante
« et unième fauteuil, et pourtant combien de fois la
« nécessité de remplir le nombre de quarante fit en-
« trer dans la compagnie des gens de lettres obscurs,
« dont le public n'apprit les noms que le jour où ils
« furent élus. Il fallut même, pour compléter le nom-
« bre académique, recourir à l'adoption de gens en
« place et de gens de la cour. Chamfort vous l'a dit :
« on a trop vanté ce mélange de courtisans et de gens
« de lettres, cette prétendue égalité académique, qui,
« dans l'inégalité politique et civile, ne pouvait être
« qu'une vraie dérision. Eh! qui ne voit que mettre
« en son temps Racine à côté d'un cardinal était aussi
« impossible qu'il le serait aujourd'hui de mettre un
« cardinal à côté de Racine? On estima davantage
« Patru en voyant à côté de lui un homme blasonné;
« et cependant Patru, philosophe quoique avocat, fai-
« sait sa jolie fable d'*Apollon*, qui, après avoir rompu
« une des cordes de sa lyre, y substitua un fil d'or et

« détraqua sa lyre. Cette idée de Patru était celle des
« premiers académiciens, qui tous regrettaient le
« temps qu'ils appelaient leur âge d'or ; ce temps où
« ils étaient des hommes libres.

« L'Académie a été fatale aux plus grands esprits.
« Qui jamais s'est plus moqué de l'Académie française
« que le président de Montesquieu dans ses *Lettres*
« *persanes*? Et cependant, révolté des difficultés que
« la cour opposait à sa réception académique, il fit
« faire une édition de son livre où ces plaisanteries
« étaient supprimées : ainsi, pour pouvoir accuser ses
« ennemis d'être des calomniateurs, il le devint lui-
« même. Il est vrai qu'en récompense il eut l'hon-
« neur de s'asseoir dans cette Académie à laquelle il
« avait insulté ; et le souvenir de ses railleries, ap-
« prouvées de ses confrères comme du public, n'em-
« pêcha pas que, dans sa harangue de compliment,
« le récipiendaire n'attribuât tous ses travaux à la su-
« blime ambition d'être membre de l'Académie.

« Ne tombons plus dans ces déchéances. Entrons à
« l'Académie la tête haute et le cœur fier : entrons-y
« tels que nous sommes, sans laisser à la porte nos
« vertus de citoyens, afin qu'un jour Diogène trouve
« un homme parmi nous. Faisons-nous pardonner
« par la postérité ce premier immortel du premier
« fauteuil, qui ouvre glorieusement la phalange avec
« son nom de Bardin.

« O mes collègues, je vous dirai comme Brutus à
« Cicéron : *Nous craignons trop la mort, et l'exil,*
« *et la pauvreté. Nimium timemus mortem et exilium*

« *et paupertatem*. Cette vie mérite-t-elle donc qu'un
« républicain la prolonge aux dépens de l'honneur?
« Il n'est aucun de nous qui ne soit parvenu au som-
« met de la montagne de la vie. Il ne nous reste plus
« qu'à la descendre à travers mille précipices. Cette
« descente ne nous offrira aucuns paysages inconnus,
« aucuns sites qui ne se soient offerts mille fois plus
« délicieux à ce Salomon qui disait, au milieu de ses
« sept cents femmes, et en foulant aux pieds tout ce
« mobilier de bonheur : *J'ai trouvé que les morts sont*
« *plus heureux que les vivants, et que le plus heureux*
« *de tous est celui qui n'est pas né.* »

Ainsi parla « ce polisson de génie, » comme l'appela un futur académicien du quarante et unième fauteuil.

Si Camille Desmoulins n'avait voulu être le procureur général de la lanterne, il eût été le procureur général des Muses. Mais était-ce le temps de tailler sa plume? Il a écrit une page immortelle avec un pistolet à la main, sous les arbres du Palais-Royal. En montant à l'échafaud il est monté à la gloire, et sa femme, une sainte du calendrier républicain, en montant elle-même sur le même échafaud, a dit le dernier mot de cette éloquence immortelle : « C'est la communion du sang. »

Camille Desmoulins monta trois fois sur le piédestal : après la table du Palais-Royal, ce fut le quarante et unième fauteuil de l'Académie, enfin ce fut l'échafaud de 1794. Il fut le poëte en action et le prosateur enthousiaste de la République. Prosateur, lisez ses journaux, c'est Lucien qui rit, c'est Voltaire qui s'indigne. Poëte, entrez dans sa maison : voyez comme il aime sa femme, comme il joue avec son enfant, comme il jette à pleines mains les roses au bord de l'abime! tous les noms de l'avenir sont inscrits à son contrat de mariage. Ils sont là cinquante, Robespierre, Danton, Saint-Just et les autres; c'est l'arche nouvelle qui porte les destinées de la France. Qui dirait, à les voir ainsi joyeux, que la tempête monte, monte, monte à l'horizon? La jeune femme sourit et rêve de beaux jours; Camille resplendit de bonheur et répand son âme tout autour de lui. « Ici, dit-il, il naitra une famille innombrable qui ne connaitra ni les tyrans ni les esclaves. Mes amis, je vous attends tous au contrat de mariage de mon premier-né. » Mes amis! disait-il · combien qui n'étaient plus ses amis le lendemain! Son premier-né, il vécut dans le deuil et dans la mort. Quatre ans après, ni Camille, ni sa femme, ni les cinquante témoins de tout ce bonheur promis, n'étaient de ce monde.

Il restait un enfant, mais cet enfant voué au noir ne devint pas un homme.

XXXII

ANDRÉ CHÉNIER

1765—1794

Tous les poëtes du dix-neuvième siècle, — hormis Lamartine, qui, dans cette barque où l'on ne peut voyager qu'à deux, s'isole amoureusement sous les saules de son lac, — sont partis sur le vaisseau doré d'André Chénier, pour aller, à travers la mer d'Ionie, écouter les sirènes d'Homère et de Sapho. La jeune captive et la jeune Tarentine ont été les maîtresses idéales de tous ceux qui ont eu l'amour de la Muse.

André Chénier est un Grec né vers la quatre-vingt-septième olympiade. Les Muses l'ont endormi d'un sommeil de deux mille ans; il s'est réveillé parmi nous sans avoir traversé l'Église mystique; la couronne d'épines n'a pas saigné sur son front, les larmes de Madeleine n'ont pas coulé sur ses mains. Il nous est apparu s'appuyant tour à tour sur la jeunesse et la volupté, la jeunesse de Vénus et la volupté de Diane. Théocrite lui a donné sa flûte de buis ; il a emprunté à Moschus sa cithare d'argent; il a pris aux mains d'Orphée l'archet d'or d'Apollon. Quoique né à Constantinople, il ne fut ni chrétien ni musulman : il resta païen toute sa vie. S'il manquait quelque chose à sa poésie, ce serait l'auréole divine : il semble qu'il n'ait levé les yeux au ciel que pour y voir resplendir l'Olympe. La terre, la vieille mère Cybèle aux mamelles fécondes, était la patrie de son âme, soit qu'il eût puisé son panthéisme rayonnant dans l'amour de l'antiquité, soit qu'il se fût laissé atteindre par le naturalisme poétique de Buffon et le matérialisme aveugle de d'Holbach. Mais, il n'en faut pas douter, tout est grec, tout est païen, tout est antique chez André Chénier. Les charmantes images de son imagination semblent détachées d'une fresque de Pompéia retrouvée dans toute sa fraîcheur après un ensevelissement de deux mille années. André Chénier s'est tourné vers le passé comme Poussin, comme Coysevox, comme Prudhon. Il a découvert que les morts vivaient plus que les vivants : il s'est détaché de son pays, il s'est détaché de lui-même, pour aller prendre sa place à l'immortel Sunium.

Ce beau vers d'André Chénier :

L'art ne fait que des vers, le cœur seul est poëte,

ne pourrait être mis en épigraphe à son livre, car la poésie d'André Chénier n'est pas un battement de cœur : c'est la Muse de l'Ida qui descend parmi les hommes et qui les charme par ses airs divins. Elle est belle, elle est pure, elle couvre sa nudité sous une légère draperie tout étoilée de fleurs d'or ; mais, si souple que soit ce vêtement, il sert bien moins à voiler son beau corps qu'à en trahir les secrets : c'est la chasteté savante. Ses sandales sont tout imprégnées de rosées et de senteurs bocagères ; elle a traversé la forêt de Diane. Sa chevelure d'ébène ne ruisselle pas sur l'épaule comme la chevelure des bacchantes ; elle flotte harmonieusement parmi les fleurs cueillies au mont Hymette et nouées dans ses boucles par la plus jeune des Grâces. La Muse d'André Chénier vous dira les plus suaves élégies ; mais vous aurez beau l'interroger sur les déchirements de la passion moderne, elle sourira de son divin sourire et continuera à chanter, avec le seul sentiment de l'art, les belles déesses, les belles statues, les belles courtisanes — la joie des yeux, — les yeux qui restent panthéistes, même quand le cœur est chrétien.

Singulière destinée ! dans la vie de Chénier, il n'y a qu'une page, c'est l'histoire de sa mort ! Mais quelle page ! Il est mort tué par la République, pour avoir trop aimé la liberté ! Sa poésie a été la fête suprême de tous ceux qui l'ont connu à Saint-Lazare ! Il est mort portant la tête haute jusque sur l'échafaud, parce qu'il savait que la tête qui allait tomber portait déjà l'auréole immortelle !

La veille on le nommait à l'Académie. Il répondait par ces vers :

Comme un dernier rayon, comme un dernier zéphyre
    Anime la fin d'un beau jour,
Au pied de l'échafaud j'essaye encor ma lyre.
    Peut-être est-ce bientôt mon tour;
Peut-être avant que l'heure en cercle promenée
    Ait posé sur l'émail brillant,
Dans les soixante pas où sa route est bornée,
    Son pied sonore et vigilant,
Le sommeil du tombeau pressera ma paupière !
    Avant que de ses deux moitiés
Ce vers que je commence ait atteint la dernière,
    Peut-être en ces murs effrayés
Le messager de mort, noir recruteur des ombres,
    Escorté d'infâmes soldats,
Remplira de mon nom ces longs corridors sombres.

  . . . .

Il n'eut pas le temps de trouver sa rime. Le mot *sombres* fut le dernier qui tomba de sa plume, mais déjà son âme traversait les espaces radieux.

XXXIII

BEAUMARCHAIS

1752—1799

C'était aux beaux jours du Directoire. On commençait à se souvenir — on l'avait tout à fait oublié — que les Français sont le peuple le plus spirituel de la terre, et que la France, devenue toute romaine depuis 1789, avait été, depuis Ronsard et Jean Goujon, la Grèce nouvelle.

Il y avait foule à l'Institut. Madame Récamier s'efforçait de masquer sa rivale en beauté, madame Tallien, qui, plus fondante et plus exquise, moins habillée encore dans son péplum à la française ou à l'orientale, appelait sans coquetterie, par le charme incisif de son sourire et de son regard, tous les yeux et toutes les âmes.

Beaumarchais alla vers le quarante et unième fauteuil avec émotion. Il regarda autour de lui et regretta tout ce beau monde du règne de Louis XVI malmené dans ses comédies. « Ah! murmura-t-il, c'est la comédie du Directoire que je devrais faire. Mais depuis qu'il n'y a plus de censeurs, je n'ose plus écrire. »

Il salua l'assemblée et parla ainsi :

« Messieurs de l'Académie, Voltaire a dit de lui : Ma
« vie est un combat. J'ai pris ce mot de Voltaire pour
« épigraphe, mais ne devrais-je pas plutôt dire : Ma
« vie est un procès? Depuis que je suis au monde, je
« plaide ma cause : elle est si mauvaise que je l'ai ga-
« gnée, même à l'Académie ; elle est si bonne que je
« l'ai perdue, même à l'Opéra.

« Mes adversaires ont fait ma force. Je ne suis point
« l'ennemi de mes ennemis ; en disant du mal de moi,
« ils ont fait du bien à mes pièces, j'allais dire à mes
« plaidoyers. S'ils sentaient seulement autant de joie
« à les déchirer que j'eus de plaisir à les faire, il n'y
« aurait personne d'affligé. Le malheur est qu'ils ne
« rient pas.

« Et ils ne rient pas à mes pièces parce qu'on ne rit
« point aux leurs.

« Mes ennemis, pourquoi ne pas le dire, puisque
« j'en compte plus d'un en cette enceinte? sont tous
« des hommes de bien ; il ne leur manque qu'un peu
« d'esprit pour être des écrivains médiocres.

« Quand j'ai fini ma comédie, si je demande un cen-
« seur, on m'en accorde six ; si je demande un en-
« nemi, il en sort douze de dessous terre. Ah! mes
« amis, si vous saviez ce que vaut un ennemi! C'est

« une bête de somme qui prend le mors aux dents et
« qui vous mène loin sans l'avoir voulu.

« Je ne suis donc pas l'ennemi de mes ennemis,
« mais je suis l'ennemi des sottises de mon temps.
« Le théâtre est un géant qui blesse à mort tout ce
« qu'il frappe ; j'ai frappé à coups redoublés la bêtise
« humaine, parce que la bêtise humaine renferme
« tous les vices. Que me font les morsures de cette
« vermine qui vit sur les feuilles publiques? Je suis
« bon prince, et si leurs invectives ne sont point lues,
« je veux leur donner le laurier de l'Académie : ils
« n'auront jamais été à si belle fête. J'ouvre donc une
« de leurs gazettes et je lis ce dernier bulletin de ma
« santé :

« La réputation du sieur de Beaumarchais tombe comme ses pièces. Les honnêtes gens sont enfin convaincus que lorsqu'on lui aura arraché les plumes du paon, il ne restera plus qu'un vilain corbeau noir avec son effronterie et sa voracité. »

« Un corbeau noir! C'est bien la peine d'amuser ses
« contemporains!

« Le corbeau noir, c'est la critique qui vient jeter
« son cri de mort dans toutes mes fêtes de théâtre. La
« critique! je la vois là-bas qui se cache toute ren-
« frognée parmi ceux qui m'écoutent.

« Vous riez, messieurs, comme au *Barbier de Sé-*
« *ville* ou au *Mariage de Figaro*. Tout à l'heure je pen-
« serai peut-être que j'ai gagné ma cause devant
« vous, mais vous verrez que demain les feuillistes et
« gazetiers diront que c'est de moi qu'on a ri. Mais ce

« n'est là, en style de Palais, qu'une mauvaise chicane
« de procureur : qu'on ait ri par mon discours ou
« qu'on ait ri de moi, que m'importe, puisque mon
« but est de faire rire les hommes? Il y en a tant,
« depuis le commencement du monde, qui les ont
« fait pleurer !

« Ah! messieurs mes confrères, nous ne sommes
« plus au temps de Sophocle et de Denis, qui sont
« morts de joie pour avoir remporté le prix des vers
« au théâtre! Nous aimons trop nos auteurs pour les
« étouffer dans nos embrassements. La joie tue, le
« chagrin conserve, aussi faisons-nous tout ce qu'il
« faut pour conserver nos Molières et nos Corneilles.
« Par malheur, il n'y en a plus.

« J'arrive bien vieux parmi vous, mais ma vie s'est
« passée à attendre. Hormis la porte du bonheur,
« toutes les portes se sont ouvertes pour moi, mais
« combien m'a-t-il fallu frapper de fois! Qu'importe!
« j'étais né avec la patience : je me suis fait maître de
« musique des filles du roi, je me fusse fait maître à
« danser. « Quelle heure est-il? me demandaient sou-
« vent les gentilshommes, pour me rappeler que
« mon père était horloger. — Messieurs, ma montre
« avance. » J'étais de l'école de Voltaire, et je demeure
« convaincu qu'un trait d'esprit, une impertinence et
« un louis d'or sont trois traits d'esprit. Aussi je me
« suis mis par l'impertinence au rang des nobles, par
« l'esprit presque aussi haut qu'eux, et je les ai do-
« minés par la fortune.

« D'ailleurs n'avais-je pas du crédit avant d'être

« accusé d'avoir des millions? Vous rappelez-vous ce
« beau mot du feu roi : « Vous verrez que pour faire
« jouer le *Mariage de Figaro*, M. de Beaumarchais
« aura plus de crédit que le garde des sceaux et que
« le roi de France! » Et la reine? n'est-ce pas elle qui,
« la première, a joué Suzanne?

« Ce fut mon plus beau procès. Je plaide aujour-
« d'hui mon dernier. Mon premier, je l'ai gagné à
« l'Académie des sciences quand j'étais horloger;
« mon plus digne, c'est celui que j'ai fait gagner à
« l'Amérique en me faisant armurier pour elle. Ga-
« gnerai-je aujourd'hui devant la grand'chambre mon
« dernier procès? Je l'ai déjà gagné à la Comédie,
« mais Molière avait bien gagné le sien!

Les doctes de l'Institut dirent que ce n'était pas là
un discours dans les règles; mais Beaumarchais se
moquait des règles, il n'en avait qu'une : « amuser. »

Esprit impertinent plutôt que profond, Beaumarchais avait étudié la philosophie dans le livre de la vie : il avait l'audace de tout dire, comme un paysan du Danube qui aurait eu l'esprit de Voltaire, ou comme un roué de la Régence qui aurait soupé avec des dames de la cour déguisées en filles d'Opéra! Avec Beaumarchais, les femmes se prêtaient au déguisement; la reine, Marie-Antoinette, jouait à Trianon le *Barbier de Séville*, et le poëte osait lui dire : « La reine a représenté Rosine avec tant d'esprit et de vérité, que j'ai oublié que c'était la reine. »

Beaumarchais a eu l'esprit de mettre les femmes de son parti. La comtesse et Suzanne sont deux charmantes créatures peintes d'une main amoureuse : aussi vous verrez les duchesses disputer, le jour de la représentation, la place aux coquines. Duthé a déjà promis à son amant de lui donner pour sa femme un tabouret au balcon derrière elle. Sophie Arnould, qui a fait son mot d'avance, dira à sa voisine la marquise de Larochefoucauld que c'est là une pièce qui tombera cinquante fois de suite.

La figure de Beaumarchais est une des cariatides qui soutiennent le temple immortel qui a ces mots inscrits sur son fronton : COMÉDIE FRANÇAISE. En cette figure tour à tour noyée d'ombre et inondée de lumière, on retrouve la furia de Véronèse et de Tiepolo, la grâce bruyante, romanesque, lumineuse des Espagnols.

On a beaucoup décrié Beaumarchais, mais on a beaucoup vécu de son esprit. Combien de vos paradoxes, ô mes amis! sont des miettes tombées de la table, de ce gamin de Paris qui casse les vitres, de ce philosophe qui nous effraye et nous égaye à son rire immortel. Combien de vos malices sont prises au théâtre de sa vie ou au théâtre de son esprit! Sa vie fut une comédie à cent actes divers qui effaça presque ses immortelles comédies! Il y avait en lui l'étoffe d'un grand comédien à la Molière et à la Shakspeare, mais la Fortune, qui veut du temps, lui a pris la moitié de son génie.

XXXIV

RIVAROL

1757—1801

Chamfort et Rivarol, c'est toute la partition de l'esprit français; c'est le duo le plus sonore et le plus éclatant. Leur œuvre à chacun représente à peine un volume; mais, parce qu'ils n'ont pas changé leur louis d'or à la vive effigie contre une poignée de menue monnaie, en sont-ils moins riches? Parce qu'ils n'ont pas mis d'eau dans leur vin, est-ce que leur amphore ciselée avec l'art le plus fin contient moins d'ivresse que le tonneau du buveur du coin *?

Comme Voiture, Rivarol est né grand seigneur dans

---

* Chamfort n'aimait pas Rivarol, et Rivarol n'aimait pas Chamfort. C'est lui qui disait du poëte de *Mustapha*, quand il entra à l'Académie : « C'est une branche de muguet entée sur une forêt de pavots. »

un cabaret. Tant d'autres qui naissent dans un palais ne seront supportables qu'au cabaret! Qu'importe si le père de Rivarol était ou non d'une ancienne noblesse italienne? Sa mère s'était anoblie par la plus haute noblesse, elle mit au monde seize enfants.

Rivarol entra dans le monde par l'*Enfer* de Dante. Épris des beautés sauvages et étranges de l'*Enfer*, Rivarol s'élevait à la magnificence du poëte italien en le traduisant*. Buffon disait : « Ce n'est point une traduction, c'est une suite de créations. » Il faut dire qu'alors Rivarol créait cette expression pour Buffon · « la solennité du style ». Rivarol, d'ailleurs, ne flattait pas toutes les œuvres de ce grand homme ; il disait de son fils : « C'est le plus mauvais chapitre de l'histoire naturelle de son père ; entre le fils et le père tout un monde passerait. »

Dans son grand *Discours sur l'universalité de la langue française*, Rivarol se montra un grammairien très-profond. Malgré la jalousie des journalistes écrivant contre le journaliste parlant, ce ne fut qu'un cri d'admiration dans toutes les gazettes ; il y eut pourtant encore, comme toujours, des critiques violentes ; ainsi celle de Garat. Ce *Discours* est un monument précieux pour notre langue : c'est l'œuvre d'un esprit sage, raisonnable, original, qui rejette avec dédain la vieille

---

* Rivarol était poëte aussi à l'occasion, mais non pas un poëte *dantesque*. On n'oubliera jamais ces charmants vers à sa servante, qui était fort jolie, et qui ne savait pas lire :

Ayez toujours pour moi du goût comme un bon fruit,
Et de l'esprit comme une rose.

friperie des lieux communs de rhétorique ou de philosophie. Il effleure l'histoire des langues sans trop s'arrêter aux in-folio, comme Vossius et Bochart, qui écrivaient pour n'être lus de personne. Les savants et les hommes frivoles peuvent suivre Rivarol du même pas : c'est mieux qu'avec le fil d'Ariane qu'il nous guide dans le labyrinthe, c'est avec son esprit hardi et lumineux.

Le roi Louis XVI eut recours à Rivarol. Un matin, on annonça chez l'homme d'esprit M. de Malesherbes. Rivarol se leva avec respect. « Je viens, dit l'ex-ministre, de la part du roi, vous proposer un rendez-vous avec Sa Majesté pour ce soir à neuf heures. Le roi, plein d'estime pour vos talents, a cru, dans les circonstances difficiles où l'État se trouve, pouvoir les réclamer. — Monsieur, lui répondit Rivarol, le roi n'a peut-être déjà eu que trop de conseils ; je n'en ai qu'un seul à lui donner : s'il veut régner, *il est temps qu'il fasse le roi ; sans cela plus de roi.* »

Rivarol fut élu au quarante et unième fauteuil en remplacement de Beaumarchais[1] : l'esprit succédait à l'esprit.

D'un discours de Rivarol il ne pouvait rester que des

---

[1] On eut quelque peine à lui pardonner cette épigramme sur le dictionnaire de l'Académie :

> Il court un bruit fâcheux sur le dictionnaire,
> Qui, malgré tant d'auteurs et leurs soins importants,
>   A fort alarmé leur libraire.
> On dit que pour le vendre il faudra plus de temps
>   Qu'il n'en a fallu pour le faire.

maximes. Voici les fleurs de rhétorique qu'il versa sur l'Académie à la fête de sa réception :

« La parole est le vêtement de la pensée, et l'expression en est l'armure.

« Les faiseurs de phrases me rappellent ce Grec qui allumait des flambeaux pour voir l'aurore.

« La raison est historienne, mais les passions sont actrices.

« Il y aura toujours deux mondes soumis aux spéculations des philosophes : celui de leur imagination, où tout est vraisemblable et rien n'est vrai, et celui de la nature, où tout est vrai sans que rien paraisse vraisemblable.

« Les idées font le tour du monde ; elles roulent de siècle en siècle, de langue en langue, de vers en prose, jusqu'à ce qu'elles s'enveloppent d'une image sublime, d'une expression vivante et lumineuse qui ne les quitte plus, et c'est ainsi qu'elles entrent dans le patrimoine du genre humain.

« La politique est comme le sphinx de la fable : elle dévore tous ceux qui n'expliquent pas ses énigmes.

« Le corps politique est comme un arbre : à mesure qu'il s'élève, il a autant besoin du ciel que de la terre.

« La guerre est le tribunal des rois, et les victoires sont ses arrêts.

« La mémoire se contente de tapisser en drapeaux ; mais l'imagination s'entoure des tentures des Gobelins.

« La mémoire est toujours aux ordres du cœur.

« Le temps est le rivage de l'esprit ; tout passe devant lui, et nous croyons que c'est lui qui passe. »

Rivarol ne prenait rien au sérieux, hormis le travail littéraire. Il savait tout et se disait trop ignorant pour écrire. S'il y avait plus de Rivarols dans les lettres, il y aurait à travers le monde moins de volumes et plus d'idées. Il disait que pour écrire il fallait se montrer armé de toutes pièces, comme Minerve sortant de la tête de Jupiter. Lui qui était tombé faible et nu du sein d'une cabaretière, il ne signa jamais un livre. Il écrivit quelques discours pompeux, éloquents à force de labeur, et il débita beaucoup de maximes, qui sont des vérités ornées. Il est mort jeune, ne laissant que les fragments, dispersés çà et là, de l'œuvre qu'il n'a pas achevée. Il eût été le plus beau parleur du dix-huitième siècle s'il ne se fût pas écouté lui-même. L'Académie a gardé le souvenir de son esprit incisif, dont la dent a laissé partout des morsures. Sa médaille est petite, mais bien frappée et sans alliage.

XXXV

NAPOLÉON*

1769—1821

Après la théorie, voilà l'action! Voilà la poésie du monde. Celle-là, avec la pointe de son épée, a écrit ses strophes immortelles sur le granit des pyramides, sur

---

* Après Beaumarchais et Rivarol, qui se suivirent de près chez les morts, il fallut étendre un voile de deuil sur ce trône éclatant jusqu'en 1816, année où Napoléon fut nommé. Le quarante et unième fauteuil fut donc longtemps inoccupé. Dès qu'un homme de plume se présentait parmi tant d'hommes d'épée, l'Académie ouvrait ses portes à deux battants, qu'il se nommât Laujon ou Naigeon. Comment serait-il resté quelqu'un pour le quarante et unième fauteuil?

La Convention, qui était née de l'Encyclopédie, avait voulu avoir une Encyclopédie vivante. L'Institut fut créé; mais, sous les républiques modernes, on n'aime pas les gens qui se nourrissent d'idéal et d'ambroisie: c'est un pain trop cher pour la nation. La Convention fit une belle part à la science et à la philosophie; mais

les marbres de Venise, sur les colonnes des Alhambras, sur les neiges sanglantes de Moscou et sur les rivages calcinés de Sainte-Hélène!

Depuis la mort de Rivarol, le quarante et unième fauteuil attendait un académicien. Sous l'Empire, il n'y avait qu'un homme, c'était l'Empereur. Je ne parle pas de Chateaubriand et de madame de Staël, qui n'étaient pas de l'Empire.

En 1815, quand l'Empereur des Français allait conquérir, avec la grande poésie de l'exil, la souveraineté immortelle, l'Académie française se réunit en séance

la véritable Académie n'eut qu'une petite place au bout de la table. Ce fut en 1803 que l'Académie redevint l'Académie avec ses quarante et un fauteuils. Mais où étaient les quarante et un académiciens? André Chénier, Bailly et Malesherbes morts sur l'échafaud; Florian tué par la prison; Rulhières, Bernis et Rivarol morts en exil; Marmontel mort par hasard de vieillesse; Condorcet empoisonné par lui-même; Maury devenu cardinal en Italie! Il ne restait que Saint-Lambert et Laharpe, qui, d'ailleurs, n'avaient plus que peu de mois à vivre. Faut-il compter les autres? Morellet, Bissy d'Aguesseau, Target, Suard, Roquelaure, Boisgelin; deux poëtes qui ne sont plus des poëtes aujourd'hui : Ducis et Delille. Les morts vont vite à l'Académie, surtout en temps de révolution.

Il n'y avait donc plus que douze membres; il en fallait trouver vingt-neuf. Or on était sous l'Empire, l'Empire, cette épée d'or qui avait effrayé les Muses. Voici les noms glorieux qui furent appelés à la régénérescence de l'Académie : Duveau, Domergue, Naigeon, Lacuée, Cailhava, Laujon, Merlin, Sicart, Écouchard-Lebrun, Arnault, Ségur, Villar, Cambacérès, Devaine, Bigot, Maret et l'inévitable François de Neufchâteau. Comme à toutes les époques, il se trouva pourtant quelques hommes à l'Académie : ainsi Lucien Bonaparte, Cabanis, Volney, Parny, Bernardin de Saint-Pierre, Sieyès, Marie-Joseph Chénier.

extraordinaire pour admettre en son sein l'historien de Napoléon : Napoléon lui-même. On dispensa des visites celui qui naviguait alors vers le cap des Tempêtes. Ce fut un des beaux jours de l'Académie, car l'Académie nomma tout d'une voix ce candidat qui ne s'était pas présenté.

Chateaubriand, qui venait de donner une armée aux Bourbons avec un pamphlet, jeta sa plume avec colère et vint voter avec enthousiasme. Il comprenait ce jour-là qu'entre Napoléon et lui il y avait une harmonie de grandeur. Son vrai roi, ce n'était pas Louis XVIII qui allait le faire ministre, c'était Napoléon qui l'avait proscrit.

Il disait déjà : « Aucune étoile n'a manqué à sa destinée : la moitié du firmament éclaira son berceau ; l'autre était réservée à la pompe de sa tombe ! » Et il disait aussi : « Comment nommer Louis XVIII en face de l'Empereur ! Je rougis en pensant à cette foule d'infimes créatures dont je fais partie, êtres douteux et nocturnes d'une scène dont le large soleil a disparu. »

L'empereur Napoléon fut donc élu au quarante et unième fauteuil, comme cent ans plus tôt le roi Louis XIV.

Napoléon prononça son discours de réception sur le rocher battu des vents, écouté par les aigles qui avaient visité Prométhée, et qui nous ont apporté sur leurs ailes les lambeaux tout enflammés de cette éloquence orageuse :

« J'ai été vaincu, moi qui n'avais que le canon et qui aurais
« su me servir de la foudre. »

. . . .

« J'ai conjuré le terrible esprit de nouveauté qui parcourait
« le monde. »

. . . .

« Il faut vouloir vivre et savoir mourir. »

. . . .

« Ils ont enchaîné mes mains; mais mon esprit voyage en-
« core dans les plis du drapeau français, quelles que soient ses
« couleurs. »

. . . .

« On a dit que je savais écrire, oui, parce que je savais
« commander; je savais commander parce que je savais vaincre;
« mon style, c'est mon épée; mes pages sont mes victoires;
« mon livre, c'est l'univers, ce livre où j'inscrivais pour épi-
« graphe sous l'inspiration de Dieu : La France sera le monde. »

. . . .

XXXVI

MILLEVOYE

1782—1816

Si Vauvenargues a été le soleil couchant de l'esprit religieux du dix-septième siècle, un Pascal sans catholicisme et un Fénelon sans mysticisme, Millevoye a été l'aurore aux pâles couleurs de ce beau soleil d'automne qui s'appelle Lamartine. Millevoye a aimé la poésie et surtout les femmes, cette poésie plus dangereuse; il les a aimées jusqu'à en mourir. Il a pu s'écrier à bon droit dans un vers, qui, du reste, est plutôt un vers de fat qu'un vers de poëte :

Femmes par qui je meurs, vous à qui je pardonne !

Ce qui rappelle assez ce vers de Dorat, qui a trouvé la mort au même pays :

Il est passé, le temps des cinq maîtresses !

Millevoye était surtout un faiseur de romances dignes d'être mises en musique par la reine Hortense et chantées par Blangini. Toute la pléiade chevaleresque et catholique de la Restauration a marché sous son oriflamme *.

Celui-là cependant était né poëte. A force de chercher la femme, il a rencontré la muse; il était tard déjà parce qu'il devait mourir tôt. Aussi la muse vint-elle à lui avec des pressentiments funèbres. Plus d'une fois elle avait frappé à sa porte, dont l'amour avait fermé le verrou; mais, à travers la porte, Millevoye avait pu entendre quelque refrain attendri de la visiteuse attristée. Enfin elle entra, mais avec des habits de deuil; Millevoye se jeta dans ses bras en fondant en larmes, parce qu'elle allait lui dicter l'*Anniversaire,* le *Poëte mourant* et la *Chute des feuilles :*

> De la dépouille de nos bois
> L'automne avait jonché la terre;
> Le bocage était sans mystère,
> Le rossignol était sans voix.
> Triste et mourant, à son aurore,
> Un jeune malade à pas lents
> Parcourait une fois encore
> Le bois cher à ses premiers ans.
> « Bois que j'aime, adieu, je succombe ;
> Votre deuil me prédit mon sort;
> Et dans chaque feuille qui tombe
> Je vois un présage de mort.

---

* Il a donné l'air connu à quelques poëtes qui, même encore aujourd'hui, à leur insu, s'accompagnent sur la mandore de Millevoye.

Fatal oracle d'Épidaure,
Tu m'as dit : « Les feuilles des bois
« A tes yeux jauniront encore :
« Mais c'est pour la dernière fois.
« L'éternel cyprès t'environne ;
« Plus pâle que la pâle automne
« Tu t'inclines vers le tombeau ;
« Ta jeunesse sera flétrie
« Avant l'herbe de la prairie,
« Avant le pampre du coteau. »
Et je meurs... de leur froide haleine
M'ont touché les sombres autans ;
Et j'ai vu comme une ombre vaine
S'évanouir mon beau printemps !
Tombe, tombe, feuille éphémère !
Voile aux yeux ce triste chemin ;
Cache au désespoir de ma mère
La place où je serai demain.
Mais vers la solitaire allée
Si mon amante désolée
Venait pleurer quand le jour fuit,
Éveille par ton léger bruit
Mon ombre un instant consolée. »
Il dit, s'éloigne, et sans retour.
La dernière feuille qui tombe
A signalé son dernier jour.
Sous le chêne on creusa sa tombe ;
Mais son amante ne vint pas
Visiter la pierre isolée ;
Et le pâtre de la vallée
Troubla seul du bruit de ses pas
Le silence du mausolée.

Heureux poëte, ce poëte malheureux! Il est venu, comme un divin inspiré, à l'heure où la renommée écoute, prendre l'archet d'or de la nature et jouer son air sublime dont l'écho se prolongera de siècle en siècle. Heureux poëte! après Gray, il a eu son *Cimetière de campagne;* avant Lamartine, il a eu son *Lac.*

C'est au bois de Boulogne que Millevoye aimait les grands bois; c'est dans les prés Saint-Gervais que Millevoye retrouvait Théocrite. S'il voulait trouver son cœur, c'était dans un appartement de petit-maître, où il rentrait cravache à la main et où l'attendait quelque femme de colonel parti pour Wagram, laquelle, dans son désespoir, avait étudié les modes à l'école de madame Hamelin. On déjeunait, et, quand l'amour avait monté sa gamme sur le vin de Champagne, on écrivait sur la nappe les rimes légères du *Déjeuner.*

Comme Gilbert, Millevoye cherchait l'inspiration à cheval; et parce qu'il ne pouvait pas, comme Lamartine, aller chercher en Orient les petites-filles de la cavale du prophète, il pleurait au moins avec l'*Arabe gémissant sur le tombeau de son coursier.*

Vie rapide, multiple pourtant. Il eut le temps, quoiqu'il soit mort avec sa jeunesse, d'être poëte, et poëte lauréat, avocat et amoureux, mari et amant, enfin libraire, comme s'il eût voulu éditer tous les romans de sa vie[*].

Que d'âmes, plus savantes en mélancolie qu'en poé-

---

[*] Il fut couronné à l'Académie pour un discours en vers sur la condition des gens de lettres. Napoléon l'avait traité comme un homme de lettres de condition. Mais Louis XVIII lui fit faillite, en réduisant la pension napoléonienne de six mille francs à la pension bourbonienne de dix-huit cents francs.

tique, en sont encore à ces cantiques-romances d'Éliacin-Chérubin! Combien qui passent sans s'attendrir devant la neige toute rose et toute bleue de poésie sur laquelle M. Alfred de Vigny a promené les pieds nus de la muse romantique, et qui sanglotent encore au pas du destrier qui emporte *Emma et Éginhard!*

Millevoye mourut à Neuilly, ce pays des mélancolies bourgeoises, un jour de promenade, appuyé au bras de sa femme, n'osant pas redire la *Chute des feuilles* à la naïade dérobée sous les pâles feuillages, mais ne pouvant s'empêcher de murmurer à demi-voix quelques strophes du *Poëte mourant* :

> La fleur de ma vie est fanée,
> Il fut rapide, mon destin!
> De mon orageuse journée
> Le soir toucha presque au matin.

> Il existe, dit-on, sur un lointain rivage
> Un arbre où le Plaisir habite avec la Mort ;
> Sous ses rameaux touffus malheureux qui s'endort !
> Volupté des amours, cet arbre est ton image.
> Et moi, j'ai reposé sous le mortel ombrage ;
> Voyageur imprudent, j'ai mérité mon sort.

Volupté des amours! N'est-ce pas toujours la volupté qui tue le poëte — quand ce n'est pas la soif de l'infini — quand ce n'est pas le café — quand ce n'est pas l'absinthe?

XXXVII

JOSEPH DE MAISTRE

1753—1821

Le monde est toujours gouverné par les grands esprits, sous l'inspiration de Dieu ; mais jamais le disciple ne succède à son maître. La vérité d'hier sera ensevelie aujourd'hui pour ressusciter demain. La lumière succède aux ténèbres, le printemps avec ses roses à l'hiver endormi dans la neige, l'apôtre armé de la foudre de Dieu au philosophe armé du rire de Satan, le comte de Maistre à M. de Voltaire.

Millevoye venait de mourir. M. de Maistre, qui était venu à Paris rendre hommage à son ami Louis de Bourbon, dix-huitième de nom, y fut retenu par son ami M. de Bonald, qui, sous prétexte de l'initier aux gloires littéraires, le conduisit chez les quarante, et lui fit ainsi faire ses visites sans qu'il s'en doutât. Aussi le gentilhomme piémontais ne fut-il pas médiocrement surpris quand le journal lui annonça que le comte de Maistre était élu à l'Académie française pour occuper le fauteuil de Descartes.

Le comte de Maistre était, comme le Jupiter homérique, un assembleur de nuages, mais de nuages que déchire la foudre. Joseph de Maistre, c'est, avec un air plus superbe, c'est, avec la malice du diable en moins, Voltaire qui a retourné son habit.

Il tint l'Académie sous son éloquence deux heures durant. On n'était pas habitué à cette parole, qui illumina l'Institut comme si le soleil lui-même y fût entré. Voici, sans commentaire, quelques pages de ce discours où l'orateur toucha à tout.

« Buffon, qui était au moins un très-grand écrivain,
« a dit, dans son discours à l'Académie, que *le style*
« *est tout l'homme*. On pourrait dire aussi qu'*une na-*
« *tion n'est qu'une langue*. Voilà pourquoi la nature a
« naturalisé ma famille chez vous, en faisant entrer la
« langue française jusque dans la moelle de mes os.
« En fait de préjugés sur ce point, je ne le céderais à
« aucun de vous, messieurs. Il ne me vient pas seule-
« ment en tête qu'on puisse être éloquent dans une
« autre langue autant qu'en français, — excepté quand
« on efface sur les pièces de cent sous *Christus regnat,*
« *vincit, imperat,* pour y substituer *Cinq francs*.

« Ah! pourquoi cette belle langue a-t-elle si souvent
« servi le talent du mal! Chez vous, toutes les erreurs
« de la Révolution sont sublimées par de savants al-
« chimistes.

« Il y a deux sortes d'intelligences : la première,
« c'est la nature qui la donne; l'autre nous vient de
« l'éducation. Mais celle-ci est inutile si la première
« nous manque. A quoi sert la lumière du soleil si on a
« les yeux fermés? Ici, messieurs, le soleil luit pour tout
« le monde, et je parle devant les deux intelligences. »

Un peu plus loin, et sans craindre le regard d'aigle de madame de Staël, il ajouta à l'*Éducation des filles* de Fénelon un chapitre qui n'est pas le moins beau :

« Faire des enfants ce n'est que de la peine; mais
« le grand honneur est de faire des hommes, et c'est là
« ce que les femmes font mieux que nous. Croyez-vous,
« messieurs de l'Académie, que j'aurais beaucoup
« d'obligations à ma femme si elle avait composé un
« roman au lieu de faire un fils? Mais faire un fils, ce
« n'est pas le mettre au monde et le poser dans un
« berceau : c'est en faire un brave jeune homme qui
« croit en Dieu et n'a pas peur du canon. Le mérite de
« la femme est de régler sa maison, de rendre son mari
« heureux, de le consoler, de l'encourager et d'élever
« ses enfants, c'est-à-dire de faire des hommes : voilà
« le grand accouchement qui n'a pas été maudit comme
« l'autre. Les femmes n'ont d'ailleurs fait aucun chef-
« d'œuvre dans aucun genre. Elles n'ont fait ni l'*Iliade*,
« ni l'*Énéide*, ni la *Jérusalem délivrée*, ni *Phèdre*, ni
« *Athalie*, ni *Rodogune*, ni le *Misanthrope*, ni le *Pan-
« théon*, ni la *Vénus de Médicis*, ni l'*Apollon*, ni le
« *Persée*. Elles n'ont inventé ni l'algèbre, ni les té-
« lescopes, ni le métier à bas : mais elles font quelque
« chose de plus grand que tout cela : c'est sur leurs

« genoux que se forme ce qu'il y a de plus excellent
« dans le monde : un honnête homme et une honnête
« femme. »

Il termina en multipliant les oracles, en ouvrant ses mains pleines de paradoxes :

« Il n'y a plus de poésie dans le monde. Et comment
« y en aurait-il? il n'y a plus de religion ni d'amour.
« Mais, si jamais les poëtes revenaient, quelle épopée
« que la révolution française, cet immense déchaîne-
« ment contre le catholicisme et pour la démocratie,
« aboutissant au triomphe du catholicisme, à l'abaisse-
« ment de la démocratie! »

L'académicien de 1816 fut bientôt perdu pour la France. Il s'en alla mourir à Turin, dans les quiétudes de la famille, et devinant bien que le monde serait bientôt encore agité par l'idée révolutionnaire.

La terre tremble, et vous voulez bâtir? Ce sont les dernières paroles de Joseph de Maistre au conseil des ministres du roi de Sardaigne. Ces paroles, on peut les dire à tous les rois de ce siècle penché sur l'abime, à tous les hommes de ces temps périlleux où nous cherchons un point d'appui.

Joseph de Maistre a-t-il eu tort de croire que le point d'appui c'est le ciel, si nous voulons vivre sans chanceler sur la terre?

La terre tremble, et on a bâti! Que dirait-il aujourd'hui, le comte Joseph de Maistre, au conseil des ministres du roi de Sardaigne — je me trompe — du roi d'Italie!

XXXVIII

DÉSAUGIERS

1772—1803

Cependant le quarante et unième fauteuil était fier à juste titre, tout relégué qu'il fût au seuil de la porte, d'être ainsi occupé par les plus illustres. On assure que la nuit il levait les bras avec quelque pitié en regardant certains fauteuils de sa connaissance, qui n'étaient guère que des lits de repos pour ceux qui n'avaient rien fait. Une nuit il se prit d'éloquence avec deux fauteuils jusque-là habités par l'inconnu, le troisième et le vingtième. On se dit des malices de part et d'autre, mais les deux fauteuils furent à jamais humiliés.

Désaugiers consentit à prendre le chemin de l'Académie, — par le plus long, — et encore ce fut à la condition que M. Viennet ferait ses visites, que M. Jay ferait son discours et que M. Jouy le prononcerait.

Contraste des contrastes! tout n'est que contraste. Désaugiers succéda à Joseph de Maistre.

Pour Désaugiers, le point d'appui, pour ne pas chanceler sur la terre, c'était une table entourée d'amis babillards et égayée par les couleurs de pourpre et d'or du vin de Bourgogne et du vin de Champagne.

On a dit du cœur de Désaugiers : « C'est une fête continuelle ; » on peut dire de son esprit : C'est une chanson à boire.

Celui qui a fini par une chanson à boire a commencé par une élégie, celui qui avait rappelé sur ses lèvres le rire attique et gaulois d'Anacréon et de Rabelais avait, à dix-sept ans, appris les mélancolies des buveurs d'eau, à telle enseigne, qu'il a passé six belles semaines au séminaire de Saint-Sulpice. Il est vrai que le chevalier de Boufflers, la belle humeur en personne, y avait passé six mois — à composer *Aline, reine de Golconde*.

J'ai dit Anacréon et Rabelais : oui, Anacréon, couronné de pampre bourguignon; oui, Rabelais, car *Cadet Buteux* est un autre Panurge qui traverse la gaieté parisienne. Il a, lui aussi, sucé le lait nourricier de la muse gauloise.

Désaugiers chanta après la Révolution le réveil de la gaieté. Il fut de toutes les académies chantantes. Ne croyez pas que celui-là chantait à jeun, il chantait à table presque toujours, vrai Molière de la chanson, à la fois auteur et comédien. Comme sa chanson était jolie et comme il la chantait!

Le pauvre homme! il chanta jusqu'à son épitaphe, épitaphe scarronnesque, aux rimes riches :

> Ci-gît, hélas! sous cette pierre,
> Un bon vivant, mort de la pierre.
> Passant, que tu sois Paul ou Pierre,
> Ne va pas lui jeter la pierre *.

Non, nous ne lui jetterons pas la pierre à celui-là, qui croyait à la gaieté parce qu'il avait le cœur sur les lèvres. Oh! le beau rire qui court du vin de Chambertin au vin d'Aï, qui éclate à la fois sur la bouche de l'épicurien ivre-gai et de la fille du cabaret ivre-amoureuse, tant il est à la portée de tout le monde! Ce n'est pas Désaugiers qui aurait dit du vin ce beau vers d'un rhéteur qui ne boit pas :

> Buvons-le chastement comme le sang d'un Dieu.

Ce qui n'empêchait pas Désaugiers d'être un bon chrétien. Mais son verre n'était pas un calice, et il ne pensait pas au lacryma-Christi en chantant son antienne.

Un soir, — après souper, — comme quelques académiciens lui parlaient de l'Académie, il répondit par

---

* Désaugiers a écrit sur la mort de Scarron quatre vers qui semblent faits sur la mort de Désaugiers :

> La gaieté qu'à ses maux il opposa toujours
> Ne peut se comparer qu'à celle qu'il inspire,
> Et la Parque étonnée, en terminant ses jours,
> A vu sa dernière heure et son dernier sourire.

ces braves couplets comme un autre eût répondu par un mot amer : .

> Un fauteuil les bras ouverts!
>   Je n'en suis pas digne,
> Car les meilleurs de mes vers
>   Chantent sous la vigne.
>
> Loin de vous j'ai navigué,
> Toujours libre et toujours gai :
>   J'aime mieux ma mie,
>   O gué!
>   Que l'Académie.
>
> On ne chante pas chez vous,
>   Et l'on n'y boit guère.
> Mes discours sont des glouglous :
>   Que dirait mon verre?
>
> Loin de vous j'ai navigué,
> Toujours libre et toujours gai ;
>   J'aime mieux ma mie,
>   O gué!
>   Que l'Académie.
>
> Je désapprends mon latin
>   Sur deux lèvres roses,
> Et n'aime, soir et matin,
>   Que l'esprit des roses.
>
> Loin de vous j'ai navigué,
> Toujours libre et toujours gai ;
>   J'aime mieux ma mie,
>   O gué!
>   Que l'Académie.

La fille du cabaret,
   Brune, rousse ou blonde,
Me verse avec son clairet
   Tout l'esprit du monde.

Loin de vous j'ai navigué,
Toujours libre et toujours gai ;
   J'aime mieux ma mie,
      O gué !
   Que l'Académie.

L'Institut a l'air en deuil,
   Ne vous en déplaise :
Offrez donc votre fauteuil
   Au père Lachaise.

Loin de vous j'ai navigué,
Toujours libre et toujours gai ;
   J'aime mieux ma mie,
      O gué !
   Que l'Académie.

XXXIX

PAUL-LOUIS COURIER

1772—1829

Paul-Louis Courier ranima l'esprit français. Ce fut encore un Grec dépaysé, mais un Grec qui s'était réveillé un jour de vendange au pied des vignes de Rabelais.

Comme Paul-Louis Courier faisait ses visites, il rencontra le général Foy : « Où allez-vous ? — N'en dites dites rien à personne, je vais à l'Académie.— A l'Académie ! — Et pourquoi n'irais-je pas ? Mes illustres contemporains Ferrand, Lacuée, Dureau, Villar, Bigot, Aignan, Auger et Bausset ne m'ont-ils pas montré le chemin ? Je sais bien qu'ils sont plus célèbres que moi ; mais, dès que je serai de l'Académie, on reconnaîtra que je sais assez de grec pour écrire en français. — Vous n'y entendez rien, mon cher ami ; il faut autre chose que du grec et du français pour être admis dans cette illustre assemblée; la plupart de ceux dont vous me parlez ne savent ni le grec ni le français, mais ils ont des principes. — Vous avez peut-être raison, et je me rappelle ces paroles mémorables de mon père : *Tu ne feras jamais rien.* — Votre père n'a pas dit cela; il a dit : *Tu ne seras jamais rien,* tu seras Paul-Louis Courier, *id est* rien : terrible mot. »

Et les deux amis se promenèrent bras dessus bras dessous sur le pont des Arts. « Voyez, reprit le général Foy, la grande ville en travail est coupée en deux : d'un côté, c'est la lettre morte, c'est-à-dire les cinq académies, la Chambre des pairs et la Chambre des députés; de l'autre côté, c'est la lettre vivante, c'est-à-dire le peuple qui essaye ses forces dans les labeurs de la vie, le journal qui forge ses idées sur l'enclume pour qu'elles soient bien affilées quand le jour sera venu. N'allez pas du côté des académies. — Tant qu'il vous plaira, mon cher général; mais moi, je suis pour la lettre morte, car c'est toujours là qu'est la vraie éloquence. Revenu des rêveries politiques, je laisse à Dieu tout le travail et tout l'honneur des révolutions; on corrige un sot, on ne corrige pas une nation. Quand je me battais pour Bonaparte ou pour Napoléon, savez-vous quels étaient ma joie et mon chagrin, toute ma passion du moment? C'était d'arracher à nos soldats quelques chefs-d'œuvre de l'antique ou de la renaissance déjà à moitié brisés dans leurs jeux barbares. Ah! mon ami, la *Vénus* de la villa Borghèse a été blessée à la main par quelque

descendant de Diomède; l'*Hermaphrodite, immane nefas,* a un pied brisé, et le *Cupidon dérobant les armes d'Hercule* est tombé en éclats. J'ai écrit sur son piédestal : *Lugete, Veneres Cupidinesque.* Comme il était joli, tout encapuchonné d'une peau de lion! Il portait la massue comme s'il portait le carquois. Ah! Mengs et Winckelmann en fussent morts de douleur!
— Quoi! s'écria le général Foy, voilà tout le regret qui vous reste de cette république que vous avez servie? — Que j'ai servie, mais que je n'ai pas aimée : régime violent et impitoyable. Le meilleur gouvernement est celui qui laisse rêver les rêveurs. — Adieu, mon cher Paul-Louis! Allez à l'Académie; nul n'échappe à sa destinée. »

L'Académie française consola le traducteur de Longus d'avoir échoué à l'Académie des inscriptions. On se préoccupa beaucoup du discours qu'il allait faire; nul ne doutait que ce ne fût encore un pamphlet. Aussi le roi avait-il dit qu'il y mettrait bon ordre. Mais Paul-Louis Courier, qui ne voulait pas être interrompu à son premier mot, prit des airs de bonhomme pour dire ses malices.

Il s'inclina profondément et commença ainsi :

« Messieurs, je suis bien fier de me trouver au mi« lieu de vous, car je ne suis qu'un paysan sachant « nouer la gerbe quand elle est mûre et fouler la « grappe qui tressaille dans la cuve. Tous les mois« sonneurs et tous les vignerons de France et de Na« varre vous sauront gré, messieurs, à vous qui êtes « l'honneur de la noblesse et l'honneur des lettres,

« d'avoir accueilli un pauvre paysan comme moi, un
« homme de rien abîmé dans l'étude, quand vous
« pouviez donner ce fauteuil à tant d'hommes de mé-
« rite ayant des titres — sur parchemin. »

Paul-Louis Courier décocha ces mots sans avoir l'air
d'y toucher, disant que ce ne serait pas faute d'o-
reilles si la noblesse n'entendait pas.

« Ah! messieurs, continua-t-il avec son persiflage
« masqué, nous ne sommes plus au bon temps où l'on
« était soldat sans faire la guerre et académicien sans
« savoir lire. Molière n'écrirait plus aujourd'hui :
« *La coutume de France ne veut pas qu'un gentil-*
« *homme sache rien faire.* Vous avez tous prouvé qu'un
« gentilhomme sait tout faire.

« Il faut savoir gré à Napoléon, restaurateur des
« lettres et des titres, sauveur des parchemins, d'avoir
« compris son temps, d'avoir enrégimenté les beaux-
« arts, organisé les sciences et les lettres comme les
« droits réunis ; sans lui la France perdait l'Académie
« et le blason ; mais il avait trop de génie pour ne pas
« reconnaître que, dans un pays comme le nôtre, il
« faut des gentilshommes pour faire des soldats. Aussi
« il faisait des gentilshommes avec des soldats et des
« académiciens avec des gentilshommes. »

Paul-Louis Courier avait été soldat, soldat sans enthousiasme, comme Descartes, d'autant plus braves
tous les deux qu'ils voyaient les fumées de la poudre,
et non les fumées de la gloire. Paul-Louis Courier
mourut d'un coup de feu, comme un soldat, mais dans
les hasards de la bataille de la vie.

XL

BENJAMIN CONSTANT

1767—1830

Benjamin Constant, c'était, sous un masque de marbre, la tempête dans le cœur. Mais eut-il autre chose que les ironies de la passion? Il était amoureux de tout, mais il n'aimait rien. Aussi fut-il toujours infidèle : les femmes, la république, l'empire, la monarchie, il ne les aima que pour les trahir. C'était un enthousiaste qui, dans ses passions soudaines, mangeait son blé en herbe. Pour lui le lendemain de tout arrivait la veille.

Ne s'est-il pas peint lui-même, quand il a dit d'Adolphe qu'il était puni de ses qualités plus encore que de ses défauts, parce que ses qualités prenaient leur source dans ses émotions et non dans ses principes? Ne s'est-il pas reconnu quand il s'est écrié, le cœur tout saignant du mal qu'il avait fait : « Je hais cette vanité qui s'occupe d'elle-même en racontant le mal qu'elle a fait, qui, planant indestructible au milieu des ruines, s'analyse au lieu de se repentir. »

Voilà qui peint par un trait lumineux. Et cette dernière page d'*Adolphe* : « J'aurais juré qu'il a été puni de son caractère par son caractère même ; qu'il n'a suivi aucune route fixe, rempli aucune carrière utile ; qu'il a consumé ses facultés, sans autre direction que le caprice, sans autre force que l'irritation. Les circonstances sont bien peu de chose, le caractère est tout. C'est en vain qu'on brise avec les objets et les êtres extérieurs, on ne saurait briser avec soi-même. On change de situation ; mais on transporte dans chacune le tourment dont on espérait se délivrer ; et comme on ne se corrige pas en se déplaçant, l'on se trouve seulement avoir ajouté des remords aux regrets et des fautes aux souffrances. »

Benjamin Constant voulut se consoler de tout par le jeu, et, après avoir cru à tout, il ne voulut plus croire qu'à la mort. « Vive la liberté ! cria sur son tombeau M. de Lafayette en décembre 1830. — Oui, vive la liberté ! » disait l'âme du démocrate railleur, qui, jusque-là toujours esclave des passions de la terre, laissait à la terre ce corps meurtri par toutes les blessures des amours et des ambitions désespérées. Quoique Benjamin Constant fût un grand esprit, il avait beaucoup vécu pour son corps. Beau dans sa jeunesse, beau jusque sous sa couronne de cheveux blancs, il avait posé tour à tour pour l'Apollon et l'Alcibiade.

Combien de fois, s'enivrant aux coupes toutes pleines des voluptés, il avait sacrifié les horizons de l'intelligence pour les ciels orageux des passions!

Ce grand esprit, qui ne laissa guère qu'une page de roman parce qu'il voulut embrasser le monde, qui n'étendit jamais ses conquêtes parce qu'il voulut tout conquérir à la fois, était né héros de roman; aussi fut-il romanesque jusqu'à l'heure de sa mort, tout à la fois paresseux et violent, tendre et ironique, passionné et dédaigneux, jouant le même jour Werther et Méphistophélès, avec sa maîtresse comme avec la démocratie.

En ses beaux jours de démocratie, aura-t-il la foi, lui qui a l'enthousiasme? Non, ces quelques lignes ne sont-elles pas l'épigraphe finale de sa vie politique : « Le genre humain est né sot et mené par des fripons, c'est la règle; mais entre fripons et fripons, je donne ma voix aux Mirabeaux et aux Barnaves, plutôt qu'aux Sartines et aux Breteuils. »

En ce temps-là les meilleurs amis de Manfred avant la lettre, c'étaient Louvet et Duclos, *Faublas* et *les Liaisons dangereuses*.

Il n'a jamais eu la foi, pas même en lui. Il se calomniait moins qu'il ne le croyait, quand il écrivait à une femme : « Adieu, répondez-moi. Envoyez-moi du nectar, je vous envoie de la poussière, mais c'est tout ce que j'ai. Je suis tout poussière; comme il faut finir par là, autant vaut-il commencer par là. »

Comme le philosophe, il se disait à toute heure : « A quoi bon? » A quoi bon prendre un livre? à quoi bon prendre une plume? « Nous n'avons pas plus de motifs pour acquérir de la gloire, pour conquérir un empire ou pour faire un bon livre, que nous n'en avons pour faire une promenade ou une partie de whist. » Il dit encore : « Je suis parvenu à ce point de désabusement, que je ne saurais que désirer si tout dépendait de moi. » Mais il ne parlait ainsi qu'après l'heure de l'enthousiasme. Les stériles aspirations le rejetaient bientôt dans les aventures. Il fut un de ces beaux du Directoire qui baisaient avec adoration les pieds nus ornés de bagues de madame Tallien. Il passait de madame Charrières à madame de Staël avec la grâce d'un muscadin accompli : Carle Vernet et Boilly l'ont crucifié dans leurs caricatures.

Ce fut pourtant alors que sa figure efféminée prit quelque caractère. Il se révéla tribun ; mais on vit bientôt qu'avec la politique ce n'était qu'un jeu, comme avec les femmes. Il avait plus d'éloquence que de force. Prendrez-vous au sérieux ce réformateur qui écrivait à sa maîtresse : « Au milieu de toutes ces révolutions, j'ai le chagrin de n'être occupé que de vous seule. *Le monde croulerait que je ne songerais qu'à vous.* » Et encore pour la vérité, il fallait qu'il écrivît : *Le monde croulerait que je ne songerais qu'à moi.*

Il faut d'ailleurs lui rendre cette justice, que de ce *moi* qui était tout son amour, il faisait bon marché pour l'honneur de son nom. Ses duels furent célèbres, il se battit jusque dans son fauteuil.

De madame de Staël, il passa à madame Krudner, de madame Krudner à madame Récamier; comme on l'a dit, il n'a jamais cherché que les *bleues*, tant sa vanité avait soif de vanité, tant son cœur tourmenté ne se trouvait bien que dans l'enfer de l'esprit. Mais cet enfer avait ses échappées sur le paradis, ne sentait-il pas quelquefois battre son cœur, celui qui disait :

« L'amour crée, comme par enchantement, un passé dont il nous entoure. Il nous donne, pour ainsi dire, la conscience d'avoir vécu, durant des années, avec un être qui naguère nous était presque étranger. L'amour n'est qu'un point lumineux, et néanmoins il semble s'emparer du temps. Dans peu de jours il n'existera plus; mais, tant qu'il existe, il répand sa clarté sur l'époque qui l'a précédé, comme sur celle qui doit le suivre. »

Cet homme, qui n'avait jamais posé le pied que sur les volcans, qui s'était embarqué pour toutes les révolutions, fut apporté mourant à l'hôtel de ville le 29 juillet 1830. Lafayette lui avait écrit, croyant que sa lettre le trouverait au jeu : « Il se joue ici une partie où nos têtes servent d'enjeu, apportez la vôtre. »

Benjamin Constant ne survécut guère à ce renouveau révolutionnaire, qui ne devait durer que trois jours. On lui parla de l'Académie, il répéta encore le mot du philosophe : « A quoi bon? » Il échoua devant M. Viennet, et demanda pourquoi : — C'est que pour l'Académie son heure était passée ou qu'elle n'était pas encore venue. — Ou plutôt c'est que, pendant que les quarante votaient, il jouait au trente et quarante.

Il se consola du fauteuil qu'il perdait — c'était celui de Cassagne — en s'asseyant au fauteuil de Descartes.

« *Que sais-je?* » dit-il en mourant.

XLI

HÉGÉSIPPE MOREAU

1810—1838

Armand Carrel et Hégésippe Moreau, — le prosateur et le poëte de la nouvelle révolution, — se présentèrent pour succéder à Benjamin Constant.

Qui pourra reconnaître dans un siècle la figure d'Armand Carrel, si on se souvient que l'Homère du christianisme et de la monarchie, M. de Chateaubriand, a entretenu d'une main pieuse les fleurs du tombeau de Saint-Mandé; — si on se souvient de cette entrevue où les députés du peuple appelaient le rédacteur du *National : Citoyen;* et où le rédacteur du *National* leur offrait des fauteuils dorés en leur répondant avec une grâce sévère : *Messieurs;* — si on lit que M. Émile de Girardin, sur qui tomba la fatalité de sa mort, est resté, à travers les épreuves les plus orageuses, le plus intraitable amant de la liberté?

Armand Carrel ne fut pas du quarante et unième fauteuil. On lui reprocha de venir trop tôt ou trop tard. Soldat, il lui fallait la guerre de la République; prosateur, il lui fallait une passion plus vive et plus humaine; homme politique, il lui fallait une révolution de plus.

Mais Hégésippe Moreau était homme à vingt ans — grand poëte inconnu même de lui — mais né pour le trésor littéraire de la France.

Et pourtant le 20 décembre 1838, un infirmier de la Charité dit au carabin de service : « Le numéro 12 vient de mourir. » Et ce fut là toute l'oraison funèbre du numéro 12.

Le numéro 12! ô vanités de la poésie! On meurt pour laisser un nom immortel, et ce jour-là on annonce qu'un homme est mort à l'hôpital sous le numéro 12!

Or ce numéro 12 était le pseudonyme d'un nom destiné à la gloire : Hégésippe Moreau.

Il est mort de la poésie comme d'autres meurent de l'amour, comme quelques-uns du mal de la vie*.

La poésie a ses martyrs, comme la religion. On n'est poëte qu'à la condition de souffrir. Lord Byron, avec tous ses millions, a porté sur les océans les amers désespoirs de son cœur. Hégésippe Moreau expire sur

---

* « Poésie, poésie! douce et enivrante musique! elle vous sert
« de pain et d'amour; vous la récitez à l'oiseau qui chante et qu
« s'arrête dans son chant commencé pour savoir votre chanson! »
Ainsi parle Jules Janin, un poëte, dont les phrases n'ont pas de rimes, mais s'entre-baisent avec une musique charmante.

un lit d'hôpital. Qui peut dire lequel fut le plus malheureux? Pierre Corneille raccommodait ses chausses et regardait passer Jean Racine qui s'en allait dîner avec Louis XIV et madame de Maintenon. Mais Racine s'en revenait blessé à mort par un regard du roi, et Corneille se consolait de porter ses chausses déchirées avec sa bonne femme qui l'aimait ainsi équipé. Il faut en prendre son parti, et traverser bravement cette voie douloureuse bordée de tombeaux. Périsse le poëte, pourvu que le poëme vive! Camoëns lutte contre toutes les fureurs de la mer : qu'importe, si la *Lusiade* est sauvée du naufrage? Pierre Corneille va mourir de faim, ou peu s'en faut, dans la rue d'Argenteuil : valait-il donc mieux qu'il tînt table ouverte à la place Royale et qu'il n'écrivît pas le *Cid* ?

Tout a manqué à Hégésippe : un père, une mère, un nom. S'il parle à sa sœur et de sa sœur, ne le croyez pas. C'est une sœur de rencontre, c'est une des Muses de poëte. La misère avait touché son berceau, comme une méchante fée : il la retrouva à son lit de mort. Comment s'armerait-on de sévérité contre sa vie en face de cette mauvaise conseillère, en face aussi de cette poésie qui n'a pas les virginales candeurs de la jeunesse, mais qui en a toutes les grâces et toutes les luxuriances?

On rencontrait plus souvent Hégésippe au café et chez les latines de la rue Saint-Jacques qu'aux bords de l'Hippocrène, dans le cénacle des neuf Muses. Mais, s'il s'arrêtait un quart d'heure à Saint-Étienne du Mont, il priait*. Si un mirage lui rendait ses verts printemps de Provins, il pleurait; et ses prières et ses pleurs retombaient comme une rosée en des vers attendris que savent par cœur tous ceux qui ont vingt ans et tous ceux qui regrettent de ne les avoir plus.

Hégésippe, a été quelquefois Diogène : il n'avait pourtant pas bu le vin de son tonneau avant de s'y loger. Il le roulait de la maison de Périclès au réduit de Laïs, mais ce Diogène allait reposer son cynisme au pays de ses rêves : il mangeait le pain de la fermière, il se penchait sur le miroir enchanté de la Voulzie, et cueillait sur la rive ce myosotis qui est son âme et qui sera son souvenir :

> S'il est un nom bien doux fait pour la poésie,
> Oh! dites, n'est-ce pas le nom de la Voulzie?
> La Voulzie, est-ce un fleuve aux grandes iles? Non;
> Mais, avec un murmure aussi doux que son nom,
> Un tout petit ruisseau coulant visible à peine;
> Un géant altéré le boirait d'une haleine;
> Le nain vert Obéron, jouant au bord des flots,
> Sauterait par-dessus sans mouiller ses grelots.
> Mais j'aime la Voulzie et ses bois noirs de mûres,
> Et dans son lit de fleurs ses bonds et ses murmures.
> Enfant, j'ai bien souvent, à l'ombre des buissons,
> Dans le langage humain traduit ces vagues sons;

---

*   Conduite à Bethléem par l'étoile des rois,
    Au Gloria des cieux, Muse, mêle ta voix;
    Rallume l'âtre éteint de Marthe et de Marie,
    Consulte le Voyant au puits de Samarie;
    Et, fidèle au gibet de ton Dieu méconnu,
    Sous le sang rédempteur prosterne ton front nu.

Pauvre écolier rêveur, et qu'on disait sauvage,
Quand j'émiettais mon pain à l'oiseau du rivage,
L'onde semblait me dire : « Espère! aux mauvais jours
Dieu te rendra ton pain. » — Dieu me le doit toujours!
C'était mon Égérie, et l'oracle prospère
A toutes mes douleurs jetait ce mot : « Espère!
Espère et chante, enfant dont le berceau trembla,
Plus de frayeur : Camille et ta mère sont là.
Moi, j'aurai pour tes chants de longs échos... » — Chimère,
Le fossoyeur m'a pris et Camille et ma mère.
J'avais bien des amis ici-bas quand j'y vins,
Bluet éclos parmi les roses de Provins :
Du sommeil de la mort, du sommeil que j'envie,
Presque tous maintenant dorment, et, dans la vie,
Le chemin dont l'épine insulte à mes lambeaux,
Comme une voie antique, est bordé de tombeaux.
Dans le pays des sourds j'ai promené ma lyre;
J'ai chanté sans échos, et, pris d'un noir délire,
J'ai brisé mon luth, puis, de l'ivoire sacré
J'ai jeté les débris au vent... et j'ai pleuré!
Pourtant je te pardonne, ô ma Voulzie! et même,
Triste, j'ai tant besoin d'un confident qui m'aime,
Me parle avec douceur et me trompe, qu'avant
De clore au jour mes yeux battus d'un si long vent,
Je veux faire à tes bords un saint pèlerinage,
Revoir tous les buissons si chers à mon jeune âge,
Dormir encore au bruit de tes roseaux chanteurs,
Et causer d'avenir avec tes flots menteurs.

XLII

STENDHAL

1783—1842

Le philosophe Jouffroy, celui-là qui s'est donné tant de mal pour trouver le doute et pour fuir celui qui console, mais qui a fini par reposer son front meurtri sur les mains saignantes du Christ, a passé fièrement devant ce fauteuil où son maître Pascal, où son frère Benjamin Constant s'étaient assis glorieusement. La tribune l'a éloigné de l'Académie, lui qui n'avait rien à dire à toutes ces oreilles de quatre-vingt-six départements, lui qui eût été l'oracle inspiré des quarante. O vanité d'un jour qui perd sa part de gloire d'un siècle : Platon avait abandonné le Portique, Apollon avait abandonné l'Olympe — pour la Chambre des députés !

Ce fut Stendhal, un autre chercheur, qui remplaça Hegésippe Moreau.

Stendhal disait : « Je commencerai à être compris vers 1880. » J'ai bien peur que vers 1880 il ne soit plus guère question de lui. Il ressemble fort à cette fille du bal masqué, qui ne veut pas montrer sa figure et qui donne un rendez-vous à huit jours de là. A l'heure du rendez-vous, on ne pense plus à elle. Ces grands airs de sphinx qui n'a pas de secrets à dire, ces mille et un pseudonymes qui ne cachent pas un nom destiné à la gloire, ce paradoxe vivant qui ne sera la vérité que par hasard, ce dandysme du bourgeois qui veut jouer au Lauzun, toutes ces affectations de supériorité, quand le piédestal manque, se tournent plus tard contre l'œuvre et condamnent l'écrivain.

Comme romancier, Stendhal a eu son don et sa conquête. Sans doute, ses héros jouent tous avec trop d'obstination au Machiavel et au Napoléon ; mais ses héroïnes, qui sont d'un sang italien et français, n'empruntent rien de leur grâce d'amazones ni de leurs audaces voluptueuses aux blanches puritaines de Richardson et de Walter Scott, ni aux amoureuses enragées de Hugo et de George Sand. Ce qui fait leur force et leur charme, c'est qu'elles sont tout naturellement ce qu'elles sont : révoltées, socialistes sans système, amoureuses de sang, *rouges et noires*, roulant sur le tapis vert de l'amour, comme les y jette le hasard. Plus d'une fois Stendhal n'a été qu'un photographe, mais un photographe misanthrope qui savait choisir son point de vue.

Sur les arts, le point de vue de Stendhal n'était pas toujours juste. Sa trinité, c'était Canova, Corrége et

Cimarosa, avec Rossini pour maestro suppléant. Oui, le Corrége, qui est un des sept grands peintres, peut être adopté comme un pur idéal de grâce divine et de couleur élyséenne; sans doute Cimarosa chante au Pausilippe avec une voix qui a dû réveiller Virgile; mais Canova n'a pas été Pâris sur le mont Ida; il n'a vu de près que les princesses de son temps!

Pour Stendhal, le monde était une comédie où les passions jouaient les premiers rôles. On lui a demandé plusieurs fois sa profession; il répondait avec la gravité d'un maître d'école: *Observateur du cœur humain*. Le cœur humain, pour lui, c'était le cœur d'Ève, de Madeleine, de La Vallière, de Salomon, de don Juan, de Werther.

Quand on lui demandait s'il croyait, il répondait: « Je crois à l'amour*. »

Stendhal est un homme de lettres qui a écrit à l'usage des hommes de lettres, sans nul souci du public. Il a eu le tort d'avoir trop d'esprit, mais il se disait sans doute qu'il faut avoir beaucoup d'esprit pour en avoir assez. S'il se préoccupait du public, c'était pour le duper. Il n'était jamais de l'avis de personne, ni de son voisin, ni même de sa voisine.

---

* Selon M. Mérimée, qui l'a gravé en relief dans une pierre antique : « Il était fort impie, matérialiste outrageux, ou, pour mieux dire, ennemi personnel de la Providence. Il niait Dieu, et non-obstant il lui en voulait comme à un maître. Jamais il n'a cru qu'un dévot fût sincère. Je pense que le long séjour qu'il avait fait en Italie n'avait pas peu contribué à donner à son esprit cette tournure irréligieuse et agressive qui se montre dans tous ses ouvrages »

Rencontrer Stendhal, c'était rencontrer un ennemi ; en vain s'armait-on, pour le convaincre aujourd'hui, des opinions qu'il avait écrites hier : il disait que l'autorité la plus sérieuse n'avait qu'un jour de règne.

Je conterai un des vingt amours de Stendhal, celui-là qui a écrit sur l'amour, mais qui, après avoir beaucoup écrit et beaucoup aimé, n'avait pas encore une opinion précise, tant il est vrai que l'amour est toujours dans la vie une page écrite en hébreu. Donc Beyle était amoureux. C'était en Italie, le pays des galantes équipées. La dame avait un mari « jaloux comme un tigre, » disait-elle à Stendhal. Et Stendhal en étreignait la tigresse avec plus de passion. Les entrevues étaient mystérieuses. C'était un amour au clair de lune, mais avec toutes les ardeurs du soleil. Renaud se résignait à se cacher dans une petite villa à quelques lieues du jardin d'Armide. On lui écrivait l'heure du rendez-vous ; il partait incognito, déguisé avec toutes les défroques du carnaval. On l'a vu en pénitent blanc, lui qui ne croyait pas à la pénitence et qui n'avait pas été voué au blanc. Il arrivait, très-heureux d'avoir dépisté les espions. Il était attendu à la porte par une camériste silencieuse qui le conduisait à la chambre de la dame par un escalier dérobé ; mais, un soir, cette camériste s'amusa d'un seul mot à foudroyer ce château d'amour de Stendhal. « Le mari n'est pas jaloux, lui dit-elle ; c'est l'amant. — Quoi ! l'amant ! s'écrie Stendhal ; mais l'amant, c'est moi. — Non, monsieur ; l'amant, c'est un autre : c'est celui qui passe par le grand escalier. » Et, comme Stendhal doutait, cette fille poursuivit : « Venez demain ; vous n'êtes pas attendu, et vous verrez. » Il vint et il vit.

Est-ce l'amant trahi ou le philosophe qui va sortir de la cachette? Écoutez Stendhal lui-même : « Vous croirez peut-être que je sortis du cabinet pour les poignarder? Nullement. Il me sembla que j'assistais à la scène la plus bouffonne. J'allai prendre une glace, et je rencontrai des gens de ma connaissance qui, frappés de mon air gai, me dirent que j'avais l'air d'un homme qui vient d'avoir une bonne fortune. Tout en causant avec eux et prenant ma glace, il me venait des envies de rire irrésistibles, et les marionnettes que j'avais vues une heure avant dansaient devant mes yeux. »

Voilà le philosophe; mais, le lendemain, l'amant tue le philosophe; la passion ressaisit ce cœur qui ne croit plus à lui; une sombre tristesse envahit ce front et ces lèvres qui se croyaient le droit de rire de tout. Sa maîtresse se jette à ses genoux, et il la repousse comme un mari de mélodrame.

J'ai dit cette aventure galante de Stendhal pour prouver la fragilité de la philosophie de l'amour. Voilà un homme d'esprit qui fait un livre railleur sur les passions, et qui, à la première équipée amoureuse, se conduit comme un séminariste. Quoi! cette femme charmante, qui ne lui devait que son temps perdu, le convie aux fêtes de son cœur et aux fêtes de son alcôve; elle aiguillonne ses passions par des histoires de jalousie ; elle lui réserve à lui cet escalier dérobé qui, selon un poëte italien, est doux à monter comme l'échelle d'or qui va au ciel, et Stendhal ne tombe pas dans ses bras plus amoureux que jamais! Je dirais que c'est un sot, s'il ne l'avait dit lui-même.

Ce qui a le plus manqué à Stendhal, c'est la figure, car il avait une tête de Kalmouk ; et pour qui voyait cet amoureux persistant avec ses gros favoris, sa perruque, son nez retroussé, passant ou plutôt roulant comme un tonneau sur le boulevard des Italiens, tout en reluquant les femmes et tout en ayant l'air de leur dire avec sa lèvre malicieuse et affamée : « Je vous connais et je voudrais vous connaître encore, » ce n'était pas là l'homme qui avait écrit un livre sur l'amour.

Mais que lui importait votre opinion ? Son livre, il ne l'a pas écrit pour vous, mais pour lui. Et, quant à sa personne, si vous ne la trouvez pas digne une dernière fois de filer le parfait amour aux pieds d'Omphale, Hercule s'en consolera en brisant son fuseau devant la courtisane qui n'a pas d'opinion.

Stendhal eut son temps. Ce fut aux beaux jours de l'Empire, où les jambes bien faites faisaient leur chemin chez les femmes. Stendhal avait la jambe bien faite. Aussi, laissant à d'autres les jeux innocents de Werther, il se jetait à bride abattue dans toutes les folles perversités de Valmont. Toutefois il n'a jamais assez compté sur sa jambe, tant il avait peur que sa figure ne désorientât l'amour. Au lieu d'y aller bon jeu, bon argent, il se mettait en campagne par les sentiers perdus des surprises, toujours armé d'un peu d'esprit railleur, afin d'éviter le ridicule; mais, en amour, rien ne vaut la foi : la foi embrase, l'esprit éteint. Il pouvait s'écrier aussi, comme ce dandy d'un roman moderne : « Que ne suis-je, en certaines rencontres, ce rustre des dimanches qui va tout à l'heure, sans douter de lui, endimancher celle qui l'attend ! »

Mais Stendhal avait été soldat. Il avait bravement raillé la mort sur tous les champs de bataille de l'Empire. N'était-il pas en droit de railler l'amour dans tous les cercles de la Restauration ?

Ce roué dédaigneux, qui semblait bafouer les femmes et narguer les dignités, il a vécu aux pieds de madame Pasta et sollicitant sans cesse un consulat de première classe. A son dernier jour, vous auriez pu le rencontrer sur le boulevard des Capucines, non loin du ministère dont il attendait toujours une meilleure patrie à l'étranger, guignant de l'œil quelque figure chiffonnée d'Impéria parisienne égarée à la recherche d'une proie. Mais, ce jour-là, ce fut la mort qui saisit sa proie en plein boulevard. Voilà le lit de mort que trouva naturellement celui qui n'aimait pas ses amis et qui fuyait Dieu !

Quel est le dernier mot à dire sur cet oracle de carnaval romain ? Stendhal, non, je me trompe, Henri Beyle l'a écrit dans son épitaphe : *Henri Beyle, Milanais* (par l'esprit, car il était de Grenoble), *a aimé, a écrit, a vécu !*

Cette épitaphe vaut bien un livre de plus dans ses œuvres. Il ne restera peut-être que cette ligne de Stendhal; mais combien de plus bruyants qui ne laisseront rien du tout !

LXIII

SÉNANCOURT

1770—1846

———————

Cette muse des mélancolies alpestres m'a toujours rappelé la Vénus de Milo. Elle est belle, mais mutilée. Elle est taillée dans le marbre des chefs-d'œuvre, mais le marbre manque. O supplice des supplices, ne pouvoir fermer les bras sur l'amour qui déchire, mais qui apaise!

M. de Sénancourt a été un cœur sans bras.

Il a été aussi un navire sans voiles et sans gouvernail. A tous les coups de vent il échouait sur le sable sans se briser tout à fait. Le lendemain il se relançait au courant du cap des tempêtes, car ce qu'il allait chercher dans les mers perdues, c'était la source des larmes infinies. Que de lointains voyages avec les rêveries oisives, ces oiseaux des rives abandonnées qui chantent l'hymne saccadé du désespoir!

M. de Sénancourt a confié sa douleur aux solitudes des Alpes. Cette muse sensitive a marqué avec orgueil son pied tout saignant sur les neiges immaculées que le soleil seul a visitées après lui. C'est là qu'il a vu le néant des mondes périssables sans trouver le chemin des mondes futurs. Comme il ne croyait pas à ce qu'il voyait, il ne voulait pas croire à ce qu'il ne voyait pas.

Malheur! malheur! malheur! ce mot fatal est inscrit sur leur front, sur leur cœur et sur leur main. Leur mère leur a donné à sucer une mamelle pleine de larmes, la nature n'a été pour eux qu'une marâtre. Ils ont pris le monde en dédain superbe comme des rois déchus qui ne tireraient pas une seule fois l'épée pour remonter sur le trône. Mais ils ne savent pas que ces ébauches de la vie ne sont pas la vie; ils ne savent pas que celui-là est plus artiste mille fois qui accomplit bravement sa destinée. Quelque humble que soit le poëme de ses jours, un maçon qui pose en aveugle sa pierre au monument est plus grand que l'architecte qui ne bâtit que des châteaux en Espagne.

Il y a une maladie qui ravage la jeunesse, une maladie de l'âme qui pourrait s'appeler le *mal de vivre*. Obermann l'a subie jusqu'à en mourir. La vie est une fleur qui tombe du ciel dans une terre féconde ou sur un roc stérile. Elle pousse des deux côtés, là, belle et forte, avec toute la sève des vertes saisons; ici, pâle et étiolée, aspirant à la rosée et au soleil, mais ne trouvant que la mort. M. de Sénancourt avait pris racine sur un roc stérile. Pour lui, le soleil c'était le reflet du volcan ; pour lui, la rosée c'est la fonte des glaces. Et c'est là qu'il a vécu penché sur l'abîme, mais s'attachant avec désespoir à toutes les anfractuosités, à moitié mort, mais voulant vivre parce qu'il ne voyait pas le sillon lumineux de l'avenir dans les routes nocturnes du tombeau.

« Il y a l'infini entre ce que je suis et ce que je vou-
« drais être. » Ce fut le premier mot de M. de Sénancourt à l'Académie. Voulait-il être un homme ou un dieu? Il n'était ni l'un ni l'autre. Il étonna beaucoup les quarante fauteuils par la hardiesse de son idée et de sa phrase. Jusque-là, à l'Académie, on n'avait pas proclamé la philosophie du doute avec une si altière éloquence.

« Souvent je me repose dans cette idée, que le cours
« accidentel des choses et les effets directs de nos in-
« tentions ne sauraient être qu'une apparence, et que
« toute action humaine est nécessaire et déterminée
« par la marche irrésistible de l'ensemble des choses.
« Il me paraît que c'est une vérité dont j'ai le senti-
« ment ; mais, quand je perds de vue les considéra-
« tions générales, je m'inquiète et je projette comme
« un autre.

« Ces conceptions étendues qui rendent l'homme
« si superbe et si avide d'empire, d'espérances et de
« durée, sont-elles plus vastes que les cieux réfléchis
« sur la surface d'un peu d'eau de pluie qui s'évapore
« au premier vent? Le métal que l'art a poli reçoit

« l'image d'une partie de l'univers, nous la recevons
« comme lui. — Mais il n'a pas le sentiment de ce
« contact. — Ce sentiment a quelque chose d'éton-
« nant, qu'il nous plaît d'appeler divin. Et ce chien
« qui vous suit, n'a-t-il pas le sentiment des forêts,
« des piqueurs et du fusil, dont son œil reçoit l'em-
« preinte en répercutant les figures?

« L'homme qui travaille à s'élever est comme ces
« ombres du soir qui s'étendent pendant une heure,
« qui deviennent plus vastes que leurs causes, qui
« semblent grandir en s'épuisant, et qu'une seconde
« fait disparaitre.

« Et moi aussi j'ai des moments d'oubli, de force,
« de grandeur : j'ai des besoins démesurés, *sepulchri*
« *immemor!* Mais je vois les monuments des généra-
« tions effacées; je vois le caillou soumis à la main
« de l'homme, et qui existera cent siècles après lui.
« J'abandonne les soins de ce qui se passe, et ces pen-
« sées du présent déjà perdu. Je m'arrête étonné;
« j'écoute ce qui subsiste encore, je voudrais enten-
« dre ce qui subsistera : je cherche dans le mouve-
« ment de la forêt, dans le bruit des pins, quelques-
« uns des accents de la langue éternelle.

« Force vivante! Dieu du monde! j'admire ton
« œuvre, si l'homme doit rester; et j'en suis atterré,
« s'il ne reste pas. »

XLIV

FRÉDÉRIC SOULIÉ

1800—1847

Quiconque eût pénétré dans le cabinet d'études de Frédéric Soulié, se fût demandé si c'était pour aller au cirque que ce robuste gladiateur du feuilleton s'habillait ou plutôt se déshabillait ainsi. Car il vous recevait en chemise, la poitrine découverte, montrant sa force chevelue, comme eût fait Samson lui-même. C'est que celui-là ne se perdait pas en rêveries oisives ! Il écrivait comme il respirait, à pleins poumons et à pleines mains. Il avait escaladé le balcon de la Muse ; mais il n'y était resté qu'une nuit, comme Roméo chez Juliette.

Pourquoi les contemporains ont-ils élevé si haut le monument de Balzac, et pourquoi laissé-t-on déjà l'oubli s'étendre sur la pierre de Soulié? Il n'y a pourtant pas si loin d'un tombeau à l'autre! Est-ce que chez Frédéric Soulié les aspirations du poëte auraient nui à la fortune du romancier? Quand Hercule a brisé son fuseau aux pieds d'Omphale, ne retrouve-t-il pas toute sa vertu olympienne? Est-ce que cent volumes de prose ne suffisent pas pour faire pardonner un volume de vers?

Frédéric Soulié ressemble à un grand architecte qui a amassé des montagnes de matériaux et qui a dressé des machines pour monter le Louvre, mais qui est mort n'ayant guère bâti qu'une petite maison. Son œuvre est déjà en ruines; mais parmi les débris on reconnaît souvent le pouce d'un maître. Il a un peu touché à tout : il a été de Shakspeare à Scott, de Scott à Mathurin, de Mathurin à Rétif. Dans *les Mémoires du Diable*, il a continué *le Diable boiteux*, comme Alexandre Dumas a continué Schiller. La mort l'a pris sur le champ de bataille au lendemain de sa meilleure victoire — peut-être à la veille de son triomphe. — ç'a été souvent un ouvrier de lettres, un noble ouvrier, regrettant de ne pas pouvoir être tout à fait un homme de lettres.

Mais pourquoi des regrets? Il a eu, avec *la Closerie des Genêts*, son public populaire qui l'a aimé jusqu'au delà du tombeau; il a appris aux collégiens le catéchisme de la passion parisienne et des vices babyloniens avec *les Mémoires du Diable*; enfin il a ravivé le cœur des don Juan de sa génération, qui n'avaient plus de larmes que pour lire *le Lion amoureux.*

Au quarante et unième fauteuil, Frédéric Soulié

l'emporta sur Lœve Weimars *, un homme d'esprit qui disait que les lettres sont l'antichambre des ambitieux. Frédéric Soulié disait que l'antichambre était mieux hantée que le salon.

Voici comment il osa parler de l'éloquence académique. Il avait, il est vrai, pour la cérémonie et pour

---

* Loeve Weimars est mort à peine à son demi-siècle. Ç'a été la vie la plus aventureuse. Homme d'esprit à toute heure, il a été tour à tour journaliste, révélateur d'Hoffmann, directeur de l'Opéra (un peu moins d'un jour et une nuit), mari d'une princesse russe, consul à Bagdad, chargé d'affaires sur le chemin de la Californie. Il aimait le luxe au point que, n'ayant pas de quoi dîner, il se montrait à Longchamps, en carrosse à quatre chevaux, avec des laquais poudrés. Quand il écrivait, son *ami lecteur*, c'était la femme. Il méprisait tous les hommes, y compris peut-être Loeve Weimars. Sa femme lui faisait l'honneur de le battre. Il en était fier aux premiers coups, mais il ne fut pas de force dans la lutte et se sépara de corps après avoir mangé les biens.

Loeve Weimars était un petit homme, de la taille d'Ourliac, mais stylé pour la diplomatie, et non pour la bohème. Il n'avait pas de cheveux, ce qui était son désespoir, car il posait en Apollon à l'angle de la cheminée. Il avait une perruque, un vrai chef-d'œuvre, qui trompa sa femme pendant la lune de miel. Mais, au dernier quartier, comme la dame lui passait la main dans les cheveux, elle garda la perruque. « Est-ce que vous voulez une mèche de mes cheveux? » dit l'homme d'esprit.

A Bagdad il mena la vie orientale : on parle encore de son fameux cabinet tout en glaces couvertes d'arabesques, où fumait le pacha Loeve Weimars. N'ayant pas une femme et n'aimant plus, il avait un harem.

On se demande pourquoi il est venu mourir tout bourgeoisement à Paris, où il n'a retrouvé ni amis ni foyer. Les absents ont tort — de revenir.

endosser l'habit à palmes vertes, rogné les griffes et la crinière du lion :

« L'Académie m'effraye, moi qui ne sais pas ma
« langue. Mais je sais la vérité et j'oserai adresser mes
« humbles remontrances à l'Académie. Pourquoi n'a-
« t-elle couronné le plus souvent que l'éloquence de
« convention, celle des parfileurs de mots, celle des
« grammairiens qui n'ont jamais traduit les inquié-
« tudes de la pensée ni les battements du cœur?

« Le prix d'éloquence, fondé par Balzac, n'a pas
« fourni de curieuses pages à l'histoire. C'est presque
« toujours la même éloquence — académique. — Le
« premier prix fut remporté par mademoiselle de
« Scudéry. On voit que l'Académie est née galante.

« L'Académie eut une enfance assez longue. Le pre-
« mier discours prononcé avait pour titre : *Le je ne*
« *sais quoi*. Gombault était l'orateur. S'il faut en croire
« Furetière, c'étaient des écoliers taquins et tapageurs
« que les quarante immortels des premiers temps. Le
« plus beau parleur était celui qui criait le plus haut.
« Mais le plus souvent ils parlaient tous à la fois pour
« ne rien dire.

« Admirable laboratoire de l'éloquence! Malherbe
« avait entrepris des stances sur la mort de madame
« la présidente de Verdun. Après trois années de tra-
« vail assidu, le poëte put enfin présenter ses stances
« au mari pour le consoler. Or le mari avait convolé
« en troisièmes noces, « contre-temps fâcheux, dit Mé-
« nage, qui leur ôta beaucoup de leur grâce. » Vauge-
« las, quoique prosateur, n'y allait pas d'une main

« plus vive : il passa trente années à traduire *Quinte-*
« *Curce.* Or l'Académie, dominée par le souvenir de
« Malherbe et par la présence de Vaugelas, imitait
« dans son travail ces illustres maîtres en vers et en
« prose. Ainsi, en 1658, « n'ayant rien à faire, » dit
« Pélisson, elle examina les stances de Malherbe *pour*
« *le roi allant en Limousin.* Elle n'y employa guère
« que trois mois, dit un de ses panégyristes en la rail-
« lant ; il est vrai qu'elle n'acheva pas l'examen, parce
« que les vacances survinrent avant la fin du travail.

« Pour le prix de poésie, l'Académie a été plus mal-
« heureuse encore : depuis près de deux siècles, elle
« n'a pas couronné un seul poëte. Dirai-je, pour la
« gloire de l'Académie, que Voltaire et Hugo ont con-
« couru ? Dirai-je, pour la gloire de ces deux grands
« poëtes, que ni l'un ni l'autre ne furent couronnés
« par l'Académie ?

« L'éloquence et la poésie ne vont à l'Académie que
« dans leur enfance, témoin les lauréats ; ou dans leur
« vieillesse, témoin les académiciens. L'éloquence et
« la poésie sont de la nature des aigles : elles habitent
« l'espace, elles vivent d'air et de lumière. Le jour où
« elles tombent entre quatre murs, ce ne sont plus
« des aigles, mais des perroquets *.

---

* Voltaire a dit : « La raison de cette stérilité dans des terrains si bien cultivés est, ce me semble, que chaque académicien, en considérant ses confrères, les trouve très-petits, pour peu qu'il ait de raison, et se trouve très-grand en comparaison, pour peu qu'il ait d'amour-propre. Danchet se trouve supérieur à Mallet, et en voilà assez pour lui ; il se croit au comble de la perfection. »

« Or, que faisait-on à la Comédie, cette autre Aca-
« démie niée par la première? Pendant que l'Académie
« débitait l'utile et l'agréable, on y écrivait l'histoire
« des passions de la Grèce, de l'Italie, de l'Espagne,
« mais surtout de la France. On y peignait et sculptait
« en tableaux vivants, en statues animées, les mœurs
« de la nation. Toutes les figures passaient là, les fi-
« gures héroïques d'Homère, comme les figures hu-
« maines de Molière; *Hermione* et *Andromaque*, comme
« *Alceste* et *Célimène*.

« Appuyé au bras de Le Sage mon maître, j'arrive à
« la première Académie par la seconde. Que l'Aca-
« démie me pardonne cette page de son histoire. Ceux
« qui m'entendent ne sont pas responsables du passé,
« mais ils sont maîtres de l'avenir. »

Ainsi parla cet homme un peu brutal qui n'avait été
qu'à l'école des passions.

XLV

H. DE BALZAC

1799—1850

M. de Balzac, ce révolté superbe qui a voulu être un fondateur, ce Rabelais raffiné qui a trouvé une femme là où Rabelais n'avait trouvé qu'une bouteille, M. de Balzac a rêvé le gigantesque sans toutefois être un architecte des temps cyclopéens. Aussi, quand il a voulu bâtir son temple de Salomon, il n'a pas trouvé assez de marbre et assez d'or. Pour sa comédie humaine, il a manqué souvent d'acteurs, et il lui a fallu se résigner à faire jouer les comparses. Il est de mode aujourd'hui d'élever Balzac au niveau des dominateurs du génie humain, comme Homère, saint Augustin, Shakspeare et Molière; mais, pour l'esprit qui voit juste, que de rochers se sont renversés sur cet Encelade, que d'escaliers oubliés dans sa tour de Babel comme en sa maison des Jardies!

Balzac était doublé d'une femme, comme George Sand est doublé d'un homme. Il a eu de la femme les curiosités et les coquetteries, il en a eu aussi les contradictions.

Balzac se croyait religieux ; mais son église, c'était le sabbat, et son prêtre n'était pas saint Paul, mais Swedenborg, sinon Mesmer. Son Évangile, c'était le grimoire, peut-être celui du pape Honorius (Honorius de Balzac).

Il se croyait homme politique et voulait continuer de Maistre ; il s'imaginait glorifier l'autorité et il réalisait la perpétuelle apothéose de la force ; ses héros se nomment indifféremment Moïse ou Attila, Charlemagne ou Tamerlan, Ricci, le général des jésuites, ou Robespierre, le profanateur du sanctuaire, Napoléon ou Vautrin. L'*Histoire des Treize*, ce chef-d'œuvre, restera comme le grandiose et monstrueux plaidoyer de la force personnelle défiant la force sociale. Mais ne restera-t-il pas aussi, à côté de la philosophie de Hegel, comme un éloquent codicille à ces testaments de la souveraineté individuelle signés par Aristophane, par Lucien, par Rabelais, par Montaigne et par Voltaire?

Il se croyait spiritualiste, mais, sublime carabin, il n'étudiait qu'à l'amphithéâtre. Il n'entrait dans un salon que par la cuisine et le cabinet de toilette. Il a toujours ignoré ce beau mot de Hemsterhuys : « Le monde n'est pas une machine, mais un poëme. »

Il se croyait peintre de mœurs, et il inventait les mœurs. Ses femmes, qui vivent d'une vie si puissante, madame de Langeais ou la Torpille, n'ont jamais fréquenté que M. de Balzac. Les eût-on reçues rue de Varennes ou rue de Balzac?

Comme les grands artistes, comme le Shakspeare de *la Tempête*, comme le Watteau des *Fêtes galantes*, comme le Marivaux des *Surprises de l'amour*, il a créé son monde, — monde étrange, — qui a consolé et accueilli tous les dépaysés du monde réel, monde impossible qui a plus d'une fois peint l'autre à son image ; que de charmantes provinciales ont été après coup des Eugénie Grandet, des madame de Mortsauf ou des madame Claës! Faut-il rappeler qu'à Venise, durant tout un hiver, le beau monde s'est déguisé avec les masques de *la Comédie humaine?*

Il fit ses visites pour le quarante et unième fauteuil le même jour que M. de Latouche.

M. Flourens, un des plus doctes disciples de Cuvier, soutint le disciple de Geoffroy Saint-Hilaire. Il voulait même que Balzac se présentât à l'Académie des sciences comme un physiologiste qui, partant de Linné, était allé de la bête à l'homme.

M. de Lamartine voulut reconnaître le prosateur qui ne reconnaissait pas sa poésie, et vota pour Balzac malgré le Canalis de *Modeste Mignon*. M. de Sainte-Beuve refusa sa voix à Balzac. Voilà pourtant où mène la critique ! M. de Sainte-Beuve ne s'est-il donc pas rappelé que le plus grand éloge de *Volupté*, c'était *le Lys dans la vallée!*

M. de Chateaubriand, ce roman de l'histoire moderne, agréa volontiers ce romancier un peu volumineux, persuadé que les cent volumes de *la Comédie humaine* ne pèseraient guère plus dans la balance de la postérité que les cent pages de *René*.

M. de Salvandy, qui avait donné la croix à Balzac, lui donna, pour sa part, l'Académie. M. Villemain, qui lui avait refusé la croix, lui refusa aussi sa part d'Académie. Isocrate était dans son rôle en repoussant du Pœcile le moins attique des Athéniens de la décadence.

M. de Rémusat et M. Mérimée votèrent pour Balzac. M. Scribe, qui ne lit les romans qu'au théâtre, n'avait encore lu Balzac que dans *les Ressources de Quinola*, et n'avait pas deviné *la Marâtre* et *Mercadet*. Il lui dit de repasser après avoir pris une stalle au Gymnase. Hugo aurait voulu ce jour-là être quarante. M. Ballanche, « ce composé de rognures d'ange, » comme on disait à l'Académie-aux-Bois, se voila le front devant la figure rabelaisienne de l'arrangeur des *Contes drôlatiques*.

M. Dupin, le premier bourgeois de Paris, M. Véron avant la lettre, frappa du pied, fut entendu, et fit un réquisitoire contre celui qui revisait des procès et qui bafouait les bourgeois.

M. Thiers, l'historien sympathique de 89, pardonna au conteur théocrate qui avait si souvent nié la Révolution, ses pompes et ses œuvres. M. Guizot ne pouvait voter pour celui qui avait écrit : « Luther et Calvin sont deux abominables polissons. » M. Molé, à qui Balzac n'avait été présenté dans aucun salon, ne l'accueillit pas au salon de l'Académie. Mais M. de

Barante, qui avait connu Balzac dans les salons de Pétersbourg, accueillit familièrement le descendant idéal des d'Entragues.

Il me serait impossible de pénétrer plus avant dans le secret de l'élection. Balzac fut nommé par vingt et une voix ; M. de Latouche en obtint treize.

Ce qui a manqué à Balzac dans cet enfer de la vie, dont il a descendu toutes les spirales, c'est la virginité dans l'amour et l'ingénuité dans la poésie. Il s'est toujours un peu embarrassé dans les broussailles du style. Il n'a pas, comme Dante, rencontré les divins guides qui s'appellent Béatrix et Virgile. Il en pleurait lui-même. Quand il écrivait *la Recherche de l'absolu*, il était à la recherche de l'idéal ; mais l'idéal, on l'a en soi comme l'amour. Les études de chimiste et d'alchimiste, de médecin et de juriste, n'allument pas la flamme de Prométhée. M. de Balzac, qui était une si haute raison, a-t-il pu, à sa dernière heure de génie, s'écrier comme son Balthazar Claës, à sa dernière heure de folie : Εὕρηκα !

XLVI

XAVIER DE MAISTRE

1763—1852

Le comte Xavier de Maistre, dans son *Épître aux Corinthiens*, je veux dire aux académiciens, croyait encore voyager autour de sa chambre, ou autour de lui-même.

« L'homme est composé d'une âme et d'une bête. —
« Ces deux êtres sont absolument distincts, mais telle-
« ment emboîtés l'un dans l'autre ou l'un sur l'autre,
« qu'il faut que l'âme ait une certaine supériorité sur
« la bête pour être en état d'en faire la distinction.

« Je tiens d'un vieux professeur (c'est du plus loin
« qu'il me souvienne) que Platon appelait la matière
« l'*autre*. C'est fort bien ; mais j'aimerais mieux donner
« ce nom par excellence à la bête qui est jointe à notre
« âme. C'est réellement cette substance qui est l'autre,
« et qui nous lutine d'une manière si étrange. On

« s'aperçoit bien en gros que l'homme est double;
« mais c'est, dit-on, parce qu'il est composé d'une
« âme et d'un corps; et l'on accuse ce corps de je ne
« sais combien de choses, mais bien mal à propos
« assurément, puisqu'il est aussi incapable de sentir
« que de penser. C'est à la bête qu'il faut s'en prendre,
« à cet être sensible, parfaitement distinct de l'âme,
« véritable individu, qui a son existence séparée, ses
« goûts, ses inclinations, sa volonté, et qui n'est au-
« dessus des animaux que parce qu'il est mieux élevé
« et pourvu d'organes plus parfaits. Messieurs, soyez
« fiers de votre intelligence tant qu'il vous plaira, mais
« défiez-vous beaucoup de l'*autre*, surtout quand vous
« êtes ensemble! J'ai fait je ne sais combien d'expé-
« riences sur l'union de ces deux créatures hétéro-
« gènes. Par exemple, j'ai reconnu clairement que
« l'âme peut se faire obéir par la bête, et que, par un
« fâcheux retour, celle-ci oblige très-souvent l'âme
« d'agir contre son gré. Dans les règles, l'une a le
« pouvoir législatif et l'autre le pouvoir exécutif; mais
« ces deux pouvoirs se contrarient souvent. Le grand
« art d'un homme de génie est de savoir bien élever
« sa bête, afin qu'elle puisse aller seule; tandis que
« l'âme, délivrée de cette pénible accointance, peut
« s'élever jusqu'au ciel. Quand la Fontaine prenait le
« plus long pour venir à l'Académie, était-ce l'âme qui
« conduisait la bête ou la bête qui conduisait l'âme?
« Grave question, messieurs, qui devrait être mise au
« concours pour le prochain prix de poésie.

« Lorsque vous lisez un livre, messieurs, et qu'une

« idée plus agréable entre tout à coup dans votre ima-
« gination, votre âme s'y attache tout de suite et oublie
« le livre, tandis que vos yeux suivent machinalement
« les mots et les lignes; vous achevez la page sans la
« comprendre et sans vous souvenir de que vous
« avez lu. Cela vient de ce que votre âme, ayant or-
« donné à sa compagne de lui faire la lecture, ne l'a
« point avertie de la petite absence qu'elle allait faire;
« en sorte que l'autre continuait la lecture que votre
« âme n'écoutait plus.

« Or, pendant que je parle, vos yeux me suivent,
« mais votre âme ne m'écoute pas : c'est qu'au lieu de
« parler à l'âme je ne parle qu'à la bête. Je devrais
« peut-être dire le contraire.

« Maintenant, croyez-vous que nous gouvernons le
« monde et que nous nous gouvernons avec ces deux
« forces, l'*âme* et la *bête*? Non. Je ne crois point aux
« pressentiments; mais je crois à une Providence qui
« conduit les hommes par des moyens inconnus. Chaque
« instant de notre existence est une création nouvelle,
« un acte de la toute-puissante volonté. L'ordre incon-
« stant qui produit les formes toujours nouvelles et les
« phénomènes inexplicables des nuages est déterminé
« pour chaque instant jusque dans la moindre parcelle
« d'eau qui les compose : les événements de notre vie
« ne sauraient avoir d'autre cause; je proclame Dieu
« et je nie le hasard. Il m'est quelquefois arrivé d'en-
« trevoir les fils imperceptibles avec lesquels la Provi-
« dence fait agir les plus grands hommes comme des
« marionnettes.

« Aspirons, messieurs, au jour de ténèbres et de
« lumière où l'âme laissera la bête en chemin. Ce
« docte palais où vous m'avez appelé n'est-il pas déjà
« le pays des âmes? »

Quand Xavier de Maistre sortit de l'Institut, un académicien — peut-être Alfred de Musset — lui prit le bras. « Vous croyez que c'est là le pays des âmes et que les bêtes n'y entrent pas? demanda le poëte au conteur. Mais voyez donc défiler les quarante! Et combien qui n'ont plus ni l'*âme* ni la *bête!* »

XLVII

LAMENNAIS

1782—1854

L'Académie française a ses jours de triomphe et ses jours de défaite. Elle va sans vergogne de l'homme de génie à la médiocrité caduque, du poëte aux larges ailes au professeur sans tribune et sans public. M. de Lammenais a été pour elle une conquête; mais le lendemain elle s'est hâtée de redescendre les spirales du Beau.

Le jour de la réception de l'abbé-citoyen Lammenais, le palais Mazarin était inabordable*; on s'é-

---

* Deux fois par an, — car il meurt par an deux immortels, — l'Académie se réveille et reconquiert comme par miracle la vive splendeur qu'elle eut aux siècles passés. Si l'Académie voulait se réveiller tout à fait, il lui faudrait continuer à appeler à elle toute la poésie qui entraîne les esprits de notre temps; alors elle ne serait plus un temple hanté seulement par des dieux plus ou moins re-

merveillait du luxe inouï des carrosses et des duchesses; c'était surtout un luxe de beaux noms ; tous ceux que la France cite avec respect ou avec colère, ceux qui font l'opinion ou qui la combattent, les princes, les ministres, les savants, les journalistes, les reines du monde par la beauté, l'esprit ou le caprice, entraient avec passion à l'Institut comme à une fête impériale. C'était la fête de l'intelligence : l'Académie allait recevoir un ange rebelle, le public allait entendre un vaillant discours.

Malheur à l'homme seul! Ç'a été le premier et le dernier mot de cet apôtre qui secouait le doute des plis de sa robe flottante. Il l'a avoué dans son orgueil, celui-là qui est mort seul, — celui-là qui est sorti de l'Église, appuyé au bras de la raison humaine, repoussant la raison divine! — Malheur à l'homme seul ! Sa solitude fut inspirée : mais qui nous dira combien elle fut désolée*?

connus; elle serait le sanctuaire des nobles et fécondes passions; le cœur lui battrait à toutes les idées qui font les grands peuples.

* Il était mon voisin à Beaujon, comme Béranger. Il avait peur de sa solitude et la peuplait de tableaux. Tous les murs de sa maison étaient tapissés de chefs-d'œuvre de hasard. Comme Lamartine, il parlait des beaux-arts avec le sentiment du vrai et du beau ; mais, comme Lamartine, il confondait les chefs-d'œuvre avec les copies. Le pauvre homme de génie ! il croyait avoir une galerie de 500,000 francs ; à sa mort, la vente n'a produit que 3,000 francs. Nul ne pouvait s'expliquer l'aveuglement de ce regard d'aigle. Qu'importe! il a consolé ses yeux dans les visions de Corrége et les forêts de Ruysdaël.

Béranger n'avait pas un tableau sous les yeux, mais son humble maison était toute peuplée des airs connus de ses chansons.

Que d'orages humains dans le cœur de celui-là qui, replié sur lui-même, roseau pensant de Pascal, apôtre flottant entre Dieu et des hommes, a hanté les nuages et les abîmes, a adoré le ciel, mais s'est révolté en écoutant les voix douloureuses de ceux qui souffrent sur la terre!

Ary Scheffer l'a peint dans la contemplation intérieure : ce n'est pas la lumière du soleil qui éclaire ce vaste front, c'est la lumière de l'âme. Il joint les mains, mais c'est moins pour prier que pour contenir ses colères. Prêtre, il s'est pénétré de l'esprit divin pour donner bientôt plus de force à l'esprit humain. Comme l'ange rebelle, s'il a quitté les hauteurs bleues du paradis, c'est pour arracher l'homme à l'enfer du mal. Mais ne s'est-il pas trompé de chemin?

Pareil à Jean-Jacques, un autre révolté, il ne voulut subir aucun maître. Son école fut une bibliothèque; il lui a manqué madame de Warens pour tourner au roman. La religion, cette chaste muse, dont le front saigne toujours sous les épines, prit chez lui la place de la femme.

Son esprit dominateur se révolta dès l'aube contre ce maître absolu qui avait un instant dominé le monde. Ainsi son premier cri d'éloquence fut un pamphlet contre Napoléon. Malheureusement pour lui, Napoléon était à l'île d'Elbe. Les pamphlétaires du lendemain ont deux fois tort. Lamennais était assez fort pour frapper l'idole debout.

Mais je ne dirai pas le mot à mot de sa vie. Dans son grand orgueil, il rêva la papauté intellectuelle, aussi quand Léon XII lui offrit le chapeau de cardinal, refusa-t-il avec un dédain superbe sous le masque d'une humilité profonde. Ce chapeau de cardinal eût comprimé la pensée dans cette tête de feu. Cette robe rouge eût enchaîné cette destinée aventureuse qui ne savait pas encore elle-même où elle allait. Et puis Rome ne lui inspira que ces paroles prophétiques : « Tout chancelle, tout penche, *Conturbatæ sunt gentes, et inclinata sunt regna.* »

Revenu à Paris, — ô fragilité des hommes, des apôtres et des prophètes, — il tenta la fortune avec M. de Saint-Victor dans une entreprise de librairie. Il ne réussit pas mieux avec des œuvres chrétiennes que naguère Beaumarchais avec les œuvres de Voltaire. Il ne se tint pas pour battu par la fortune ; il acheta une galerie de tableaux pour la revendre en détail : cette fois encore il perdit son temps et son argent. Il avait trop cru à la présence réelle de Raphaël, de Corrège et de Titien.

Lamennais ne désespérait pas ; il se fit journaliste, et publia *l'Avenir* : « Séparons-nous des rois, tendons la main aux peuples, » c'était le cri du journal ; mais *l'Avenir* n'eut pas de lendemain.

Le journaliste s'enfuit dans la solitude et lança sur le monde ce tonnerre qu'on appelle *les Paroles d'un croyant.* « Maudit soit le Christ qui a ramené sur la terre la liberté ! criaient les sept rois du monde sur un trône d'ossements, buvant dans un crâne le sang rouge des peuples, et posant le pied sur le flanc meurtri du Sauveur. »

Ce jour-là il ne resta qu'un ami à Lamennais, le chansonnier Béranger, qui, lui aussi, avait ses paroles d'un croyant : *le Vieux Drapeau* et *le Dieu des bonnes gens*.

Je me trompe, il lui resta un autre ami : *tout le monde*. Mais c'est avec cet ami-là qu'on va à Sainte-Pélagie, qu'on a pour ennemis la royauté et la papauté, qu'on meurt en philosophe, et qu'on lègue au peuple une œuvre tout à la fois féconde et stérile, que sauvera l'amour de l'humanité et qui enrichira le trésor littéraire des esprits nés pour la révolte.

Quand il mourut, ce fut la mort de Voltaire. Lisez ce procès-verbal de ses derniers moments :

« Nous entrâmes dans la chambre du malade; la respiration était difficile. Nous étions depuis quelques instants agenouillés près de son lit, quand tout à coup, attachant sur nous un regard fixe et long, et pressant la main aux deux plus proches, il dit : « Ce sont les « bons moments. » L'un de nous lui dit : « Nous serons « toujours unis avec vous. » Il répondit en faisant un signe de la tête : « C'est bien, nous nous retrouver… » David d'Angers arriva et resta quelques instants. Puis survint Carnot, et, presque en même temps, la nièce du malade. Sa première parole fut : « Veux-tu un « prêtre ? Tu veux un prêtre, n'est-ce pas ? » Lamennais répondit : « Non. » La nièce reprit : « Je t'en sup« plie ! » Mais il dit d'une voix plus forte : « Non, non, « non; qu'on me laisse en paix ? » Un peu après, la nièce s'étant approchée du lit et ayant dit : « N'avez« vous besoin de rien ? » il dit d'un ton mécontent, « Je n'ai besoin de rien du tout, sinon qu'on me laisse

« en paix. » Voltaire n'avait-il pas dit aussi : « Qu'on « me laisse en paix? »

Lamennais a dit dans son testament : « *Je veux être enterré au milieu des pauvres, et comme le sont les pauvres. On ne mettra rien sur ma fosse, pas même une simple pierre.* »

Dernière secousse de l'orgueil! Espérait-il à une statue de marbre sous le portique des philosophes de l'avenir?

Il a dit aussi dans le même testament : « *Mon corps ne sera présenté à aucune église.* »

C'était au temps où l'on rouvrait le Panthéon à Dieu. La France ne croyait plus à ses grands hommes.

Peu de temps avant l'heure fatale, quand déjà Lamennais ne savait plus où reposer son front inquiet, je l'ai vu errer devant l'Hôtel-Dieu, pensif, distrait, donnant aux pauvres. Tout à coup, comme s'il fût sorti de la forêt touffue de sa rêverie, il vit se découper dans le ciel la figure imposante de Notre-Dame, — une mère qu'il avait fuie. — Il s'arrêta et pâlit, comme frappé au cœur. Que de paroles émues et déchirantes durent se dire la mère à l'enfant — l'enfant à la mère! Elle était toujours là, ne maudissant jamais, les bras ouverts au repentir. Il fit un pas vers elle ; je croyais qu'il allait franchir le seuil pour retrouver, à l'heure de la mort, la route de l'infini ; mais, à peine illuminé par la lumière chrétienne, il releva bientôt le front avec l'audace d'un ange rebelle, et se détourna pour jamais, croyant que Dieu était sur son chemin, quel que fût son chemin.

Et pourtant, si ce grand esprit dépaysé hors de l'Église fût retourné dans son pays natal, la Vérité l'eût pris sur le seuil et l'eût conduit au sanctuaire en lui disant : « Ici la Vérité s'appelle la Foi, la Foi qui a des ailes pour aller vers l'infini, quand moi je n'ai que des pieds. »

Il mourut avec le cœur blessé de Satan, disputant son âme au Dieu de Jérusalem, ne croyant ni à l'infaillibilité du pape, ni à l'infaillibilité du peuple, ni à l'infaillibilité de l'abbé-citoyen de Lamennais.

XLVIII

GÉRARD DE NERVAL

1810—1855

On l'aimait dans les lettres comme un souvenir de Platon et de la Fontaine. Une tête de philosophe et un cœur de poëte. Il lui a manqué le soleil du Portique, il lui a manqué madame de la Sablière. Si Platon n'avait pas eu sur le front le ciel doré qui sourit au Sunium, aurait-il ouvert une académie? Qu'on suppose un instant la Fontaine sans madame de la Sablière! Il a beau avoir des amis qui marqueront toujours pour lui la meilleure place à leur table : dans sa distraction il oubliera ses amis; et, si madame de la Sablière n'est pas là, lui faisant croire qu'elle ne sait pas vivre sans lui, comme il ne se souvient plus de la maison de sa femme, comme il n'a pas prévu que l'hiver viendra, toutes les portes de la vie vont se fermer devant ses pas :

— Nuit et jour, à tout venant,
Je chantais, ne vous déplaise.
— Vous chantiez, j'en suis fort aise ;
Eh bien, mourez maintenant.

J'aime bien mieux madame de la Sablière que madame de Sévigné ; celle-ci annonce l'esprit de la Fontaine à la postérité, mais celle-là nourrit la bête*.

Gérard a débuté en vivant trop intimement avec le *Faust* de Gœthe, qui a répandu çà et là un nuage dans le ciel de son intelligence. Peu d'esprits se sont égarés plus loin dans les labyrinthes du monde invisible. Aussi, que de fois il lui est arrivé d'être toute une saison sans se retrouver, effrayé des ténèbres et ne pouvant les dissiper ! Philosophe comme Hegel et Swedenborg, dédaignant les livres, il étudiait en lui-même, ou plutôt hors de lui-même : combien de voyages aériens dans les mondes inconnus, et combien d'évocations du passé ! On croyait que son âme était là, qui parlait par la bouche visible, quand déjà elle avait pris sa volée dans les sphères radieuses et nocturnes de l'infini. Voilà pourquoi les guenilles humaines ne le préoccupaient guère ; voilà pourquoi son corps

---

* Mais ce n'est pas la misère qui a tué Gérard de Nerval. Comme disait Hetzel : « Gérard n'est pas homme à s'inquiéter de si peu que de manquer de tout. » Théophile Gautier a donc eu raison d'écrire : « Le rêve a tué la vie. »

allait où il plaisait à Dieu. Il était né voyageur. Il n'aimait l'argent que pour voyager ; quand il n'avait pas d'argent, son esprit voyageait. Il est mort pour voyager.

Depuis son enfance, hormis les années de collége, — et que de fois il a fait l'école buissonnière ! — il n'a jamais posé tout un jour au même coin du feu : c'était le merle dans la ramée, l'hirondelle sur l'étang, l'alouette sur les blés, la grive dans les vignes. Je l'ai connu pendant vingt ans, je ne l'ai jamais vu prendre pied. Je ne parle pas de la maison que nous habitions ensemble avec Théophile Gautier, car Gérard n'y venait pas deux fois par semaine ; s'il y couchait quelquefois, c'était entre minuit et le point du jour. Nul ne connaissait mieux que lui « l'Aurore aux doigts de roses ouvrant les portes du soleil. »

Gérard voulait loger partout, excepté chez son père, chez ses amis et chez lui-même. On pouvait dire à Gérard de Nerval comme disait le comte de Tressan au chevalier de Boufflers, le rencontrant sur la grande route : « Mon cher poëte, je suis ravi de vous trouver chez vous. »

C'était dans notre poétique bohème de la rue du Doyenné — la mère patrie de toutes les bohèmes — que nous vivions en familiarité intime avec ce charmant esprit. Édouard Ourliac venait tous les matins nous voir dans ce royaume de la fantaisie. La plupart du temps il nous trouvait encore plongés dans le sommeil des paresseux et des poëtes, qui est, à tout prendre, le vrai sommeil. Il apportait des *Nouvelles à la main*, — à sa main, — où, Dieu merci ! il n'était jamais question de politique. Nous ne connaissions alors du monde que le Musée du Louvre, les poëtes du seizième siècle, quelques contemporains, — quelques contemporaines aussi : — bibliothèque indispensable à des poëtes de vingt ans.

Nous n'avions pas d'argent, mais nous vivions en grands seigneurs : nous donnions la comédie. Ces dames de l'Opéra soupaient chez nous vaille que vaille et daignaient danser pour nous à la fortune de leurs souliers. Camille Rogier avait le tort de se croire à Constantinople. Aussi, quand il a quitté cette bohême invraisemblable, il n'a pu vivre qu'en Orient. Édouard Ourliac était le Molière ou plutôt le Dancourt de la bande. Il était auteur et acteur avec la même verve et la même gaieté. A une de nos fêtes, ces dames le noyèrent, à plusieurs reprises, dans une avalanche de bouquets.

Tout finit! la bohème se dispersa peu à peu : Gérard de Nerval partit sans dire où il allait; Camille Rogier alla en Turquie. Notre propriétaire, désespéré d'avoir loué sa maison à des gens qui donnaient des fêtes sans avoir de rentes sur le Grand-livre, désespéré surtout des barbouillages de Marilhat, de Corot, de Nanteuil, de Roqueplan, de Wattier, sur ses lambris vermoulus, avait hâte de nous voir tous loin de lui. C'était un brave homme qui voulait mourir riche, et qui, en conséquence, vivait pauvre. Il ne nous pardonnait pas notre logique, à nous qui vivions riches, sauf à mourir pauvres.

Jusque-là, les plus poëtes de la bande n'avaient

guère été que poëtes en action. On écrivait ses vers çà et là sur le coin d'une table, après souper, ou sur quelque joli *pupitre* à la Voltaire, mais on ne les exprimait pas. Alphonse Esquiros était le plus laborieux. Il était né pour souffrir toutes les douleurs de l'humanité grosse de l'avenir, — cet enfant déjà terrible, qui donne à sa mère tant de coups de pied dans le ventre. — Gérard de Nerval était le plus célèbre : il avait, à son aube poétique, disputé aux contemporains illustres un pan du manteau troué de la Renommée*.

Gérard aimait le vieux Paris quand il avait les yeux tout pleins du soleil d'Orient. Il aimait le Paris de Pierre Gringoire et de Victor Hugo, poëte comme tous les deux. Théophile Gautier a très-bien dit : « Comme les hirondelles quand on laisse une fenêtre ouverte, il entrait, faisait deux ou trois tours, trouvait tout bien et tout charmant, et s'envolait pour continuer son rêve dans la rue. » La rue! il y a vécu, il y est mort.

Gérard écrivait, la veille de sa mort, *le Rêve et la Vie*. Le rêve et la vie! Gérard a toujours été le rêve en lutte avec la vie! Les derniers mots tombés de sa plume sont ceux-ci : *Ce fut comme une descente aux enfers*. Est-il parti de là pour entrer dans cette odieuse

---

* Nous étions dix! nous nous cherchons. Où es-tu, Gérard? où es-tu, Marilhat? où es-tu, Ourliac? où es-tu, Rogier? Esquiros, où es-tu? — Théophile et Beauvoir seuls me répondent.

Et les chefs des autres bohèmes! Alfred de Musset et Henry Mürger!

rue de la Tuerie, qui l'a conduit à ce fatal escalier en spirale de la rue de la Vieille-Lanterne? Escalier de l'*Enfer* de Dante, avec son corbeau et sa clef symbolique !

Un autre rêveur de la même famille d'esprits inquiets de l'autre monde et qui ne font que passer en celui-ci, Aloysius Bertrand, a comparé le poëte à la giroflée sauvage qui fleurit suspendue au granit des cathédrales et qui vit moins dans la terre que dans le soleil. Gérard a été riche un instant. Quand il a senti ses pieds embarrassés dans les broussailles de la fortune, qui prend bien plus de temps qu'elle ne donne de loisir, il s'est hâté, comme un sage de l'antiquité, comme un fou, diront les sages d'aujourd'hui, de jouer à l'enfant prodigue, afin de se réveiller pauvre et libre un matin. Il était si peu né pour les biens périssables, que, dans ses jours de luxe, il acheta un magnifique lit en bois sculpté, contemporain de Diane de Poitiers. Le lit fut apporté tout pompeux, avec une courtine et des lambrequins en lampas, dans l'appartement de la rue du Doyenné, où, jusque-là, Gérard n'avait jamais couché, sous le prétexte assez raisonnable qu'il n'avait pas de lit. Eh bien, dans ce beau lit gothique, Gérard ne coucha jamais ; il aimait bien mieux le lit de l'imprévu et de l'aventure. Que de fois je l'ai vu partir, pour aller dormir d'un sommeil agreste, vers ses chers paysages du Valois, où il retrouvait les images adorées de Sylvie et d'Adrienne, ces belles filles qui passaient toujours comme des visions dans ses souvenirs de vingt ans !

Il amenait la folle du logis partout où il entrait; c'était à qui le fixerait une heure durant, car on avait pour lui je ne sais quelle sympathie à la fois humaine et divine; on sentait en lui le prédestiné, le prophète et l'illuminé.

C'était un puits de science, sinon le puits de la vérité. Toute la bohème littéraire, qui est née d'un de ses rêves et d'une de ses distractions, n'avait pas d'autre bibliothèque que son esprit, ce qui me rappelle ces mots du duc de Brancas : « Pourquoi voulez-vous que je souscrive à l'*Encyclopédie*, quand j'ai toujours Rivarol sous la main? »

« Inventer, c'est se souvenir. » Gérard de Nerval en était arrivé à ce point ténébreux et rayonnant où on ne sait plus si le rêve est né d'anciennes lectures ou si on se souvient des existences antérieures[*]. On invoque

---

[*] Ma mémoire me disait cette odelette du poëte, un petit chef-d'œuvre, pendant que les fossoyeurs jetaient sans respect la terre ndifférente sur celui qui fut Gérard de Nerval :

SOUVENIRS D'UNE AUTRE VIE.

Il est un air pour qui je donnerais
Tout Rossini, tout Mozart et tout Weber,
Un air très-vieux, languissant et funèbre,
Qui pour moi seul a des charmes secrets.

Or, chaque fois que je viens à l'entendre,
De deux cents ans mon âme rajeunit;
C'est sous Louis Treize... Et je crois voir s'étendre
Un coteau vert que le couchant jaunit.

Puis un château de brique à coins de pierre,
Aux vitraux teints de rougeâtres couleurs,

Pythagore, qui dit : « Tu as été! » on parle à Shakspeare, qui répond : « La vie est un conte de fées que tu écoutes pour la seconde fois. » Gérard de Nerval se recherchait dans le passé pour être sûr de se retrouver dans l'avenir. Il dit quelque part : « J'ai ressaisi les anneaux de la chaîne. Je me retrouve prince, roi, mage; j'épouse la reine de Saba; puis tout à coup me voilà retombé dans la Cour des Miracles ou sur le chariot du *Roman comique.* » Gérard, à ses heures de folie pythagoricienne ou d'exaltation mystique, donne encore la main à la sagesse; je dirai même que Gérard n'a jamais été fou, il a été illuminé : et quand il est parti pour l'autre monde, c'est qu'il croyait n'avoir plus rien à trouver en celui-ci.

Gérard ne voulait pas qu'on crût à ses jours de folie. C'était une de ses grandes occupations. Il s'inquiétait peu du Gérard visible, mais il avait un grand respect pour le Gérard invisible, pour le Gérard né de ses œuvres, pour le Gérard de l'opinion publique. On pourrait lui appliquer jusqu'à un certain point cette pensée de Pascal : « Nous ne nous contentons pas de la vie que nous avons en nous, nous voulons vivre dans l'idée des autres d'une vie imaginaire. Nous travaillons incessamment à conserver cet être fictif, et

> Ceint de grands parcs, avec une rivière
> Baignant ses pieds, qui coule entre des fleurs.
>
> Puis une dame, à sa haute fenêtre,
> Blonde aux yeux noirs, en ses habits anciens,
> Que dans une autre existence, peut-être,
> J'ai déjà vue! — et dont je me souviens!

nous négligeons le véritable. La douceur de la gloire est si grande, qu'à quelque chose qu'on l'attache, même à la mort, on l'aime. »

Depuis son dernier voyage en Allemagne, Gérard, plus tourmenté que jamais par je ne sais quelles aspirations vers l'infini, oubliait souvent qu'il était sur la terre. Il sentait qu'il perdait pied et marchait dans le vide ; il se tournait vers le passé pour ressaisir sa vie et se croire vivant encore. Ses dernières pages témoignent de cette préoccupation du passé ; il avait fermé tous les livres, excepté le livre de son âme ; il ne lisait plus de poésies que celles de ses amours. Il pressentait que la mort allait le prendre ; et, comme un voyageur qui voit tomber la nuit, il se retournait et jetait encore un regard sur les espaces parcourus. A tous les monuments en ruines de son cœur, il cueillait pieusement la pariétaire. Il ressemblait à ces chevaliers errants des contes de fées, qui, engagés dans la forêt nocturne, sont frappés par la lumière du château voisin. Ils vont à travers les broussailles, ils arrivent les pieds sanglants ; la porte est fermée, mais ils enfoncent la porte, et les voilà dans le château, qui est leur point de départ pour tenter de nouvelles aventures. Ce château des légendes, c'est le château de la mort. Gérard y aspirait, parce qu'il savait bien que si l'une des portes s'ouvre sur la forêt ténébreuse, une autre s'ouvre en pleine lumière vers les espaces infinis.

En vain il ouvrait ou fermait les livres du passé, cherchant tour à tour avec la raison des sages ou avec son sentiment ; en vain il allait tremper ses lèvres dans la fontaine du sphinx, il allait s'agenouiller devant Isis au masque changeant, ou sur les ruines de la Jérusalem prophétique : il s'en revenait doutant plus que jamais de la science humaine et suppliant Dieu de lui ouvrir enfin le livre de la science divine. Il avait eu son *songe* comme Scipion, sa *divine comédie* comme Dante, sa *vision* comme le Tasse, son *Brocken* comme Faust. Quand on prend ainsi son vol pour les régions de l'inconnu, on laisse la vérité à sa porte, comme font dans la fable de la Fontaine ceux qui vont bien loin chercher la fortune. De tous ces voyages impossibles, on croit revenir appuyé au bras de la Sagesse, mais Dieu qui nous raille nous enchaîne à la folie.

Gérard de Nerval est mort de folie comme le Tasse, ou d'amour comme Léopold Robert, — mort sans préméditation, — comme un voyageur qui s'aventure trop haut ou trop loin et qui trouve un abîme sous ses pieds. Il y a au dénoûment de *Leo Burkhart* deux mots qui me sont revenus à l'esprit devant le dénoûment de la vie de Gérard. Franz se tue d'un coup de pistolet. « Il tombe, dit Marguerite. — Il se relève, » dit Leo Burkhart. Gérard de Nerval n'est tombé que pour se relever.

XLIX

BÉRANGER

1780—1858

L'Académie, voulant mettre Béranger dans son fort, le dispensa des visites en le visitant elle-même. La maison du poëte était si petite, que la moitié du docte corps resta dans l'escalier.

Béranger, comme s'il avait toujours une chanson sur les lèvres, parla ainsi à MM. de l'Académie sur un air connu :

I

Non, mes amis, non, je ne veux rien être ;
C'est là ma gloire ! adressez-vous ailleurs.
Pour l'Institut Dieu ne m'a pas fait naître,
Vous avez tant de poëtes meilleurs !

Je ne sais rien qu'aimer, chanter et vivre,
Et je veux vivre encore une saison!
Je n'y vois plus; Lisette est mon seul livre :
Mon Institut, à moi, c'est ma maison.

II

Qu'irais-je faire en votre compagnie?
Il me faudrait écrire un long discours!
A mes chansons j'ai borné mon génie,
Et si mes vers sont bons, c'est qu'ils sont courts.
Ici, messieurs, la Muse est familière,
Pourvu qu'on ait la rime et la raison.
Ici Courier a commenté Molière...
L'Académie était dans ma maison.

III

Vous le voyez, c'est la maison du sage,
Et l'hirondelle y revient au printemps;
Je suis comme elle un oiseau de passage,
Depuis Noé j'ai parcouru les temps.
Je fus un Grec au siècle d'Aspasie,
J'ai consolé Socrate en sa prison.
Homère est là! Chantez ma Poésie!
J'ai réveillé les dieux de ma maison.

IV

Hier, j'étais sur le pas de ma porte,
Quand l'Orient soudain s'illumina...
Qu'entends-je au loin? le vent du soir m'apporte
Les airs connus d'Arcole et d'Iéna!

Ils sont partis, les soldats magnanimes :
Quatre-vingt-neuf, ils gardent ton blason !
Dieu soit en aide aux héros anonymes !
Je les bénis du seuil de ma maison.

V

Vos verts rameaux ceignent des fronts moroses ;
Il ne faut pas les toucher de trop près.
Je veux mourir en respirant des roses,
Et vos lauriers ressemblent aux cyprès.
Roseau chantant, déjà ma tête plie,
Laissez-moi l'air, laissez-moi l'horizon !
Immortel, moi ! Mais chut ! la mort m'oublie...
Si vous alliez lui montrer ma maison * !

L'Académie laissa chez lui ce huitième sage de la Grèce. Mais elle se rassura en pensant que Béranger lui appartenait quand même, puisqu'il était destiné au quarante et unième fauteuil, dont il est une des gloires poétiques.

* On a voulu une dernière strophe quand est mort le poëte :

> Mais il chantait, et la mort est venue !
> La mort jalouse, elle a pris Béranger.
> Il est parti pour la rive inconnue,
> D'où ne revient jamais le passager.
> L'Académie en style d'hécatombe
> Ne dira pas sa funèbre oraison ;
> Mais tout le monde a pleuré sur sa tombe,
> Et le bon Dieu lui donne sa maison.

L

EUGÈNE SÜE

1801—1857

Quand Eugène Süe lut son discours aux quarante, Alfred de Musset dit à Mérimée : « Est-ce qu'il s'est trompé de porte? — Oui, il s'imagine qu'il est à l'Académie de médecine. »

Voici un fragment du discours de réception d'Eugène Süe.

« Messieurs, permettez-moi de parler ici d'une ab-
« sente : la Vérité. Vous l'avez bannie par amour de la
« convention. Il faut qu'elle reprenne ses droits même
« sur vous.

« En tout je ne connais que deux choses : le vrai
« et le faux, le bon et le mauvais.

« Ne m'accusez pas d'être avec les uns ni avec les
« autres. Si *classique* veut dire original, vrai et pitto-

« resque, je serai classique, si *romantique* signifie va-
« gue, faux, fantastique, je fuirai le romantique. Tou-
« tefois, je dois avouer que je préfère une forêt vierge
« des Antilles, avec sa végétation puissante et gran-
« diose, à un jardin de le Nôtre; une barbarie de Mi-
« chel-Ange à une pâle couleur de Boucher; la Bible à
« l'*Énéide*, l'originalité âpre et sauvage de Milton à la
« poésie du dix-huitième siècle; en un mot, j'ai une
« profonde aversion pour tout ce qui est nul, sans
« couleur, sans création, sans vérité surtout.

« On sera forcé de toucher à des idoles consacrées
« par le temps et par la routine; de mettre ce qu'on
« appelle le bon goût aux prises avec la nature; de
« dépouiller l'homme de sa peau doucement ondulée,
« pour montrer à nu ces vaisseaux, ces nerfs qui se
« croisent dans tous les sens, ces organes où naissent
« et meurent les passions qui se reflètent si fortes et
« si naïves sur la physionomie. On partira d'un point
« vrai, positif comme l'algèbre, pour arriver à des
« résultats purement spéculatifs. Encore une fois, on
« parlera de la *nature* et non du *goût*.

« La connaissance profonde, intime, de l'homme
« physique et de l'homme moral, est de la plus haute
« importance pour le moraliste, le médecin, l'artiste,
« pour tout homme enfin qui recherche la vérité.

« Dans les arts d'imitation, la vérité est indispen-
« sable, non-seulement la vérité de contours, mais
« encore, pour ce qui concerne les êtres animés, la
« vérité physiologique, qui seule peut aider à tra-
« duire les impressions morales.

« J'admets le goût, autrement dit le choix, dans
« un sujet d'imagination. Si je veux peindre le
« type des guerriers, des héros, je n'irai pas choisir
« pour modèle le maréchal de Luxembourg, parce
« qu'il est bossu. Mais si je suis appelé à repro-
« duire les traits du maréchal, je ne chercherai
« pas à faire oublier la déviation de sa colonne ver-
« tébrale, parce qu'avant tout, il faut qu'un portrait
« soit fidèle.

« Ainsi donc, tout en reconnaissant qu'il y a un
« type du beau, dont on ne doit jamais s'écarter, alors
« qu'on invente, nous ne pouvons nier que, dès qu'on
« retrace un fait historique, toute concession à ce type
« de beauté conventionnelle doit être éloignée, si elle
« ne cadre parfaitement avec le sujet que l'on traite ;
« c'est alors que le goût deviendrait fausseté, men-
« songe : la physiologie est pour l'expression des pas-
« sions ce que la vérité, l'exactitude des faits est pour
« l'histoire. Il y a autant de danger à dénaturer l'une
« que l'autre, dans la crainte de violer les conve-
« nances.

« Résumons : le peintre ne peut traduire le moral
« que par le physique. Il faut qu'il connaisse ce phy-
« sique dans tous ses rapports ; d'abord, si l'on peut
« s'exprimer ainsi, le physique extérieur, la char-
« pente, l'enveloppe : voilà pour l'anatomie ; puis, le
« physique intérieur, les organes, le *sensum :* voilà
« pour la physiologie.

« C'est donc ce physique et son influence que nous
« nous proposons d'examiner. Nous tâcherons de por-

« ter un œil investigateur dans toutes les sensations
« de l'homme, de rechercher comment naissent et
« meurent physiquement ses passions, et de quelle
« manière elles se peignent extérieurement ; quels
« sont leurs signes physiologiques, quels change-
« ments, quelles modifications peuvent apporter les
« climats et les tempéraments dans l'habitude exté-
« rieure de l'homme. Enfin nous parcourrons rapide-
« ment l'échelle des connaissances qui se lient à l'é-
« tude des arts d'imitation ; car, nous le répétons (et
« ces théorèmes ressemblent plutôt à des pléonasmes
« qu'à des axiomes), ce n'est qu'en scrutant profondé-
« ment les secrets de la nature, que l'artiste peut
« arriver à la perfection dans les arts. La peinture
« vit de formes, de vrai, de positif ; il n'y a donc
« nuances si délicates, observations si minutieuses,
« qui soient à négliger, car elles peuvent concourir à
« former un tout imposant et beau, parce qu'il sera
« *vrai*.

« Nous sommes convenus que la connaissance de
« l'homme physique et de l'homme moral était indis-
« pensable à ceux qui étaient appelés à le retracer,
« par le moyen des arts d'imitation, dans toutes les
« phases de sa vie.

« C'est la vérité qui a tué l'ancienne poétique.

« Dès qu'on a parlé vrai comme l'algèbre, on a voulu
« avoir une solution de tout ; non une solution pure-
« ment spéculative, variant selon l'intelligence de
« chacun, se mesurant sur toutes les imaginations ;
« mais une solution exacte, nue, dépouillée du pres-

« tige des mots, telle enfin que tout le monde pût
« l'embrasser d'un coup d'œil, et la rejeter, si elle ne
« sortait claire, lucide, du creuset du raisonnement;
« on n'a plus voulu d'aristocratie d'intelligence. On
« demande maintenant, avant tout : « Qu'est-ce que
« cela prouve? » L'époque se peint dans ces quatre
« mots.

« Est-ce un bien, est-ce un mal, que ce besoin d'a-
« nalyse qui s'étend partout et à tout? N'est-il pas la
« suite inévitable des grandes commotions sociales
« qui ont agité notre génération? Ce demi-siècle, si
« plein de grands événements, n'a-t-il pas dû donner
« à l'esprit public une allure grave et sévère? Et
« nous autres, jeunes hommes, qui avons vu la chute
« de Bonaparte; qui, par des traditions encore palpi-
« tantes d'intérêt et d'actualité, sommes presque con-
« temporains d'une des plus grandes révolutions qui
« aient ébranlé l'Europe; nous que nos études, nos
« mœurs, notre gouvernement, portent à des pensers
« sérieux, pouvons-nous encore sourire aux madri-
« gaux du marquis de Louvois, nous laisser éblouir
« par les prestiges de la mythologie sainte et profane,
« ou séduire par la versification sonore de la *Hen-*
« *riade?*

« On objectera peut-être que la peinture ne rend
« que les effets; mais, pour bien juger les effets, il
« faut nécessairement remonter aux causes. Encore
« un axiome si vrai, qu'il ressemble à un pléonasme.
« Ce sont ces causes que la physiologie philosophique
« dévoilera à l'artiste; car il y a dans l'homme un

« autre homme intérieur : c'est le centre cérébral,
« c'est tout l'organe sensitif.

« Cet homme intérieur est doué d'une activité con-
« tinuelle qui lui est propre, et qui dure autant que
« la vie. Ce sont les effets de cette activité toute mo-
« rale, provenant d'un phénomène tout physique, qui
« s'expriment, se rendent par les mouvements ; mais
« cette activité est encore soumise à l'influence des
« âges, des sexes, des tempéraments, des maladies,
« des climats ; car il paraît démontré que les impres-
« sions reçues par les parties sensibles sont seules la
« source de toutes les idées et de tous les mouve-
« ments vitaux.

« Que si la sensibilité est le dernier terme des phé-
« nomènes qui composent ce que nous appelons la
« vie, et le premier de ceux dans lesquels consistent
« nos facultés intellectuelles, on déduira cette grande
« vérité que Locke avait pressentie : que le moral
« n'est que le physique considéré sous un autre point
« de vue. »

Eugène Süe étudia la médecine ; mais, une fois médecin, il se jugea digne d'entreprendre les maladies
de l'âme. Il tenta de guérir son siècle. Dans toutes ses
œuvres il y a le bout de l'oreille du médecin. Il tâte le
pouls à tous les vices, à toutes les misères, à toutes
les douleurs. Il étudie les sept péchés capitaux et les
mystères de Paris ; juif errant de la pensée, il traverse
tous les mondes, le monde qui pleure et le monde
qui rit. Il est fraternel à tous ceux qui souffrent, il
flagelle les bonheurs endurcis.

Ce rude raffiné* se sentit républicain dans la profusion d'un luxe asiatique. Il sacrifia tout à cette reli-

* A son point lumineux, Eugène Süe vivait comme un Oriental. Étudiez cette peinture du temps :
« Il habite, dans les hauteurs du faubourg Saint-Honoré, une petite maison tapissée de lianes et de fleurs, qui font voûte au péristyle. Son jardin est amoureusement arrangé, frais et parfumé ; un jet d'eau bruit au milieu de roches et de joncs. Une longue galerie fermée, tapissée de sculptures et de plantes, conduit de la maison à une petite porte extérieure, toute dérobée sous un rocher artificiel. Le logement se compose de très-petites pièces, un peu étouffées, tenues obscures par les lianes et les fleurs pendantes aux fenêtres. L'ameublement est rouge à clous d'or ; la chambre à coucher, seule, plus claire et bleuâtre. Les meubles, très-nombreux, s'entassent, non sans confusion, entre d'épaisses tentures. Il y a là un peu de tous les styles : gothique, renaissance, fantaisies françaises. Le salon est rocaille. Les murailles sont cachées par les objets d'art, bahuts, curiosités diverses, peintures et sculptures, portraits de famille, œuvres magistrales, œuvres des artistes modernes, ses amis. Des vases précieux, don *des amitiés féminines*, couvrent les consoles. L'un d'eux est un hommage respecté d'une main royale. Des noms glorieux brillent de toutes parts : Delacroix, Isabey, Vernet. Dans un cadre, on voit un dessin de madame Lamartine et des vers de l'illustre poëte. Un tableau occupe une place privilégiée, sur chevalet, au milieu des coquetteries du salon : c'est un *Anachorète* d'Isabey, d'un effet terrible, contraste remarquable dans ce petit temple de la volupté. De tout cela sort un parfum doux, où se distingue la saine odeur des cuirs de Russie. Les chevaux et les chiens que M. Süe a préférés, peints par lui-même ou par Alfred de Dreux, gardent compagnie à qui les caressait autrefois et se recommandent au souvenir amical. Dans le vestibule, au milieu de l'attirail et des trophées de la chasse, un loup et un oiseau de proie, autrefois apprivoisés et aimés, revivent empaillés dans la demeure du maître. Au bout du jardin sont logés

gion soudaine, même la liberté, — ce dernier fantôme des hommes de pensée. — Il partit pour l'exil et y mourut, emportant lui aussi la patrie à la semelle de ses souliers.

Dans ses livres, on sent le médecin et le peintre. En effet, il avait passé de l'école de médecine à l'atelier de Gérard. La curiosité du philosophe et de l'artiste l'avait entraîné vers les mers lointaines, d'où il était revenu non pas peintre, non pas médecin, mais romancier, un romancier dont la plume était tour à tour un pinceau et un scalpel.

avec soin deux magnifiques lévriers, présent de lord Chesterfield. De beaux faisans dorés et des ramiers se promènent librement sur le gazon du jardin, et viennent chaque soir se coucher sur les jardinières des fenêtres et sous le perron, gardiens ailés du seuil, élégants et doux amis de la maison. En parcourant cette demeure, nous devinions bien des traits du caractère : la passion du luxe et des plaisirs bruyants, avec des retours vers la retraite et la méditation. »

Pour mieux peindre ce raffiné, la critique parlait des gants paille avec lesquels il écrivait *les Mystères de Paris* — le style n'est pas l'homme — et du plateau d'or ciselé par Froment-Meurice pour présenter à Sa Seigneurie les lettres de ses créanciers.

LI

HENRY MURGER[*]

1822—1861

Quand on lisait à Rivarol un éloge de quelque grand maître comme Corneille ou Molière, il ne pouvait s'empêcher de dire : « Voilà qui est fort beau, mais il y a

[*] Après la chanson de Lisette ce fut la chanson de Musette.
Quand mourut Béranger, Brizeux se présenta pour lui succéder au quarante et unième fauteuil. Il échoua devant Murger. On n'avait lu çà et là qu'une strophe de lui. On gardait avec amour le souvenir de *Marie*, mais on se disait tout bas que peut-être il s'était donné bien de la peine pour ensevelir la jolie fille de la vallée du Scorff. Des vers, encore des vers, toujours des vers! Le frais et léger poëme étouffait sous deux volumes ennuyeux. *Marie* était devenue un bas-bleu qui rabâchait la Bretagne à tout bout de champ.
Brizeux fut le poëte du mal du pays. A Paris il regrettait la Bretagne, en Bretagne il soupirait après Rome, en Italie il chantait la France. Son vrai pays c'était l'autre monde. Ame délicate, blessée par l'amour à son aube lumineuse, Brizeux n'habita que le royaume de l'idéal, même quand la nature le berçait dans le pré de Kervégan.

des longueurs. — Vous feriez des coupures? lui demandait-on. — Oui, répondait-il, je me contenterais d'écrire : « *L'un s'appelait Molière,* » ou « *l'autre s'appelait Corneille.* »

Bienheureux est le poëte qui n'a pas besoin d'autre éloge, parce que son œuvre parle aussi haut que son nom. Ce n'est pas seulement l'histoire des plus grands, c'est l'histoire de quelques rares esprits des régions tempérées, comme l'abbé Prévost, qui ont eu l'art ou plutôt le don de créer une figure immortelle. Certes, Manon Lescaut ne s'élève pas à la taille des Camille et des Alceste, mais en est-elle moins humaine et vivra-t-elle moins longtemps dans le monde poétique?

Il s'appelait Henry Murger! N'est-ce pas son éloge en un seul mot? N'est-ce pas dire toute son œuvre et toute sa vie?

Combien de grands noms académiques, combien de soleils factices vont aller s'effaçant de jour en jour devant ce nom tout simple, devant cette petite étoile qui jettera toujours son rayon sympathique dans le ciel des poëtes, surtout quand Mimi et Musette courront l'aventure!

Tous ceux qui ont aimé sur l'air des vingt ans, diront avec un sourire traversé d'une larme : *Ci-gît notre ami Henry Murger.*

Il était d'origine allemande, mais c'était un Parisien du Paris de Voltaire et d'Alfred de Musset. Il a débuté en prose par les *Amours d'un grillon et d'une étincelle,* — un chef-d'œuvre de vingt pages; — le grillon, c'est le poëte, c'est Henry Murger. Écoutez plutôt :

« Il se rappela son enfance sur la terre allemande; il entendit des duos nocturnes de la brise et de la vague du ruisseau, harmonies qui avaient réveillé celles qu'il avait dans l'âme. Il se ressouvint de ses premières poésies, trouvées toutes faites dans ces premières rêveries qu'on jette en l'air sans savoir où elles vont. Et, comme autrefois sur son épi, le grillon demeurait des jours entiers huché sur la tête d'un chenet et chantant de sa voix claire la petite chanson qu'il avait composée pour sa maîtresse. Toutes les strophes, en s'échappant de son cœur, semblaient secouer dans leur vol les larmes dont elles étaient trempées. »

Le grillon est amoureux d'une étincelle; l'étincelle est à l'étoile ce que la femme est à la muse. Le grillon avait aimé l'étoile, mais l'étoile demeure si haut! Il se contenta de l'étincelle. Mais comment l'aimer d'assez près pour l'étreindre? « Il prit tous ses rêves un à un, il les jeta dans son inspiration, et les strophes abondaient dans ce désordre passionné. Tout cela sortait de son cœur avec un grand bruit de sanglots. L'étincelle qui fuyait s'arrêta. Il monta vers elle, mais elle pâlissait déjà; il fit un dernier pas, et se trouva si près d'elle qu'il la toucha. Tout à coup il se crut frappé violemment; l'étincelle venait de s'éteindre. Le grillon regarda à la place où elle était si brillante une seconde avant: — O mon amour! s'écria l'amant; — ô mon rêve! s'écria le poëte. Et il rentra dans son trou, et il demeura muet. »

N'est-ce pas là l'histoire de tous ces fous sublimes que la destinée a marqués pour l'amour ou pour la poésie? Quand ils étreignent la femme ou la muse, la vision s'évanouit.

Henry Murger, quelle que fût sa philosophie, a traversé les heures sombres où la pâle hôtesse vient jouer ses comédies funèbres sur le fond noir de l'imagination. La note mortuaire, si je puis dire, résonne çà et là comme un *miserere* dans la poésie de Henry Murger. Mais cette note s'égaye le plus souvent par une pointe d'ironie jamais amère :

> Peut-être aurais-je pu traîner jusqu'au printemps,
> Si j'avais voulu prendre encor de temps en temps
>   Quelque tisane brevetée ;
> Mais j'aime autant partir avant le carnaval :
> Si je tardais, ma mort ferait manquer le bal
>   Où ma maîtresse est invitée.
>
> Un architecte habile a fourni le devis
> D'un tombeau dessiné par mon frère, — un lavis
>   D'encre de Chine, — une aquarelle.
> Et d'ici vous pouvez entendre le marteau
> Du funèbre tailleur qui me cloue un manteau
>   Dont la mode reste éternelle.
>
> D'ailleurs tous mes parents ont commandé leur deuil,
> Les hommes au *Cyprès*, les femmes chez *Chevreuil*,
>   Et dans le passage du Caire
> On imprime trois cents billets de faire part,
> Que mes amis diront avoir trouvés trop tard
>   Dans la loge de leur portière.

Eh bien, non! ses amis n'ont pas dit cela; tous ceux qui ne l'avaient pas précédé chez les morts ont voulu, comme le chien du pauvre, accompagner en son dernier voyage ce cher et gai compagnon qui avait versé son cœur sur la route. Pieux cortége! qui gardera le souvenir d'aujourd'hui, et qui aura encore une larme demain, quoique le poëte ait dit :

> Seigneur! vous savez bien que c'est une ironie;
> Que ce qui disparaît est bien vite oublié,
> Et que l'œil qui pleurait devant une agonie
> Avec un coin du crêpe est bientôt essuyé *.

* Murger ne prenait pas toujours le temps d'écrire ses vers. Avant de mourir il les a recueillis en un volume qui sera son testament poétique. Les poëtes laissent ce qu'ils peuvent. Les riches lèguent leur bien aux pauvres; les pauvres, quand ils sont poëtes, lèguent leur âme à tout le monde.

Voici la très-spirituelle préface de ce volume, — fraîches chansons tombées de la branche et retenues par hasard, — échos amoureux que traverse le sifflement railleur du merle :

> Ami lecteur, qui viens d'entrer dans la boutique
> Où l'on vend ce volume, et qui l'as acheté
> Sans marchander d'un sou, malgré son prix modique,
> Sois béni, bon lecteur, dans ta postérité;
>
> Que ton épouse reste économe et pudique,
> Que le fruit de son sein soit ton portrait flatté
> Sans retouche; — et, pareille à la matrone antique,
> Qu'elle marque le linge et fasse bien le thé;
>
> Que ton cellier soit plein du vin de la comète!
> Qu'on ne t'emprunte pas d'argent, — et qu'on t'en prête!
> Que le brelan te suive autour des tapis verts;
>
> Et qu'un jour sur ta tombe, en marbre de Carrare,
> Un burin d'or inscrive — *hic jacet* — l'homme rare
> Qui payait d'un écu trois cents pages de vers.

Et lui, quelle sera son épitaphe? L'ombre d'un lilas, le bruit du

Henry Murger est mort comme un sage et comme un chrétien. Et pourtant ce cœur toujours ouvert pouvait dire, comme un de ses héros à celui qui lui annonçait un prêtre : « Réponds-lui que j'ai lu Voltaire. » Mais il avait lu aussi l'Évangile.

D'autres conteront mieux que moi cette histoire d'un conteur, mais ils ne la diront pas aussi bien que lui. Il s'est peint lui-même en vers et en prose, dans presque toutes ses pages. Non-seulement on peut dire de lui qu'il a écrit parce qu'il a aimé, mais qu'il a écrit ce qu'il a aimé. Son cœur déborde dans chacun de ses livres, dans chacune de ses strophes. Il demeurera, avec Gérard de Nerval, le type consacré du poëte de la bohème. Ç'aura été la même vie à tous les vents et à tous les horizons. Ils ont eu chacun le don d'être heureux de tout, même de n'avoir rien. Louis XIV disait de Dufresny, leur frère aîné : « Je puis bien prendre une province, mais je n'ai pas le pouvoir d'enrichir Dufresny. »

Qui donc aurait pu enrichir Gérard et Murger! La cigale n'a pas de grenier. Il n'y a pas longtemps qu'un créancier trop impatient faisait saisir le peintre de la *Vie de Bohême*, qui riait beaucoup de voir les huissiers pour si peu. « Déjà? dit-il; ce que c'est que de n'avoir pas de pendule! On ne sait jamais l'heure de l'échéance. Saisissez, ce sera bientôt fait, car je n'ai ici que mon lit, mon habit et mes instruments de

---

vent dans les saules, les larmes de quelque rieuse Mimi qui aura lu la *Vie de Bohême*.

travail. » L'huissier regarda avec respect la plume de Henry Murger, et comprit qu'il ne pouvait pas se servir de la sienne.

En cherchant bien, on trouverait la mère-patrie des bohêmes sur le seuil d'Aspasie, où toute la jeunesse d'Athènes allait jeter son cœur. La bohême du moyen âge fut à la Cour des Miracles; Victor Hugo l'a peinte aux ardentes couleurs de son style. Sterne a tracé la géographie de la bohême fantastique. Charles Nodier s'y est perdu en la cherchant. Gérard de Nerval a écrit l'histoire de la *Bohême galante.* Après Gérard, Henry Murger est venu, qui a étendu la conquête au pays latin, et bientôt dans tout Paris. Il a prouvé que la bohême était là où chantait la jeunesse qui met son bonnet de travers; où les journalistes sans journaux, les ministres sans ministère, les orateurs sans tribune, les ambitieux sans étoffe, les éternels étudiants qui ne passent que la thèse de l'amour, jettent éperdument leur vie à tous les hasards. Mais, avec Henry Murger, *ci-gît la bohême.*

La cigale n'aime pas l'hiver, — l'hiver a tué Murger comme il avait tué Gérard, six ans plus tôt, jour pour jour. — Dès que le premier rayon d'avril égayait sa fenêtre, Murger descendait en toute hâte de son cinquième étage et s'en allait, sans retourner la tête, dans sa chère forêt de Fontainebleau, où il passait le printemps, l'été et l'automne. Il avait une masure couverte de chaume qui parlait d'autant plus à son cœur qu'elle était plus humble. C'était la chaumière de Philémon et Baucis. Quand venait un ami, on avait toutes les peines du monde à trouver un troisième escabeau; mais la poésie de Henry Murger rayonnait sur cette masure et la transformait en Alhambra. Et les grands arbres de la forêt, avec leurs ramées chantantes et les chemins verts qui conduisent toujours au pays de l'idéal! et la liberté de songer et de ne rien faire, car l'or le plus pur pour le poëte, c'est le temps perdu!

C'était là pourtant qu'il travaillait; c'était là que, se retournant vers le passé, il interrogeait son cœur et son esprit qui lui racontaient toutes les scènes de sa jeunesse. Il dit quelque part, dans la *Vie de Bohême*: « C'est après l'orage que j'ai peint mon tableau. » Si son tableau n'est jamais assombri, c'est qu'il nous le montre à travers l'arc-en-ciel du poëte. Peut-être l'homme pleurait aux battements de son cœur, mais le conteur s'égayait aux souvenirs irisés.

Plus que tout autre, Murger a fait vibrer en nous la chanson des vingt ans. Pareil à la belle fille d'Ionie, qui n'avait pas une cithare dorée, mais qui était plus écoutée parce qu'elle chantait les airs chers aux amoureux, il nous charmait bien plus que ceux-là qui déclament les grands airs savants avec le divin archet d'Apollon. Son Parnasse n'était pas si haut; son violon n'était pas un Stradivarius, mais il avait une âme comme celui d'Hoffmann, et le poëte en jouait jusqu'aux larmes.

LII

LE FAUTEUIL VACANT

1864

La nuit passée on se demandait, autour de l'Institut, ce que pouvaient faire les Quarante à l'heure où seuls les amoureux nocturnes, s'il y en a encore, veillent sous les balcons.

L'Académie était tout illuminée. Le hibou de Minerve protégeait la coupole.

Il y avait séance solennelle. Les hommes du quarante et unième fauteuil discutaient les titres des aspirants depuis la mort de Henry Murger.

Descartes présidait. Rivarol tenait la place du secrétaire perpétuel.

Les aspirants, c'étaient Alexandre Dumas, Janin, Théophile Gautier, Karr, Louis Veuillot, Méry, Émile de Girardin, Proudhon, Léon Gozlan.

On discuta si éloquemment, qu'on finit par ne pas s'entendre.

— Dumas, dit Rivarol, nous a envoyé ses œuvres en cinquante wagons. Nous remettons à un demi-siècle pour le juger, car il nous faut bien le temps de le lire un peu.

— Vous ne direz pas cela de Janin, dit le railleur Piron, car celui-là a écrit sur sa maison :

Qui ne sut se borner, ne sut jamais écrire.

— Pour moi, dit Béranger, je ne raille plus et je leur donne ma voix à tous les deux, le prince des romanciers et le prince des critiques, les seuls princes que je reconnaisse.

— Moi, dit André Chénier, je vote pour Théophile Gautier, car je veux que l'art domine la nature.

— Moi, dit Beaumarchais, je vote pour les miens. Si je ne donnais ma voix à Gozlan, je la donnerais à Méry; mais Karr m'empêchera peut-être de la donner à Gozlan, si je ne la donne pas à About.

— Voilà qui est parlé en académicien, dit l'abbé Prévost.

— O Athéniens! souvenez-vous de Lacédémone, dit Jean-Jacques; je vote pour Girardin, pour Proudhon, pour Veuillot.

— Songez-y, dit Helvétius à Jean-Jacques, si Proudhon est encore un citoyen de Genève égaré dans Paris, Émile de Girardin est un Athénien de Paris égaré dans Lacédémone.

— Qui parle de Spartiates? dit Saint-Simon, je ne connais que les hommes d'État et les hommes de cour : je donne ma voix au duc de Morny.

— Il aura aussi la voix du petit-fils de Henri IV, dit Dufresny.

— Qui parle des hommes de cour? dit Lamennais; je ne reconnais que les hommes de lettres nés hommes du peuple. Ce sont les hommes d'État de l'avenir. Je vote pour Michelet.

— Et les poëtes? dit Hégésippe Moreau.

— La poésie est morte avec nous, dit Benjamin Constant.

— Vous dites que la poésie est morte? dit André Chénier. C'est que votre cœur ne bat plus aux belles passions du moment. Vous ne croyez qu'à la poésie qui a illuminé votre jeunesse. Rassurez-vous, elle n'est pas morte avec vous; elle vous a fui à votre premier cheveu blanc pour aller offrir à d'autres, aux jeunes et aux amoureux de tous les temps et de tous les pays, le voyage dans le bleu, les rives idéales, les forêts vierges et les fraîches oasis.

— Oui, dit le grand Molière, la poésie est vivante, mais où est le poëte?

— Le poëte? dit Beaumarchais, j'en pourrais nommer vingt; mais, pour moi, le poëte c'est Napoléon III.

On se regarda avec surprise.

— Oui, messieurs du quarante et unième fauteuil, celui-là répand la poésie à pleines mains. Son poëme épique, c'est Solférino et Sébastopol; ses odes courent la Chine et la Syrie; ses bucoliques et ses géorgiques, c'est le bois de Boulogne et le bois de Vincennes; c'est la Sologne qu'il défriche, ce sont les Landes qu'il fertilise. N'a-t-il pas vaincu Boileau en répondant à son épître : les *Embarras de Paris*, par une meilleure épître : les *Embellissements de Paris?* Je vote pour Napoléon III, d'autant plus que ce n'est pas seulement un poëte, il écrit l'histoire de César en César.

Brutus-Lamennais prit la parole :

— Ce sont là de beaux paradoxes, messieurs; le poëte n'est pas celui qui met la poésie en action, mais celui qui met la poésie en vers.

— Mais s'il n'y a que des vers, dit André Chénier, quel sera le livre pour ceux qui ne savent pas lire?

— Brutus se trompe, dit Stendhal, Napoléon Ier eût fait de Corneille un prince, nous pouvons bien faire de Napoléon III un académicien du quarante et unième fauteuil.

Descartes promit sa voix, si on lui promettait la statue de Molière sur la place de l'Institut et celle de Voltaire sur la place de la Révolution.

— N'oubliez pas, dit le philosophe, que ce sont deux Parisiens qui ont fait le monde à leur image.

— Ce sont deux gamins de Paris, dit Saint-Simon, je leur vote un bourrelet.

— Et moi une couronne d'or, dit Le Sage.

— Oui! oui! s'écria Diderot : deux statues! C'est toujours amusant de voir des marbres.

— Tais-toi, philosophe! tu n'es qu'un artiste, murmura la Rochefoucauld.

Mirabeau prit la parole pour Voltaire. Il fut interrompu par Pascal, qui fut apostrophé par Jean-Jacques.

— Si nous ne parlions que quatre à la fois? dit Le Sage.

— Si nous ne parlions pas du tout? dit Malebranche.

Diderot parla plus haut, Regnard partit d'un éclat de rire, Joseph de Maistre s'indigna, Béranger se recommanda à Dieu, Molière prit sa plume, et Balzac lui dit à l'oreille : *C'est la comédie humaine.*

LE
42ᴹᴱ FAUTEUIL
DE L'ACADÉMIE FRANÇAISE

DIALOGUE DES MORTS
SUR LES IMMORTELS

Le théâtre représente le Purgatoire de l'Esprit. On lit en caractères de feu sur toutes les portes expiatoires :

ICI TU RÊVERAS
AU CHEF-D'ŒUVRE QUE TU N'AS PAS PU FAIRE.

Les morts, dispersés, se passent de groupe en groupe des feuilles volantes de l'*Histoire du quarante et unième Fauteuil*.

L'ABBÉ GALIANI. — Mais on a oublié tout le monde. Je ne retrouve pas Melchior de Grimm, ministre au département des chiffons littéraires de S. M. Catherine II, impératrice de toutes les Russies et de toutes les philosophies, surnommé Tiran le Blanc, parce qu'il mettait beaucoup de rouge, et parce qu'il était très-opiniâtre dans ses idées. Voltaire a dit de lui : « De quoi s'avise ce bohémien, d'avoir plus d'esprit que nous? » et Jean-Jacques Rousseau se mettait à genoux devant les femmes qui adoraient les impertinences de Grimm : n'était-ce donc point assez pour aller à l'Académie?

Grimm. — Qui parle d'esprit et de femmes? C'est l'ulcinella-Galiani, l'abbé lazzarone trempé dans le soleil de Naples, qui a bu à la grappe du Vésuve la gaieté insolente de Pétrone après avoir bu la sagesse d'Horace à la grappe de Tibur. C'est l'abbé par excellence, qui nous a donné des armes contre Dieu quand nous faisions débauche d'athéisme au café de la Comédie, et qui nous a donné des armes contre les femmes quand nous n'avions plus d'amour pour elles.

La Clos. — Vous vous plaignez de n'être pas de l'Académie : vous en êtes tout à fait, puisque vous vous faites des compliments.

Roucher. — Et toi, La Clos, n'es-tu pas surpris d'être exilé de ce fauteuil des grandes perversités? N'en as-tu pas fait plus que Beaumarchais? La niaiserie de ta Cécile Volange est plus agaçante que l'esprit de son Chérubin, et, après tout, ton opéra d'*Ernestine* n'était pas beaucoup plus mauvais que son opéra de *Tarare*. Ton livre est si beau, que j'ai défendu à ma Lucile de le lire. Dans cinquante ans on réimprimera les *Liaisons dangereuses*, et il n'y aura plus alors que les gens de l'Université qui croiront que la *Nouvelle Héloïse* est une liaison dangereuse.

La Clos. — Ne me rappelez pas mes folles nuits de Grenoble. Je suis né soldat, je suis mort soldat.

Lagrange-Chancel. — On va à la postérité avec une belle action plutôt qu'avec tous les volumes de l'abbé Terrasson.

Roucher. — Qu'en dis-tu, Saint-Just, toi qui n'as rien laissé du tout?

Saint-Just. — J'ai laissé une tête de marbre antique au musée de la Révolution. Ils admirent là-bas de Maistre pour avoir écrit à la gloire de son Église le code impitoyable que j'ai mis en action au profit de la mienne.

CHÊNEDOLLÉ. — Ma Muse a donné un coup de pied au portail de ton Église, et ton Église est tombée en ruines.

FABRE D'ÉGLANTINE. — C'est le coup de pied de l'ânesse de Balaam.

CHÊNEDOLLÉ. — Continue Molière comme Louis XV a continué saint Louis, mais ne défends pas ce comédien tragique qui s'appelait Saint-Just.

FABRE D'ÉGLANTINE. — Que parles-tu de continuer, plagiaire? Tu m'as pris mon *Intrigue épistolaire*, toi le don Quichotte de cette Dulcinée aigre et maigre qui se nommait Lucile de Chateaubriand! Mais je te pardonne, tu as fait le *Génie de l'homme*, non sans génie.

JOUBERT. — Bien parlé pour un révolutionnaire!

SAINT-MARTIN. — J'ai reconnu Joubert. Quoi! vous, le plus délicat des délicats, vous n'êtes pas dans la sphère étoilée où respirent les génies qui ont des ailes! vous, *Platone Platonior*, vous dont les phrases sont des oiseaux qui, à chaque note, gazouillent à ravir quelque chose du ciel!

JOUBERT. — Ne parlons pas de moi; je n'ai eu d'esprit qu'au coin de la cheminée de madame de Beaumont. Mais vous, qui avez été un torrent d'idées, vous qui auriez appris la douceur d'âme à Chateaubriand quand il allait bâillant sa vie avec colère, vous qui avez été un Fénelon à l'époque où renaissaient les Ajax, si vous n'êtes pas au quarante et unième fauteuil, c'est que vous avez voulu rester l'éternel *philosophe inconnu*, c'est qu'il était dans votre destinée d'être à jamais, même pour les ambitions de cette terre, *l'homme du désir*.

CHAPELLE ET BACHAUMONT. — Quoi! on s'étonne là-bas de n'être pas dans les bras du fauteuil! Mais nous qui ne faisons qu'un, mais qui en valons bien deux, n'aurions-nous pas le droit de nous plaindre?

BRUEYS ET PALAPRAT. — Nous en valons bien quatre, nous

qui avons plus voyagé que vous, et qui avons fait plus de débauches athéniennes en compagnie de M. de Vendôme et des comédiennes.

Chapelle et Bachaumont. — Nous avons fait boire du vin à Boileau ; nous avons consolé Molière. Qu'importe que nous ayons mangé notre esprit en herbe, si la postérité dit toujours Chapelle et Bachaumont?

Brueys et Palaprat. — Vous avez assez mal vécu, si vous n'avez mangé votre esprit qu'en herbe. Pour nous, nous avons mangé du Térence, et nous nous sommes mis à la table du moyen âge. Aussi notre repas dure toujours, et l'avenir se régale avec les restes quand on donne à la Comédie française l'*Avocat Patelin* et le *Muet*.

Desforges. — Le *Muet*! moi j'ai fait le *Sourd*.

Dovalle. — Oui ; mais tu as fait le *Poëte* et tu ne l'étais pas.

Le Prince de Ligne. — Vous ici, mon cher Sénac! vous, l'arrière-garde de la littérature française, vous qui avez été un moraliste si délicat, parce que vous avez été un homme d'État et un homme du monde !

Sénac de Meilhan. — Hélas! prince, vous me croyez donc encore ma vanité d'autrefois? Mais vous, qui aviez tous les dons de Voltaire, vous qui avez prêté à Saint-Pétersbourg les plus belles élégances de Paris et d'Athènes, vous êtes disgracié comme un simple avocat du tiers!

Horace Walpole. — Ne m'ont-ils pas évincé, moi, Horace Walpole, moi l'esprit de cette débauchée d'esprit parisien, madame Du Deffand!

Sterne. — Et moi donc, moi le peintre ému de Paris et de Trianon ; moi qui, dans mes romans, ai promené la muse Fantaisie, comme Yorick promenait Élisa!

Franklin. — Que dirai-je, moi qui suis venu d'Amérique pour contempler Paris à mes pieds! moi, sacré Français par les Français du meilleur temps, Louis XVI et Chamfort, Voltaire et Turgot! moi dont le livre a été la préface du plus beau livre français qui sera jamais, la Révolution de 1789! Mais, au reste, je ne me soucie guère de leur Académie! ils n'y ont pas même admis cet homme qui écrivait si bien avec toutes sortes de plumes, M. le marquis de La Fayette!

Frédéric le Grand. — Voilà de plaisantes colères! Est-ce que je me plains, moi qui ai patronné avec les fonds de ma cassette royale tous les Français ennemis des trônes, et qui ai signé en français trente volumes in-quarto?

Lord Bolingbroke. — N'ai-je pas été l'allié de madame de Maintenon et de madame de Caylus, et ne répondais-je pas à leurs lettres dans le pur langage du grand siècle!

Henri Heine. — Et moi, n'ai-je pas été Voltaire II?

Goldoni. — Et moi, le Carnaval de Venise à Paris.

Vadé. — Tu n'es qu'un Italien; mais moi le poëte des majestés de la Halle.

Collé. — Quand on songe que tous ces plaidoyers seront perdus pour mon journal!

Maître Adam Billaut. — Toi qui as trouvé la *Vérité dans le vin*, tu n'es pas mieux placé que ceux qui se sont laissés choir dans son puits.

Gentil-Bernard. — L'*Art d'aimer* n'a pas été mieux traité que l'art de boire; mais je me consolerai dans l'amour, comme vous vous consolerez dans le vin.

Brillat-Savarin. — Moi, je me consolerai à table.

Berchoux. — Et moi, je me consolerai en rimant tes dîners, ô Apicius de la cour de cassation!

L'abbé d'Allainval. — On ne m'a pas admis même au quarante et unième fauteuil, moi qui ne serais pas mort de faim si j'avais touché mes droits d'auteur à la Comédie française.

Élisa Mercœur. — Ne meurt pas de faim qui veut.

Lafosse. — Qu'est-ce que cela fait, puisque nous sommes

de cette Académie qui tient ses séances dans la maison de Molière? On joue encore *Manlius* et l'*École des Bourgeois*.

On voit passer en groupe de jeunes ombres attristées : Escousse, Aloysius Bertrand, Brizeux, Georges Farcy, de la Madeleine.

Madame de Girardin. — Ils ont un quarante et unième fauteuil, mais chacune de nous n'est-elle pas montée à son heure sur le piédestal de la dixième Muse?

Mademoiselle de Lespinasse. — Parlez pour vous, qui avez été la dixième Muse et la quatrième Grâce! Mais moi qui me suis traînée aux abords du temple en sanglotant d'amour!

Mademoiselle Aïssé. — Taisez-vous! Vous n'avez aimé que deux académiciens — et encore de l'académie intra-muros.

Madame de Girardin. — Mais la passion est la Muse qui fait chanter les autres.

Marie Garcia. — La passion — quand c'est *sa passion* — prend sa source dans l'amour et se jette dans la mort.

Mademoiselle de Scudéry. — L'Académie! j'en ai écrit le dictionnaire avec madame de la Suze, Catherine de Vivonne et Julie d'Angennes, à l'hôtel Rambouillet.

Madame de Sévigné. — Moi, je n'ai jamais cru à d'autre académie qu'à l'hôtel Rambouillet.

Madame de La Fayette. — Et les Rochers? et Grignan? et les petits apartements du coadjuteur?

Madame de Longueville. — Moi, j'aimais l'hôtel Rambouillet parce que c'était une académie d'hommes et de femmes! Ne me parlez pas des autres.

Ninon de Lenclos. — Voilà qui est bien dit! Mais j'aime encore mieux les académies d'hommes que les académies de femmes!

Louise Labbé. — Ah! si vous aviez connu mes amies!

Mademoiselle de La Vallière. — Le paradis terrestre était une académie où il y avait un homme et une femme...

Madame de Charrière. — Et un serpent!

Madame de Maintenon. — Et un Dieu!

Madame de Tencin. — Les hommes de lettres sont des femmes.

Madame de Stael. — Les femmes de lettres sont des hommes.

Madame Roland. — Et des hommes qui mènent les autres...

Lucile Desmoulins. — A la guillotine!

Madame Geoffrin. — Vos hommes d'esprit c'étaient les bêtes de ma ménagerie.

Madame de La Sablière. — Qui est-ce qui parle pour moi?

Madame d'Épinay. — J'ai tenu chez moi la bête sauvage! Vous aviez La Fontaine, j'avais Jean-Jacques.

Sophie Monnier. — Moi, j'ai coupé les griffes au lion amoureux! Où es-tu, Mirabeau?

Sophie Arnould. — Vous ne lui avez pas fermé la gueule!

Madame de Krudner. — Vanité des vanités! Pour les belles imaginations, l'Académie, c'est le ciel!

Madame Deshoulières. — C'est ma prairie.

Madame Cottin. — C'est un roman.

Adrienne Lecouvreur. — C'est une comédie.

Marie Garcia. — Une comédie où on ne rit pas.

Mademoiselle Doze. — Une comédie sans femmes.

Sophie Arnould. — L'Académie, c'est — l'Académie impériale de musique.

Olympe de Gouges. — C'est la République.

Madame de Duras. — C'est la charte.

Madame de Souza. — C'est la cour.

Mademoiselle Delaunay. — La cour de Sceaux.

Madame de Caylus. — La cour de Saint-Cyr.

Madame Récamier. — C'est l'Abbaye-aux-Bois.

Madame du Chatelet. — Juliette, ton Roméo s'appelait Chateaubriand, mais le mien s'appelait Voltaire. Ils ne passaient guère par le balcon. Mais Voltaire était doublé de Saint-Lambert !

MADAME DU DEFFAND. — J'ai une histoire à vous conter...

Madame de LAMBERT, madame NECKER, madame de RÉMUSAT et madame GUIZOT passent graves et silencieuses pour ne pas entendre jaboter madame DU DEFFAND.

TURGOT, prenant le bras à Laromiguière. — Prenez garde, c'est le coin des femmes, n'allons pas y tomber !

LAROMIGUIÈRE. — Je n'ai jamais connu qu'une femme, et c'était la Philosophie.

TURGOT. — Je la pratiquais avant vous.

ROLLIN. — Et moi, un précepteur composé de Fénelon et de Virgile ; moi, un historien né pour faire aimer les héros de mes histoires ; moi, l'abeille de la France, ils ne m'ont même pas accueilli dans ce quarante et unième fauteuil, dont j'aurais été la règle et la douceur.

LE PRÉSIDENT DE BROSSES. — Tais-toi, aimable compilateur : tu as raconté l'histoire romaine, la lettre morte ; moi, j'ai raconté l'Italie, la lettre vivante. Pendant trois ans, j'ai failli être des Quarante. A quoi donc sert tant d'esprit ? car j'en avais plus que M. de Voltaire.

RACINE LE FILS. — A quoi donc servent la poésie et la noblesse de plume ? J'ai bien fait de me réfugier dans la religion.

LE BARON D'HOLBACH. — Tu as communié avec du mauvais vin : aussi ta *Religion* n'est pas la *Grâce*.

ÉDOUARD OURLIAC. — Il n'y a pas loin du bal de l'Opéra au couvent des jésuites, deux académies où j'ai vécu.

CHARLES FOURIER. — J'ai bien fait de m'embarquer pour le beau rivage de l'Utopie.

HENRI DE SAINT-SIMON. — Oui, nous nous sommes rencontrés à l'abordage, mais nos navires ont échoué. Mais rassurez-vous, mon ami Fourier, avec les débris du navire on bâtira une arche qui durera plus longtemps que toutes les Académies. Mais quel est ce clair de lune qui ne sait pas son chemin?

Cyrano de Bergerac. — C'est vous qui êtes un lunatique : toutes vos théories sont dans mon *Voyage à la lune*.

Hoffmann. — Et moi, qui ai sifflé tous les romanciers de mon temps et qui ai parfilé le *Roman d'une heure*, ils ne pensent plus à moi, sous prétexte qu'il y a un autre Hoffmann, que je ne connais pas, et qui boit de la bière en ruminant des imaginations bizarres.

Geoffroy. — On comprend l'ostracisme pour toi. Tu as fait des opéras! mais moi qui n'ai rien fait que de la critique, moi qui n'ai rien inventé du tout, moi qui n'ai aimé que la haine.

Pigault-Lebrun. — Ils se sont endormis en relisant tes feuilletons; mais moi l'enfant du carnaval, moi le père de M. Botte et le grand-père d'Émile Augier...

Rétif de la Bretonne. — Tu es un des Quarante dans la personne de ton petit-fils; mais moi, Rétif de la Bretonne, le Rousseau du ruisseau, ils m'ont encore oublié dans leur Institut de fantaisie! Il est vrai qu'on a oublié l'article Paris dans l'*Encyclopédie*.

Monteil. — En m'oubliant, moi, ils ont oublié l'article France.

Sismondi. — Vous parlez pour moi, Monteil.

Fauriel. — Parlez tous les deux pour vous; les esprits poétiques de l'histoire parleront toujours pour moi.

Vertot. — Qui donc croit encore à l'histoire?

Cazotte. — Voilà de plaisants historiens, des historiens après la lettre. Moi je faisais de l'histoire avant la lettre, j'ai vécu avec les sylphes, et j'ai deviné la Révolution.

Mallet-Dupan. — Je l'ai jugée, moi.

L'abbé de Pradt. — Oui, mais je revisais les jugements.

Barnave. — Vous me faites pitié. Parlez-moi de ceux qui

22.

font l'histoire avec leur éloquence, mais non pas de ceux qui l'écrivent.

CHAULIEU ET LAFARE. — Est-ce que c'est par les révolutions qu'on arrive au quarante et unième fauteuil? C'est par la paresse. Nous n'avons fait qu'un volume à nous deux; si nous n'avions fait qu'un sonnet, nous étions immortels.

ÉTIENNE BECQUET. — Témoin mon *Mouchoir bleu*, un sonnet en prose.

THÉODORE LECLERQ. — Ah! si je n'avais fait qu'un proverbe!

FIÉVÉE. — Ah! si je n'avais écrit que la *Dot de Suzette*!

DELECLUZE. — Ah! si je n'avais écrit que *Mademoiselle Justine de Liron*!

DORAT. — Ah! si je n'avais pas eu cinq maîtresses!

HENRI DE LA TOUCHE. — Mais moi, un poëte et un romancier!

LASSAILLY. — Oui, un poëte sans poésie et un romancier sans imagination. L'esprit en a tué bien d'autres. Console-toi : ton édition d'André Chénier vivra; en revanche, *Fragoletta* est exposée aux injures des quais plus souvent que les *Roueries de Trialph*.

ÉMILE SOUVESTRE. — On ne me trouve pas sur les quais, moi, le dernier Breton, moi, le philosophe sous les toits.

CHARLES DE BERNARD. — Ni moi, le conteur des gens du monde.

LOÈVE-WEIMARS. — Qui parle du monde? Ta muse était une cuisinière bourgeoise.

ARMAND MARRAST. — Je te salue, ô consul de Bagdad! ô toi qui, après les mille et une nuits parisiennes, as retrouvé les mille et une nuits orientales.

LOÈVE-WEIMARS. — Armand Marrast, maire de Paris, roi de la République, Athénien égaré parmi nous, je te salue!

ARMAND MARRAST. — Je ne suis pas égaré ici, puisque je vous y retrouve. Votre place a été prise par Stendhal. Les absents ont toujours tort; pourquoi rêvais-tu à Bagdad?

Alphonse Rabbe. — Toi, notre poëte à nous, les désolés! toi rejeté du fauteuil de Jean-Jacques, toi le disciple-maître!

Saint-Réal. — Sévère historien, tu les as effrayés par ton masque fatal et l'irréparable déchirement de ton âme.

Le comte de Caylus. — Que nous veulent tous ces ennuyés? Est-ce qu'ils s'imaginent revendiquer l'amour romanesque pour leur temps? Nous aussi, nous avons aimé : et nos livres, écrits dans le plus subtil et le plus délicat langage, ne trahissent que le superflu de notre cœur; nos livres n'ont été que les intermèdes de nos passions! Ah! que je prends en pitié tous ces beaux discoureurs!

Sainte-Foy. — Est-ce qu'ils ont su, comme moi, manier la baguette d'or de l'*Oracle* et marcher à la conquête des belles filles de Paris, qui me regardaient à la fenêtre des maisons dont je poétisais les annales?

Favart. — Mon ami Voisenon, l'abbé de ma femme, disait de toi : *C'est un encrier qui répand des roses.* Combien, parmi les Quarante, qui n'ont jamais répandu que de l'encre! Et la Comédie italienne! Tu en étais, Sainte-Foix!

Sainte-Foix. — Je n'ai pas oublié madame Favart. Quand on songe cependant que la *Chercheuse d'esprit* ne t'a pas fait trouver l'Académie!

Favart. — L'Académie! Puisque Voisenon en était!

Hauteroche. — Heureux homme, il a tout laissé faire à Voisenon.

Baron. — A la bonne heure! Voilà le coin des honnêtes gens. Je me reconnais ici.

Santeuil. — *Arcades ambo!*

Collé. — Qui est-ce qui parle latin dans une si bonne compagnie?

Vadé. — Ah! voilà la chanson!

Collé. — Après vous.

Vadé. — Avant tout le monde. Ton Caveau, c'était un Parnasse dont Momus était l'Apollon.

Ménage. — Quel style !

Saumaise. — Nous avons eu le tort d'apprendre à bien dire pour ne rien dire.

Boursault. — Et pourtant vous saviez le latin.

Dumarsais. — Le latin peut-être, mais le français !

Fréron, déposant ses lunettes. — Que viens-je de lire là ? un méchant livre sur l'Académie, où je ne suis nommé qu'en passant. Pourquoi cette préface ambitieuse qui touche à tout, et qui n'est ni de l'histoire ni de la poétique ? Pourquoi ces jugements qui ne relèvent pas de moi ? Est-ce que l'auteur s'imagine qu'on prendra ses ébauches pour des portraits ? Ébauche, que me veux-tu ? Ils ne font plus que des ébauches aujourd'hui. Et ces discours qu'il met sur ces lèvres plus ou moins glorieuses, comme ils vont bien scandaliser ceux qui les prononcent ! Singulier temps ! ils font encore des histoires quand l'heure est venue de ne plus faire que de la critique. Pourquoi ce livre ? l'auteur sait bien, s'il sait quelque chose, que l'Académie n'a jamais fermé sa porte aux hommes illustres qu'il vient d'héberger dans son quarante et unième fauteuil. Est-ce la faute de l'Académie si Descartes était exilé, si Pascal était un solitaire, si Louis XV n'a pas voulu de Piron, et si Béranger a refusé d'être académicien, comme j'ai refusé moi-même ? Et quel style ! une orgie de paradoxes, une débauche de couleur, un steeple-chase de grands mots qui prennent le mors aux dents sans faire leur chemin, un style qui veut tout dire et qui ne dit rien. Je conseille à ce téméraire historien de lire l'*Année littéraire*.

LES
40 FAUTEUILS
DE L'ACADÉMIE FRANÇAISE

En regard de ce Parnasse tout inondé de lumière, où chaque figure se détache avec son relief précis et sa vie luxuriante, inscrivons tous les académiciens des quarante fauteuils. Ceci n'est pas une épigramme, car cette liste a elle-même ses soleils. Et combien d'étoiles, qui ont filé, ont éclairé en passant le ciel littéraire des siècles passés! Combien de renommées contemporaines qui pâliront bientôt, et seront effacées par l'oubli, ce dieu jaloux qui n'a pas la main assez haute pour atteindre les sommets! Tous, des plus grands aux plus humbles, nous avons nos heures ou nos minutes de rayonnement. Il y a des gloires qui vivent un jour, il y a des gloires qui vivent cent ans! Qu'importe, pour quiconque a donné sa note au grand concert, pour quiconque a apporté son épi, ou même son brin fleuri d'ivraie, à la récolte humaine?

Ier FAUTEUIL. — Bardin. — 1637. Bourbon. — 1644. Salomon. — 1670, Quinault. — 1689, Callière. — 1717, Cardinal de Fleury. — 1743, Cardinal de Luynes. — 1788, Florian. — 1798, Cailhava. — 1813, Michaud. — 1840, Flourens.

II° Fauteuil. — Hay du Chastelet. — 1637, Perrot d'Ablancourt. — 1665, Bussy-Rabutin. — 1693, Bignon. — 1743, Jérôme Bignon. — 1772, de Bréquigny. — 1795, Écouchard-Lebrun. — 1807, Raynouard. — 1836, Mignet.

III° Fauteuil. — Habert. — 1637, Esprit. — 1678, Colbert, archevêque de Rouen. — 1708, Fraguier. — 1728, l'abbé d'Orléans. — 1744, Gisard. — 1748, D'Argenson. — 1788, d'Aguesseau. — 1826, Brifaut. — 1859, Jules Sandeau.

IV° Fauteuil. — Méziriac. — 1639, La Mothe le Vayer. — 1673, Racine. — 1699, Valincourt. — 1730, Leriget de la Fage. — 1731, Crébillon. — 1762, Voisenon. — 1776, Boisgelin. — 1804, Dureau de la Malle. — 1807, Picard. — 1829, Arnault. — 1834, Scribe. — 1862, Feuillet.

V° Fauteuil. — Auger de Moléon. — 1639, de Priézac. — 1662, Michel le Clerc. — 1692, Tourreil. — 1714, Roland Malet. — 1736, Boyer, évêque de Mirepoix. — 1755, de Boismont. — 1787, Rulhières. — 1795, Cabanis. — 1808, Destutt de Tracy. — 1836, Guizot.

VI° Fauteuil. — Porchères. — 1640, Patru. — 1681, de Novion. — 1693, Coibaud. — 1694, Boileau, abbé de Beaulieu. — 1704, Abeille. — 1718, Montgault. — 1748, Duclos. — 1772, Beauzée. — 1789, Barthélemy. — 1795, M. J. Chénier. — 1811, de Chateaubriand. — 1848, Noailles.

VII° Fauteuil. — Séguier. — 1643, Bazin. — 1684, Boileau-Despréaux. — 1711, d'Estrée, archevêque de Cambrai. — 1718, d'Argenson. — 1721, Languet de Gergy. — 1753, Buffon. — 1787, Vicq-d'Azyr. — 1795, Domergue. — 1810, Saint-Ange. — 1811, Parseval de Grandmaison. — 1835, Salvandy. — 1857, Augier.

VIII° Fauteuil. — Faret. — 1646, du Ryer. — 1658, cardinal d'Estrée. — 1715, maréchal d'Estrée. — 1738, de La Trémouille. — 1741, cardinal de Rohan-Soubise. — 1757, de Montazet. — 1805, Boufflers. — 1815, Baour-Lormian. — 1855, Ponsard.

IX° Fauteuil. — Maynard. — 1647, P. Corneille. — 1685, Th. Corneille. — 1710, Houdard de La Mothe. — 1731, Bussy-Rabutin, évêque de Luçon. — 1737, Foncemagne. — 1780, Chabanon. — 1795, Naigeon. — 1810, Lemercier. — 1841, Victor Hugo.

X⁰ Fauteuil. — Maleville. — 1648, Ballesdens. — 1675, Cordemoy. — 1685, Bergeret. — 1695, C. de Saint-Pierre. — 1743, Maupertuis. — 1759, Le Franc de Pompignan. — 1785, l'abbé Maury. — 1808, Regnault de Saint-Jean d'Angély. — 1816, La Place. — 1817, Royer-Collard. — 1845, de Rémusat.

XI⁰ Fauteuil. — Colomby. — 1649, Tristan l'Hermite. — 1655, La Mesnadière. — 1663, duc de Saint-Aignan. — 1687, de Choisy. — 1724, Portail. — 1736, La Chaussée. — 1754, Bougainville. — 1763, Marmontel. — 1793, Fontanes. — 1821, Villemain.

XII⁰ Fauteuil. — Voiture. — 1649, Mézeray. — 1683, Barbier d'Aucourt. — 1694, Clermont-Tonnerre. — 1701, Malézieux. — 1727, Bouhier. — 1746, Voltaire. — 1778, Ducis. — 1816, de Sèze. — 1828, de Barante.

XIII⁰ Fauteuil. — Sirmond. — 1649, Montreuil. — 1651, Tallemant. — 1693, de la Loubère. — 1729, Sallier. — 1761, Coëtlosquet. — 1784, de Montesquiou-Fezensac. — 1799, Arnault. — 1816, duc de Richelieu. — 1822, Dacier. — 1833. Tissot. — 1854, Dupanloup.

XIV⁰ Fauteuil. — Vaugelas. — 1649, Scudéry. — 1668, marquis de Dangeau — 1720, maréchal de Richelieu. — 1789, duc d'Harcourt. — 1803, Lucien Bonaparte. — 1816, Auger. — 1829, Étienne. — 1846, de Vigny. — 1864.....

XV⁰ Fauteuil. — Baro. — 1650, Doujat. — 1689, Renaudot. — 1720, de Roquette. — 1725, Condain d'Antin. — 1733, Dupré de Saint-Maur. — 1774, Malesherbes. — 1795, Andrieux. — 1833, Thiers.

XVI⁰ Fauteuil. — Baudoin. — 1651, Charpentier. — 1702, Chamillard. — 1714, Maréchal de Villars. — 1734, duc de Villars. — 1770, Loménie de Brienne. — 1795, Lacuée de Cessac. — 1841, Tocqueville. — 1860, Lacordaire. — 1862, de Broglie.

XVII⁰ Fauteuil. — De l'Étoile. — 1652, duc de Coislin. — 1702, duc de Coislin. — 1710, duc de Coislin. — 1733, Surian. — 1754, d'Alembert. — 1784, de Choiseul-Gouffier. — 1803, Portalis. — 1807, Laujon. — 1811, Étienne. — 1816, de Choiseul-Gouffier. — 1817, Laya. — 1833, Nodier. — 1844, Mérimée.

XVIIIᵉ Fauteuil. — Serizay. — 1653, Pellisson. — 1693, Fénelon. — 1715, de Boze. — 1754, comte de Clermont. — 1771, de Belloy. — 1775, duc de Duras. — 1795, Garat. — 1816, cardinal de Bausset. — 1824, de Quélen. — 1840, Molé. — 1856, de Falloux.

XIXᵉ Fauteuil. — Balzac. — 1654, de Beaumont. — 1695, de Harlay. — 1695, André Dacier. — 1722, cardinal Dubois. — 1723, Hénaut. — 1771, prince de Beauvau. — 1795, Merlin. — 1816, Ferrand. — 1825, Delavigne. — 1845, Sainte-Beuve.

XXᵉ Fauteuil. — Porchères. — 1654, de Chaumont. — 1697, le président Cousin. — 1707, marquis de Mimeure. — 1719, Gédoyn. — 1744, cardinal de Bernis. — 1795, l'abbé Sicard. — 1822, Frayssinous. — 1842, Pasquier. — 1862, Dufaure.

XXIᵉ Fauteuil. — Habert. — 1655, Cotin. — 1682, Dangeau. — 1725, Fleuriau. — 1732, Terrasson. — 1750, Bissy. — 1810, Esménard. — 1811, Lacretelle. — 1856, Biot. — 1862, Carné.

XXIIᵉ Fauteuil. — Servien. — 1650, Villayer. — 1694, Fontenelle. — 1757, Séguier. — 1795, Bernardin de Saint-Pierre. — 1814, Aignan. — 1824, Soumet. — 1845, Vitet.

XXIIIᵉ Fauteuil. — Colletet. — 1659, Gilles Boileau. — 1671, Montigny. — 1671, Charles Perrault. — 1704, cardinal de Rohan. — 1749, Vauréal. — 1760, La Condamine. — 1774, Delille. — 1813, Campenon. — 1844, Saint-Marc Girardin.

XXIVᵉ Fauteuil. — Saint-Amant. — 1661, l'abbé Cassagnes. — 1679, comte de Crécy. — 1710, de Mesmes. — 1723, Alary. — 1771, Gaillard. — 1803, comte de Ségur. — 1830, Viennet.

XXVᵉ Fauteuil. — Boissat. — 1662, Furetière. — 1688, La Chapelle. — 1723, d'Olivet. — 1768, Condillac. — 1780, comte de Tressan. — 1784, Bailly. — 1795, Sieyès. — 1816, Lally-Tollandal. — 1830, de Pougerville.

XXVIᵉ Fauteuil. — Bois-Robert. — 1662, Segrais. — 1701, Campistron. — 1723, Destouches. — 1754, Boissy. — 1758, Sainte-

Palaye. — 1795, Rœderer. — 1816, duc de Lévis. — 1830, de Ségur.

XXVII° Fauteuil. — Bautru. — 1665, De Mesmes — 1688, Testu. — 1706, Marquis de Saint-Aulaire. — 1743, Mairan. — 1771, Arnaud. — 1803, Target. — 1806, le Cardinal Maury. — 1816, l'abbé de Montesquiou. — 1832, Jay. — 1850, Nisard.

XXVIII° Fauteuil. — Giry. — 1665, Boyer. — 1698, Genest. — 1720, l'abbé Dubos. — 1742, Du Resnel. — 1761, Saurin. — 1782, Condorcet. — 1795, l'abbé Villar. — 1826, Féletz. — 1854, de Sacy.

XXIX° Fauteuil. — Gombauld. — 1666. Paul Tallemant. — 1712, Danchet. — 1748, Gresset. — 1778, l'abbé Millot. — 1785, Morellet. — 1819, Lémontey. — 1826, Fourier. — 1830, Cousin.

XXX° Fauteuil. — De Silhon. — 1667, Colbert. — 1684, la Fontaine. — 1695, Clérambault. — 1714, Massieu. — 1723, Houteville. — 1743, Marivaux. — 1763, Radonvilliers. — 1795, Volney. — 1820, Pastoret. — 1841, Saint-Aulaire. — 1855, de Broglie.

XXXI° Fauteuil. — De la Chambre. — 1670, Regnier-Desmarais. — 1743, La Monnoye. — 1727, la Rivière. — 1750, Hardion. — 1766, Thomas. — 1786, comte de Guibert. — 1795, Cambacérès. — 1816, Bonald. — 1841, Ancelot. — 1855, Legouvé.

XXXII° Fauteuil. — Racan. — 1670, P. de la Chambre. — 1693, la Bruyère. — 1696, l'abbé Fleury. — 1723, Adam. — 1726, Seguy. — 1761, de Rohan-Guémenée. — 1803, Devaine. — 1803, Parny. — 1815, de Jouy. — 1845, Empis.

XXXIII° Fauteuil. — Hay du Chastelet. — 1671, Bossuet. — 1704, cardinal de Polignac. — 1742, Giry de Saint-Cyr. — 1761, Batteux. — 1780, Lemierre. — 1799, Bigot. — 1825, duc de Montmorency. — 1826, Guiraud. — 1846, Ampère.

XXXIV° Fauteuil. — Godeau. — 1673, Fléchier. — 1710, Ne. mond. — 1727, Amelot. — 1749, maréchal de Belle-Isle. — 1761, Trublet. — 1770, Saint-Lambert. — 1803, Maret. — 1816, Lainé. — 1836, Dupaty. — 1852, de Musset. — 1858, de Laprade.

XXXV° Fauteuil. — De Bourzeys. — 1173, l'abbé Gallois. — 1688,

Mongin. — 1746, de la Ville. — 1774, Suard. — 1817, Roger. — 1842, Patin.

XXXVIe Fauteuil. — Gomberville. — 1764, Huet. — 1721, J. Boivin. — 1727, duc de Saint-Aignan. — 1776, Colardeau. — 1776, la Harpe. — 1803, Lacretelle aîné. — 1824, Droz. — 1851, Montalembert.

XXXVIIe Fauteuil. — Chapelain. — 1674, Benserade. — 1691, Pavillon. — 1705, Sillery. — 1715, duc de la Force. — 1726, Mirabaud. — 1761, Watelet. — 1786, Sedaine. — 1795, Collin d'Harleville. — 1806, Daru. — 1829, de Lamartine.

XXXVIIIe Fauteuil. — Conrart. — 1675, Rose. — 1701, Louis de Sacy. — 1728, Montesquieu. — 1755, Châteaubrun. — 1775, Chastellux. — 1799, F. de Neufchâteau. — 1828, Lebrun.

XXXIXe Fauteuil. — Desmarest. — 1676, J. de Mesmes. — 1688, Mauroy. — 1706, l'abbé de Louvois. — 1719, Massillon. — 1743, duc de Nivernais. — 1799, Legouvé. — 1812, A. Duval. — 1842, Ballanche. — 1847, Vatout. — 1849, de Saint-Priest. — 1854, Berryer.

XLe Fauteuil. — Montmor. — 1679, Lavau. — 1694. Caumartin. — 1753, Moncrif. — 1771, Rauquelaure. — 1818, Cuvier. — 1832, Dupin.

Voilà ce que deux siècles d'Académie ont transmis à la postérité. Mais combien de noms qui ne sont pas arrivés à leur adresse! Au contraire, tous ceux du quarante et unième fauteuil garderont l'éternelle jeunesse de leur renommée.

UNE RÉCEPTION
A L'ACADÉMIE FRANÇAISE

EN 18..*

PAR M. EDMOND ABOUT

Le 30 septembre 18.. l'Académie française élut M. Arsène Houssaye au quarante et unième fauteuil. MM. de Lamartine, Victor Hugo, Théophile Gautier, Alfred de Musset, Jules Janin, Alfred de Vigny, furent les premiers qui votèrent pour lui; MM. Ponsard et Augier vinrent ensuite. Il n'eut pas la voix de M. Saint-Marc Girardin.

Son discours de réception fut étincelant comme un feu d'artifice; mais les murailles de l'Institut avouèrent qu'elles n'avaient jamais rien entendu de moins académique. Il compara l'Académie à une belle fille qui choisit entre ses amants celui qui ne lui donne pas la pomme. Il parla de la poésie, qu'il aime, et de la peinture, qu'il connaît; de l'opéra et de la philosophie; des danseuses, qu'il apprécie; du dix-huitième siècle,

---

* Ces pages savantes et spirituelles sont empruntées à la *Revue de l'Instruction publique*. L'éditeur les réimprime, parce qu'elles sont la meilleure critique du livre.

qu'il a presque inventé; de la Comédie française, qui lui doit beaucoup, et du cabaret, où il n'a jamais mis les pieds. Il scandalisa cinq ou six dames, et charma toutes les autres. Du quarante et unième fauteuil, il n'en dit pas un mot.

L'orateur chargé de lui répondre tira d'une grande poche un beau volume in-octavo cavalier, — très-cavalier. On lisait sur la couverture : *Histoire du quarante et unième fauteuil de l'Académie française, dixième édition*. Puis il commença en ces termes :

« En vous ouvrant ses portes, monsieur, l'Académie acquitte une dette de reconnaissance. Vous avez ramené sur elle l'attention dans un temps où elle avait le plus grand besoin de sympathie. Vous avez raconté son histoire à propos de tous les écrivains qu'elle n'a pas élus; vous avez porté plus haut que personne la qualité d'académicien, en déclarant qu'il avait manqué à Louis XIV et à Napoléon d'être de l'Académie. Au lieu de dire, comme beaucoup de mauvais plaisants et quelques bons, que quarante académiciens étaient pour la France un luxe inutile, vous avez regretté qu'elle n'en eût pas toujours compté un de plus; vous avez demandé le supplément d'un fauteuil, loin de demander la destruction des quarante.

« Votre livre, monsieur, est comme les meilleures choses de ce monde et l'Académie elle-même : il n'est point parfait. Vous l'avez jugé, à la dernière page, par la bouche de Fréron, avec une sévérité sur laquelle je n'enchérirai pas : elle est beaucoup trop exagérée. « Pourquoi, dit Fréron, cette préface « ambitieuse qui touche à tout, et qui n'est ni de l'histoire ni « de la poétique? » Il est vrai, monsieur, que votre préface n'est ni un traité de poétique, ni une profession de foi, ni un appel aux armes, comme les poëtes en ont trop écrit dans les derniers temps : c'est une préface. C'est une conversation de l'auteur avec le lecteur, un peu décousue, comme toutes les conversations, mais toujours vive et souvent éloquente. On la lit avec beaucoup de plaisir et un peu de fruit. Les idées n'y sont pas enchaînées étroitement, mais il y a beaucoup d'idées. La contradiction s'y glisse de temps en temps, comme dans toutes les conversations du monde. On croit, en la lisant, entendre plusieurs hommes de diverses humeurs qui parlent tour à tour : car il y a en vous, monsieur, plusieurs hommes. Il y a en vous un croyant, un sceptique, un poëte, un alchimiste, un savant, un moins savant, un homme de plaisir, un directeur de théâtre, un homme d'étude, un voyageur, dix hommes pour le moins, et sur le nombre il n'en est pas un dont on ne désirât être l'ami. Voyez, monsieur, combien Fréron était injuste pour votre préface. S'il dit tant de mal de vous, c'est qu'il sait que Voltaire en aurait dit du bien.

« Fréron ajoute avec une dureté contre laquelle je réclamerai encore : « Est-ce que l'auteur s'imagine qu'on prendra « ses ébauches pour des portraits? » Fréron a tort, monsieur, parmi vos portraits, il en est beaucoup d'achevés. Combien qui sont peints, et de main de maître! Ce qui sent l'ébauche dans votre livre, ce n'est ni cette page-ci ni cette page-là, c'est le livre. Vous avez travaillé sur un plan très-précis et admirablement tracé, mais vous ne vous y êtes pas toujours tenu. Votre idée première était de supposer l'existence d'un quarante et unième fauteuil, d'y faire asseoir, l'un après l'autre, tous les écrivains qui ont manqué à l'Académie, et de leur prêter des discours de réception aussi vraisemblables que possible. C'est ainsi que vous avez mis dans la bouche de Descartes un morceau du *Discours de la méthode*, rehaussé de quelques ornements modernes qui appartiennent à vous. Si vous étiez resté fidèle à ce plan, votre livre aurait eu, s'il est possible, un charme de plus. Mais vous vous êtes trop tôt lassé d'écrire des discours de réception ; souvent même vous avez oublié le quarante et unième fauteuil de l'Académie. Il suit de là que les figures diverses que vous avez dessinées ne sont pas des personnages dans un tableau, mais des portraits dans une galerie, et votre livre ressemble un peu à une réunion d'articles de journal, comme les journaux voudraient bien en trouver.

« Chemin faisant, monsieur, vous avez regretté plus d'une fois de n'avoir ajouté à l'Académie qu'un fauteuil. Il vous coûtait d'attendre la mort de Scarron pour élire Pascal, et la mort du cardinal de Retz pour nommer le duc de la Rochefoucauld. Les académiciens de votre choix ne font que passer au fauteuil, et l'Académie est pour eux l'antichambre du cimetière. Rotrou vient y faire l'éloge de la poésie la veille du jour où la poésie doit le perdre, et c'est à son lit de mort que le père Malebranche succède au roi Louis XIV. Vous l'avez mis au quarante et unième fauteuil pour quarante-trois jours, et dans un temps où il ne pouvait plus s'asseoir : était-ce vraiment la peine? Vous vous êtes trouvé dans un plus grand embarras vers l'année 1821 : le même fauteuil était occupé simultanément par trois hommes bien divers : Millevoye, Joseph de Maistre et Napoléon.

« Ce Fréron, qui est si injuste envers vous, ne vous a fait qu'un seul reproche raisonnable :

« L'auteur sait bien que l'Académie n'a jamais fermé sa
« porte aux hommes illustres qu'il a hébergés dans son qua-
« rante et unième fauteuil. Est-ce la faute de l'Académie
« si Descartes était exilé, si Pascal était un solitaire, si
« Louis XV n'a pas voulu de Piron, et si Béranger a refusé
« d'être académicien? »

« En effet, monsieur, l'Académie ne pouvait aller chercher Descartes en Suède. Rotrou eût été des nôtres s'il eût vécu. Gassendi, qui écrivait en latin, ne songea, non plus que Lucrèce ou Épicure, à l'Académie française ; l'Académie ne l'a pas refusé, car il ne s'est pas présenté à elle. Scarron a fait comme Gassendi, il est resté chez lui : pour que l'Académie lui ouvrît sa porte, au moins fallait-il qu'il prît la peine d'y frapper. Pascal, Arnaud, Bourdaloue, Malebranche, n'ont jamais voulu être des nôtres, et Molière n'y a jamais songé. Si le cardinal de Retz et le duc de la Rochefoucauld s'étaient présentés, doutez-vous qu'on ne les eût reçus ? L'Académie a reçu tant de ducs et de cardinaux qui ne les valaient pas ! Saint-Évremont a vécu en exil ; d'ailleurs, il n'a rien publié de son vivant. Bayle habitait la Hollande, et Regnard le cabaret. Louis XIV aurait supprimé l'Académie, si elle avait eu l'impertinence de l'élire : lorsqu'on s'assied sur un trône, on n'aspire pas à un fauteuil. Hamilton était Anglais, Dancourt était farceur, Jean-Baptiste Rousseau... si Jean-Baptiste Rousseau pouvait revivre et qu'il se présentât demain à l'Académie, je suis sûr, monsieur, que vous ne lui donneriez pas votre voix. Vous n'aimez pas ses vers, vous n'estimez pas son caractère, vous ne jureriez pas qu'il n'est point l'auteur des couplets infâmes qui l'ont fait exiler ; vous savez qu'il a renié son père, vous avez raconté avec éloquence cet acte de lâche vanité dont le foyer de la Comédie française a gardé la mémoire. Assurément, monsieur, vous n'admettriez pas un tel homme à l'Académie. Peut-être donneriez-vous votre voix à Jean-Jacques, et cependant je n'en répondrais point. Je ne veux pas, monsieur, épuiser la liste de tous les académiciens que vous avez faits ; je me contente de remarquer, en terminant, qu'il n'y en a qu'un sur cinquante qui se soit présenté à l'Académie, c'est Piron. L'Académie l'a reçu à l'unanimité, quoiqu'il y eût bien à dire. Vous avez assis au quarante et unième fauteuil trois ou quatre jeunes gens de trente ans. Hélas ! monsieur, nous savons tous qu'on n'arrive pas si jeune à l'Académie. Vauvenargues et Chénier auraient été des nôtres si la mort l'avait permis ; Gilbert, s'il avait eu le temps de faire de bons vers ; Hégésippe Moreau, s'il avait eu la patience de vivre. Vous avez dit vous-même avec infiniment d'esprit :

— « Les modernes nous tiennent compte de ne pas mourir
« gaiement. Faites mourir Malfilâtre sur un bon oreiller, Mal-
« filâtre perd l'immortalité. Faites mourir Gilbert comme M. de
« Buffon, et ce n'est plus qu'un poëte du commun des mar-
« tyrs, au lieu d'un poëte martyr. »

« Il est bien vrai, monsieur, les écrivains dont vous parlez sont morts trop jeunes, comme Hégésippe Moreau ; mais, en bonne foi, l'Académie pouvait-elle, de leur vivant, leur tenir compte de leur mort ?

« Je dois l'avouer, monsieur, cette critique, si juste qu'elle me paraisse, n'enlève rien au charme de votre livre. Elle n'y nuit pas plus que la hardiesse de certains paradoxes. On peut s'étonner que Gassendi, la raison même, se compromette par l'éloge d'un demi-fou tel que Cyrano. Si le duc de la Rochefoucauld, ce grand seigneur sceptique et hargneux, a jamais dit : « Je n'ose parler de Molière, les hommes d'esprit n'ayant « rien à dire des « hommes de génie, » c'est apparemment qu'il avait eu quelque distraction à la Brancas, qu'il avait pris un autre chapeau pour le sien, et qu'il croyait être un autre homme. Je m'étonne que Fénelon ait voté hautement pour Bayle, à moins que Fénelon n'ait été, comme vous le dites, un panthéiste sans le savoir. Votre dialogue sur la nomination du marquis de Saint-Aulaire est pétillant d'esprit, mais je n'oserais affirmer que chacun y parle en son langage, et que les mœurs oratoires y soient rigoureusement observées. A quelques pages plus loin, le duc de Saint-Simon m'a paru reconnaître assez mal l'hospitalité de l'Académie, en brutalisant la mémoire de Racine et de la Fontaine : on écrit souvent dans un livre, et surtout dans des Mémoires, telles vérités qui ne sont pas de mise dans un discours académique. Que l'abbé Prévost ait prononcé devant ses confrères le panégyrique de Madeleine repentante, il n'y a pas apparence ; la mode n'en était pas venue, et j'espère qu'elle sera bientôt passée. Vous avez dit que Fénelon était frère de Diderot, comme Bayle l'était de Voltaire. Je crains que ni Fénelon ni Diderot ne s'accommodent de cette nouvelle parenté.

« Un soir, dans le parc de Versailles, vous évoquez l'ombre majestueuse de Louis XIV, et, sans descendre de son piédestal, le vieux roi de deux cent dix-sept ans vous répond de ses lèvres de marbre :

« J'ai appris à lire dans l'esprit de ma mère ; j'ai appris à
« gouverner les hommes en me laissant gouverner par les
« femmes. Ma bibliothèque royale, c'était Marie de Mancini,
« cette Bérénice avant Racine ; c'était ma sœur, madame Hen-
« riette, le premier mot de l'éloquence de Bossuet ; c'était
« Louise de La Vallière, cette Madeleine qui est morte en
« Dieu pour avoir vécu en moi ; c'était mademoiselle de Fon-
« tanges, cette Psyché qui eût encore appris l'amour au vieux
« Corneille ; c'était Montespan, qui dépensait vingt-cinq mil-
« lions par an à ses rubans et à ses poètes, mais qui ne perdait
« ni ses millions ni ses années, puisque j'avais tous les prin-
« temps un enfant de plus à légitimer ; c'était Françoise d'Au-
« bigné... »

« Je suis presque sûr, monsieur, que, tandis que le grand roi vous faisait ses confidences, les vieux ifs, ses contemporains, laissaient tomber leurs branches de surprise, les sirènes des bassins ouvraient une grande bouche, et les roseaux se dressaient sur la tête des tritons. Le dix-septième siècle tout entier s'étonnait de se voir rajeuni dans la personne de son maître, et Versailles stupéfait reconnaissait dans son fondateur un don Juan royal et un Rolla couronné. Personne mieux que vous, monsieur, n'a su accommoder l'histoire aux caprices de la fantaisie, et vous avez donné une grâce incomparable à l'anachronisme : **c'est que vous êtes moins un historien qu'un poëte**. Votre esprit est si original, qu'il transforme tout ce qu'il touche ; quel que soit l'homme que vous faites parler, dès qu'il ouvre la bouche, s'il est encore lui, il est déjà vous. Vous savez admirablement l'histoire, et surtout l'histoire du dix-huitième siècle ; vous la connaissez jusque dans ses profondeurs les plus reculées, mais vous l'avez apprise pour la refaire et non pour la raconter. La vie moderne et les idées d'aujourd'hui se glissent malgré vous dans les récits du passé ; votre main rajeunit les matériaux qu'elle emploie, et donne à la vétusté la plus poudreuse un air de jeunesse et de nouveauté.

« Votre style est de ceux qui échappent à la critique et à l'analyse : il n'appartient à aucune école ; il ne se place dans aucun casier, et les pédants à catégories ne sauraient auquel le comparer. Tantôt il s'avance ample et majestueux comme un fleuve, tantôt il sautille comme un ruisseau qui descend les montagnes. Vos idées et vos phrases courent, s'arrêtent, reviennent, se culbutent et s'entassent les unes sur les autres, comme ces libres troupeaux qui voyagent sans guide dans les savanes de l'Amérique. Vous en êtes le maître, et non le conducteur ; elles sont à vous, mais vous ne les conduisez pas : à peine si vous pouvez suivre des yeux leur course emportée et tumultueuse. La différence est la même entre vous et un écrivain rassis, qu'entre un riche qui ne peut ni compter ni gouverner sa fortune et un petit propriétaire qui a ses affaires en ordre et chaque chose sous la main.

« Je voudrais, monsieur, terminer cette critique de votre livre par la lecture d'une de ces pages si vives qu'elles échappent à toute prise de la critique. Je m'aperçois que l'assemblée n'est plus complète, et que l'ennui de mon discours a fait fuir la plus belle moitié de mon auditoire. Puisque nous sommes entre hommes, permettez-moi de lire un fragment de votre chapitre sur Scarron... »

APPENDICE

Rien n'a manqué au succès de ce livre, ni les approbations ni les critiques. Si on l'a loué çà et là sans bien le comprendre, l'a-t-on critiqué toujours en connaissance de cause? L'auteur est encore étonné d'entendre chanter partout la chanson de *Béranger à l'Académie*. Si on la chante, est-ce parce qu'on la croit de Béranger*? est-ce parce que le peuple sait que l'Académie ne chante guère ses airs d'amour et de liberté?

Les meilleurs éloges de ce livre sont venus de l'Académie elle-même. Parlerai-je d'un éloge plus singulier? Un roi étranger — très-étranger aux lettres françaises — a envoyé à l'auteur une croix avec ce compliment : « Pour votre belle histoire des illustres mem-« bres de l'Académie glorieuse instituée par Richelieu, les Descartes, « les Molière, les Pascal, les Jean-Jacques Rousseau. » L'auteur était fort embarrassé à la lecture de la lettre royale. Était-ce une épigramme à l'Académie? L'ambassadeur lui a affirmé que le roi son maître ne raillait jamais. L'auteur n'a pas renvoyé la croix, mais il ne l'a pas portée.

* Béranger vint un matin demander à l'auteur si la chanson était de Béranger ou d'Arsène Houssaye. Et il embrassa l'auteur du *Quarante et unième fauteuil* en lui disant : « Vous me feriez croire que je chante encore. »

L'éditeur voudrait citer ici tous les critiques du livre : Dumas, Théophile Gautier, Gozlan, Albéric Second, Méry, Philoxène Boyer, About, Philarète Chasles et les autres, chacune de leurs pages ferait le volume trop riche. Tous ont dit leur mot — un beau mot — sur l'Académie [*]. Mais je veux reproduire ici le jugement d'un homme de beaucoup d'esprit qui ne fait pas métier d'écrire : M. le duc de Rovigo. Ces pages éloquentes sont l'expression de l'état des esprits à la publication de l'*Histoire du quarante et unième fauteuil*, en mai 1855 :

« L'apparition d'une œuvre purement littéraire est un événement. La politique et l'esprit de parti conduisent aujourd'hui toutes les plumes ; mais les grands noms de la littérature, fourvoyés tour à tour dans les sentiers de la vie publique, s'inscrivent en vain sur des livres qui n'éveillent plus l'intérêt. Se plaindre du présent, regretter le passé, quoi de plus vulgaire en effet ? Les ambitieux déçus s'évertuent vainement à expliquer leurs chutes, à habiller leurs fautes, à glorifier leurs erreurs ; le bon sens du lecteur le tient en garde contre ces justifications impuissantes ; sa conscience le révolte contre de pareils accommodements. Eh quoi ! dans ce fatras de mémoires, de souvenirs, et d'histoires même, pas un mot de repentir ! Ces orgueilleux tombés de si haut, ces habiles tombés si bas, ne s'occupent qu'à faire le procès à leur époque, aux institutions, à la fatalité ! La possibilité d'un retour sur eux-mêmes ne se présente point à leur pensée ; la prospérité les aveuglait, l'infortune ne les éclaire pas. Ils se refusent à comprendre que le silence convient aux hommes d'État vaincus, et que s'il leur devient impossible de se taire, le pays, dont ils ont compromis les destinées, n'attend plus d'eux qu'un acte de contrition.

« Enfin un livre nous est né, véritable chef-d'œuvre éclos sous la double inspiration de l'histoire et de la poésie. Nous l'avouerons ici, jusqu'à présent nous n'avions accepté qu'à demi M. Arsène Houssaye ; nous l'acclamerions volontiers aujourd'hui. Non parce que

---

[*] Le ministre de l'instruction publique, M. Rouland, écrivit à l'auteur d'excellentes choses sur l'Académie, et lui offrit de le nommer procureur général près le quarante et unième fauteuil.

ses appréciations sur les hommes et sur les choses marchent constamment de front avec les nôtres, mais parce que son œuvre révèle un penseur profond, un écrivain disert, un philosophe sans morgue. Nous aimons la langue qu'il parle, et dont les périodes harmonieuses s'arrondissent avec une précision également distante de la rudesse et de la fadeur. Sa plume intelligente et docile ne traîne pas l'idée à la remorque de la phrase. M. Arsène Houssaye rencontre le style sans le chercher; poëte avant tout, la forme chez lui ne trahit ni la préoccupation du rhythme ni celle du son. Le lyrisme le porte et ne l'emporte pas.

« Nous nous sommes arrêtés quelques instants au seuil de ce livre, comme les touristes s'arrêtent en Italie ou en Grèce devant la façade de Saint-Pierre ou celle du Parthénon ; la préface de l'*Histoire du quarante et unième fauteuil* exhale, en effet, un parfum de jeunesse et de poésie qui tout d'abord nous a pris au cœur; les origines, les progrès, les défaillances et les renaissances de l'art s'y trouvent déduits et racontés jour par jour, heure par heure, pour ainsi dire, sans aridité, sans redites, avec cette fermeté dans la diction sans laquelle il ne saurait exister de démonstration complète. Nous avons lu deux fois les fortes pages de la préface, et nous comptons bien les relire encore ; M. Arsène Houssaye devait, à notre avis, leur assigner une place plus importante. Les onze divisions, nous allions dire les onze chants, dont se compose cette introduction, constituant une véritable épopée, M. Arsène Houssaye devait en faire le couronnement de son œuvre.

« Dès les premiers pas, l'*Histoire du quarante et unième fauteuil* se présente sous de tels dehors de vraisemblance, que le lecteur se demande si ce fauteuil imaginaire n'est pas le plus réel de tous. Comment admettre que Descartes, Molière, Pascal, Saint-Simon, Regnard, la Rochefoucauld, le Sage, Joseph de Maistre, Rivarol, Balzac, — nous en passons, — n'ont jamais fait partie du cénacle fondé par le Cardinal? M. Arsène Houssaye se contente de prouver que l'Académie a laissé à la porte autant de grands hommes qu'elle en a reçu; nous allons plus loin, nous penchons à croire que le chiffre des exclusions dépasse de beaucoup celui des admissions. Ajoutons aux noms déjà cités ceux de Rotrou, de Gassendi, de Scarron, du cardinal de Retz, d'Arnaud, de Nicole, de Bourdaloue, de Vauvenargues, de Mably et d'André Chénier, et le dédain de l'Académie ne s'explique plus que par la tendance des coteries à étouffer le génie sans cesse et partout.

« M. Arsène Houssaye résume la vie littéraire de chacun des académiciens qui se sont succédé sur le quarante et unième fauteuil, décrit leur réception, reproduit leurs discours de joyeux avénement, les fait mouvoir, disserter, discuter, restituant à chacun son style, ses habitudes d'esprit et de langage, prêtant un dialogue à Boileau, une protestation à Thomas Corneille, une chanson à Béranger. Et sous le charme de la diction, sous le sérieux de l'idée, la fiction disparaît; ce mode de glyptique imaginaire se pratique d'une main si habile, que l'œil hésite et se laisse prendre à la fermeté des contours.

« Nous avons cependant un reproche à adresser à l'auteur, une accusation à formuler contre lui; la bienveillance naturelle de son caractère le porte quelquefois à méconnaître la valeur réelle de certains écrivains qu'il aime ou qu'il a aimés. Pourquoi faire asseoir Gérard de Nerval sur le quarante et unième fauteuil? Dans quel but cette résurrection à laquelle la postérité ne croira pas? Laissez dormir le doux poëte : il a vécu ce qu'il pouvait vivre.

« Nous pensons également que l'admission de Piron, de Désaugiers et de P. L. Courrier — nous pourrions en citer d'autres — aux honneurs du quarante et unième fauteuil, est une faute. Le talent ne suffit pas : il faut de la tenue et des mœurs; Alphonse Karr l'a dit : — Il manque aux Français de savoir mépriser.

« Nous aimons les franches allures de M. Arsène Houssaye; les révélations sincères ne lui coûtent pas. Il fait justice, sans hésiter, de ces niaises légendes qui s'attachent au cercueil des poëtes morts de folie ou d'amour, et de quel amour! La pléiade mélancolique des cygnes affamés est un mensonge, c'est-à-dire une calomnie. Gilbert est mort d'orgueil, Malfilâtre d'*amour*, Hégésippe Moreau et Gérard de Nerval du mal de la vie : voilà la vérité.

« Quelques caractères sont vigoureusement flétris ou adroitement mis en relief par la plume de M. Arsène Houssaye; un mot lui suffit pour stigmatiser tour à tour l'égoïsme de madame de Sévigné, le cynisme de Piron, la méchanceté de Saint-Simon, la vanité barbare de J. B. Rousseau, la sécheresse inconséquente et féroce de Jean-Jacques. Ce livre écrit sans fiel fait la part de chacun, redresse beaucoup de jugements erronés, étonne, amuse, intéresse, instruit ; l'historien du *Quarante et unième fauteuil de l'Académie* vient de poser sa propre candidature. Espérons que l'Académie saura démêler la profonde moralité cachée sous le voile d'une allégorie pleine de charmes, et consentir à se laisser guider désormais par d'autres inspirations que celles qui émanent d'une coterie impopulaire et mécontente. »

M. de Lamartine fut le premier à remercier l'auteur d'avoir dit la vérité à l'Académie. Mais écoutez ce beau langage qui dore et illumine tout ce qu'il touche :

« L'Académie française avait été, dans le principe, un hochet littéraire de la vanité de Richelieu, puis un luxe de cour, puis un moyen de discipliner les lettres et de dorer le joug que voulait leur imposer le despotisme. Cette institution, plus forte que la main qui prétendait la façonner à la servitude, n'avait pas tardé à créer contre tout despotisme une force ingouvernable par toute autre puissance que l'opinion. Avant l'époque des représentations nationales, elle s'était constituée par sa nature et à son insu le corps représentatif de la pensée. Elle avait créé, en face du corps de la noblesse, du corps parlementaire, du corps ecclésiastique, la corporation des hommes de lettres. De ces écrivains isolés dans leur faiblesse individuelle, elle avait fait une caste pensante, un parlement de l'intelligence, une sorte d'Église laïque, trois choses bien contraires à l'esprit de Richelieu, de Louis XIV et de la monarchie.

« Il y a deux faces à cette institution tant controversée de l'Académie française, et deux manières de la juger, selon qu'on la considère au point de vue de l'émulation qu'elle était destinée à donner au génie national, ou au point de vue de l'ascendant et de l'autorité qu'elle peut donner à la pensée.

« Sous ce premier rapport, c'est-à-dire comme corps destiné à faire naître et à élever le niveau du génie dans la nation, c'est à nos yeux une institution puérile ; nous dirons plus, c'est une institution complétement contraire à son but. Ce ne sont pas les corps qui font naître le génie, c'est la nature; ce ne sont pas même les corps qui reconnaissent, qui constatent, qui honorent le génie, c'est la postérité.

« Si vous voulez rabaisser, étouffer, absorber, persécuter même un homme de génie, faites-le membre d'un corps littéraire ou politique. S'il a du caractère, il brise à l'instant le cadre trop étroit dans lequel sa trop grande individualité ne peut se renfermer; il fait éclater le cadre, il devient ennemi-né de ce qui le rétrécit, et il a bientôt pour ennemis lui-même tous les membres du corps, offusqués par sa supériorité.

« S'il n'a point de caractère, il se plie, il se ravale, il s'abaisse au niveau de la médiocrité commune; il abdique son génie, il lui substitue l'esprit de corps : ce n'est qu'à cette condition qu'il y est souffert ou honoré. Cette loi est sans exception; car quelle que soit la supériorité relative des hommes élus à titre d'intelligence dans un corps intellectuel, c'est une loi de la nature que l'empire y appartient toujours à la médiocrité. Pourquoi? nous dira-t-on. Parce que la nature ne crée pas quarante ou mille supériorités de la même taille d'esprit dans une nation ou dans un siècle, et que dans un corps, qu'il soit composé de mille ou qu'il soit composé de quarante esprits éminents, la supériorité culminante est toujours en minorité, et la médiocrité relative toujours en majorité. Dans toutes les délibérations parlementaires, la supériorité individuelle sera donc inévitablement opprimée, et la médiocrité nombreuse toujours triomphante. C'est ce que l'on voit clairement dans la conduite des choses humaines : le niveau de l'intellig. nce s'y abaisse en proportion exacte du nombre des délibérants. Ce n'est la faute de personne, c'est celle de la nature; elle a plus de surface que de sommités dans ses créations; il se forme ce qu'on appelle en géométrie une *moyenne* d'intelligence et de volonté qui est la résultante du nombre des êtres doués de pensée et de volonté dans le corps, et cette moyenne est toujours à égale distance du génie et de l'imbécillité; c'est ce qu'on appelle médiocrité. On peut dire, avec une parfaite exactitude, que la médiocrité gouverne le monde. Voilà sans doute pourquoi il est si souvent mal gouverné.

« On peut dire avec la même certitude que la médiocrité gouverne les académies. Le génie, qui est la supériorité naturelle et transcendante, n'a donc rien à bénéficier des corps académiques ; car il n'y entre qu'à la condition de se niveler, et il n'y conserve sa place en surface qu'à la condition de la perdre en hauteur. Aussi la gloire littéraire force-t-elle quelquefois les portes des académies ; mais elle y entre toute faite, elle n'en vient pas.

« Ce n'est donc pas aux académies que les nations doivent leur gloire littéraire. S'il fallait tout dire, je croirais plutôt que les académies nuisent à la formation de ces phénomènes toujours isolés d'intelligence qui deviennent les lustres des peuples sur la nuit des temps. Homère, Virgile, Dante, Shakspeare, Milton, Camoëns, Cervantès, n'étaient membres d'aucun corps privilégié des lettres. Les hommes de cette taille font leur gloire, ils ne la reçoivent pas. On peut affirmer même sans se tromper qu'ils ont été d'autant plus originaux qu'ils ont été plus isolés et moins asservis à la routine des corps et des préceptes de leur temps. Le génie n'est génie que parce qu'il est seul, et il est seul parce qu'il est génie. Son indépendance fait partie de sa supériorité, il ne peut perdre l'une sans diminuer l'autre. Ce n'est pas le génie qui a créé l'Académie française, c'est Richelieu, c'est-à-dire une des plus grandes médiocrités littéraires qui aient jamais été associées dans un grand favori du sort à un caractère tyrannique ; un Cottin dans un Machiavel, qui voulait illuminer d'un reflet de belles-lettres sa pourpre teinte de sang.

« Remarquez bien que nous ne parlons ici que des lettres et non des sciences. Dans les sciences, les académies sont utiles à grouper les faits et à populariser les découvertes.

« Mais si nous considérons l'institution littéraire de l'Académie française à un autre point de vue, c'est-à-dire au point de vue de l'autorité morale, de l'indépendance et de la dignité de la pensée en France, l'institution de l'Académie change d'aspect et mérite la plus sérieuse considération dans l'esprit public.

« On ne peut se dissimuler, en effet, que cette institution purement disciplinaire des lettres dans l'esprit de son fondateur, le cardinal de Richelieu, n'ait été complétement trahie, et que là où le cardinal de Richelieu voulait créer une institution de servilité, il n'ait créé, sans le prévoir, une institution de force collective et d'indépendance. C'est ce qui arrive toutes les fois que l'on crée un corps : on croit créer un instrument, et l'on crée un obstacle : on veut organiser une règle, et on organise une liberté. La pensée isolée, en devenant collective, est devenue puissance; les hommes de lettres ont pris confiance en eux-mêmes; ils ont imposé considération à la nation, respect aux gouvernements; ils ont donné à la raison publique, muette ou intimidée dans l'individu, une audace modérée, mais efficace dans le corps; ils sont devenus le concile laïque et permanent de la littérature nationale; ils ont donné du caractère au génie français. L'homme de lettres est devenu homme public; la force de tous a résidé par l'Académie dans chacun; la littérature s'est constituée par eux en fonction nationale ; la France a emprunté par ses académies, et bientôt par ses hautes écoles peuplées d'académiciens, quelque chose de cette institution démocratique et si libérale de la Chine, où les mêmes degrés littéraires élèvent à l'autorité publique.

« Ce corps littéraire est devenu, malgré les épigrammes qui s'émoussent éternellement contre ses portes, une habitude qu'il est presque impossible de déraciner dans notre pays. Moi-même, dans une circonstance suprême où toutes les institutions monarchiques étaient sondées pour les remplacer par des institutions républicaines, quand des voix s'élevèrent en dehors du gouvernement pour demander l'abolition de cette aristocratie élective des lettres, je ne la défendis que par ce mot : « C'est plus une institution,
« c'est une habitude de la France; respectons les habitudes d'un
« peuple, surtout quand elles sont morales, littéraires, glorieuses
« pour la nation. La plus réellement républicaine des institutions
« françaises sous la monarchie, c'était peut-être l'Académie, la ré-
« publique des lettres. »

« Seulement, je l'avoue, si le temps avait été donné à la république, je voulais enfoncer les portes de l'Académie française pour faire entrer en plus grande proportion et pour de plus dignes rémunérations l'armée des lettres, de la science, des arts, dans cette vétérance du travail intellectuel, le plus mal rémunéré et souvent le plus indigent des travaux humains. Je voulais que la France créât le budget des lettres; je voulais que l'écrivain, le savant, l'artiste de tous les genres de culture d'esprit, après avoir consacré onéreusement sa vie à l'utilité ou à la gloire, cette utilité suprême de son pays, ne reçût pas pour tout salaire de cette noble abnégation de vie, un misérable subside de douze cents francs, inférieur aux gages d'un mercenaire, et distribué parcimonieusement à quarante privilégiés de la détresse à la porte d'une académie ouverte de temps en temps par la mort. L'abandon dans lequel la nation laisse les ouvriers de son intelligence et de sa gloire est un opprobre pour le pays des lettres. »

En écrivant ceci, Lamartine ne songeait pas à lui : quand donc y penserons-nous? quand donc la France se souviendra-t-elle? quand donc la mère patrie arrachera-t-elle à ses travaux forcés celui de ses enfants qu'elle a le plus aimé?

FIN

TABLE

PRÉFACE.................................... 1
I
DESCARTES................................. 61
II
ROTROU.................................... 74
III
SCARRON................................... 80
IV
PASCAL.................................... 91
V
MOLIÈRE................................... 100
VI
LA ROCHEFOUCAULD.......................... 111
VII
LE GRAND ARNAULD.......................... 118
VIII
SAINT-ÉVREMONT............................ 125
IX
BAYLE..................................... 132
X
REGNARD................................... 137

XI
BOURDALOUE.................................. 150
XII
LOUIS XIV..................................... 155
XIII
MALEBRANCHE.................................. 159
XIV
HAMILTON..................................... 163
XV
DUFRESNY..................................... 168
XVI
JEAN-BAPTISTE ROUSSEAU....................... 174
XVII
VAUVENARGUES................................. 179
XVIII
LE SAGE...................................... 185
XIX
D'AGUESSEAU.................................. 192
XX
LE DUC DE SAINT-SIMON........................ 198
XXI
L'ABBÉ PRÉVOST............................... 206
XXII
MALFILATRE................................... 211
XXIII
HELVÉTIUS.................................... 215
XXIV
PIRON.. 221
XXV
CRÉBILLON LE GAI............................. 229
XXVI
JEAN-JACQUES ROUSSEAU........................ 232
XXVII
GILBERT...................................... 240
XXVIII
DIDEROT...................................... 245

XXIX
MABLY. 250
XXX
MIRABEAU. 255
XXXI
CAMILLE DESMOULINS. 260
XXXII
ANDRÉ CHÉNIER. 265
XXXIII
BEAUMARCHAIS. 269
XXXIV
RIVAROL. 275
XXXV
NAPOLÉON. 280
XXXVI
MILLEVOYE. 284
XXXVII
JOSEPH DE MAISTRE. 289
XXXVIII
DÉSAUGIERS. 293
XXXIX
PAUL-LOUIS COURIER. 298
XL
BENJAMIN CONSTANT. 302
XLI
HÉGÉSIPPE MOREAU. 308
XLII
STENDHAL. 313
XLIII
SÉNANCOURT. 320
XLIV
FRÉDÉRIC SOULIÉ. 324
XLV
H. DE BALZAC. 330
XLVI
XAVIER DE MAISTRE. 353

XLVII
LAMENNAIS.................................... 339

XLVIII
GÉRARD DE NERVAL........................... 346

XLIX
BÉRANGER..................................... 356

L
EUGÈNE SUE................................... 359

LI
HENRY MURGER................................ 367

LII
LE FAUTEUIL VACANT.......................... 375

LE 42ᵉ FAUTEUIL DE L'ACADÉMIE FRANÇAISE.... 381

LES 40 FAUTEUILS............................. 395

UNE RÉCEPTION A L'ACADÉMIE FRANÇAISE EN 18... 399

APPENDICE.................................... 407

FIN DE LA TABLE

www.ingramcontent.com/pod-product-compliance
Lightning Source LLC
Chambersburg PA
CBHW060448170426
43199CB00011B/1135